MARY C. NEAL

7 LECCIONES DEL CIELO

La Dra. Mary C. Neal es cirujana ortopédica. Estudió en la Escuela de Medicina de la Universidad de California en Los Ángeles (UCLA), realizó su residencia ortopédica en la Universidad del Sur de California (USC) y es especialista en cirugía de la columna vertebral. Fue directora de cirugía de la columna en la USC y es socia fundadora de Orthopedic Associates of Jackson Hole. Su experiencia de vida después de la muerte ha sido comentada en medios nacionales como WGN, *Dr. Oz* y *Fox and Friends*. Ha sido líder de su iglesia y trabajado en las juntas de varias organizaciones sin ánimo de lucro. Fundó el Willie Neal Environmental Awareness Fund para crear conciencia sobre el medio ambiente. La Dra. Neal vive con su familia en Jackson Hole, Wyoming.

7 LECCIONES DEL CIELO

7 LECCIONES DEL CIELO

*Cómo la muerte me enseñó
a vivir una vida feliz*

MARY C. NEAL

TRADUCCIÓN DE MARÍA LAURA PAZ ABASOLO

Vintage Español
Una división de Penguin Random House LLC
Nueva York

NOTA DE LA AUTORA

Excepto donde se indique, usé versículos de la nueva versión internacional de la Biblia cristiana. Para conservar la privacidad de las personas cuyas historias incluyo en este libro, me tomé la libertad de cambiar sus nombres y datos personales.

PRIMERA EDICIÓN VINTAGE ESPAÑOL, ENERO 2019

Copyright de la traducción © 2018 por María Laura Paz Abasolo

Todos los derechos reservados. Publicado en los Estados Unidos de
América por Vintage Español, una división de Penguin Random House
LLC, Nueva York, y distribuido en Canadá por Random House of Canada,
una división de Penguin Random House Limited, Toronto. Originalmente
publicado en inglés en los Estados Unidos como *7 Lessons from Heaven*
por Convergent Books, una división de Penguin Random House LLC,
Nueva York. Copyright © 2017 por Mary C. Neal.

"Be Everything", de Regi Stone y Christy Sutherland, derechos reservados
© 2009. Experience Worship Music Publishing/ASCAP (administrado por
ClearBox Rights)/Mattmoosic (administrado por Capitol CMG
Music Publishing/BMI). Todos los derechos reservados.
Usado con autorización.

Vintage es una marca registrada y Vintage Español y su colofón
son marcas de Penguin Random House LLC.

Información de catalogación de publicaciones disponible
en la Biblioteca del Congreso de los Estados Unidos.

**Vintage Español ISBN en tapa blanda: 978-0-525-56367-9
eBook ISBN: 978-0-525-56368-6**

Para venta exclusiva en EE.UU., Canadá, Puerto Rico y Filipinas.

www.vintageespanol.com

Impreso en los Estados Unidos de América
10 9 8 7 6 5 4 3 2 1

*Este libro está dedicado al Dios que nos ama
mucho más de lo que podríamos imaginar.*

Soli Deo Gloria

ÍNDICE

Índice

ESTO CAMBIA TODO

Enamorarse de Dios es el romance más grande de todos;
buscarlo es la más grande aventura; encontrarlo es
el mejor logro humano.
RAPHAEL SIMON

Mi historia comienza en el borde de una cascada en América del Sur, en ese segundo en el que puedes ver todo lo que va a ocurrir, pero es demasiado tarde para cambiar algo. Estaba sentada en mi kayak, mirando hacia abajo, y supe que estaba en problemas. Sabía que la caída del agua me atraparía, pero también sabía que encontraría una manera de salir; siempre la había encontrado.

Pero en esta ocasión fue diferente. No pude salir. Caí en las agitadas aguas de la cascada y me hundí unos seis u ocho pies bajo la superficie. Entonces, la punta de mi bote se encajó entre las piedras del fondo.

Intenté liberarme, pero no lo logré, a pesar de cuánto traté. El poderoso torrente y el peso del agua sobre mí me atraparon boca abajo sobre mi kayak. Mi esfuerzo por escapar de la situación resultó fútil y supe que, a menos que algo cambiara o alguien interviniera, me ahogaría.

Lo que sucedió después me sorprendió, incluso a mí.

El tiempo se detuvo y, a pesar de la difícil situación en que me encontraba y la brutal fuerza del agua sobre mí, me sentí relajada, tranquila y extrañamente esperanzada. En ese momento, recé palabras que parecían venir de afuera de mí. *Dios, hágase tu voluntad. No la mía, sino la tuya.*

Nunca lo sabré con seguridad, pero creo con todo mi ser que fue ahí donde realmente comenzó mi viaje de ida y vuelta al cielo.

Debes saber desde ahora que no me considero excepcional. En ese entonces, como ahora, era una persona bastante común. Sin embargo, lo que sucedió mientras el agua llenaba mis pulmones fue verdaderamente extraordinario. Viví una impresionante experiencia cercana a la muerte (ECM), en la que vi la indescriptible belleza del cielo, experimenté la sobrecogedora compasión de Cristo, conocí ángeles y participé del amor puro de Dios.

Sí, parece mucho —y lo explicaré todo más adelante— pero, créeme, nadie está más impresionada que yo.

Como cirujana, los muchos años de entrenamiento médico me habían condicionado a sentirme escéptica ante cualquier cosa más allá de la ciencia. No podía aceptar racionalmente lo que no podía medir, explorar, radiografiar y reproducir. Por eso, en los meses que siguieron a mi accidente y a las experiencias sobrenaturales que lo acompañaron, busqué fervientemente una explicación no espiritual para todo lo que había pasado.

Sin embargo, no la había. Después de investigar mucho, llegué a la irrefutable conclusión de que gran parte de mi experiencia caía completamente fuera de los límites de la medicina y de la ciencia.

Aun así, dudé. Llámale orgullo, escepticismo profesional o intento de huir de lo que Dios quería que hiciera. Como sea que lo llames, me tomó muchos años superar mi propia resistencia y empezar a hablar sobre mis experiencias en público. Pero me habían dado una tarea en el cielo y debía compartir mi historia con los demás. Por lo general, me refiero a esa tarea como un mandato, un encargo divino de extrema importancia. Cuando, al fin, enfrenté esa responsabilidad, escribí *Ida y vuelta al cielo*, donde describí lo que me sucedió de la mejor manera en que pude hacerlo entonces.

Como podrás imaginar, es difícil describir experiencias divinas y espirituales. Varias veces he escuchado a otras personas que han experimentado una ECM repetir lo que he dicho a menudo: no existen palabras terrenales para describir las maravillas del cielo. Incluso, las palabras más trascendentales de nuestro idioma se quedan cortas, pues las sensaciones en el cielo son mucho mayores en número e intensidad, y el sentido del tiempo y de la dimensión son radicalmente distintos de lo que experimentamos o comprendemos en la Tierra.

Como resultado, muchas descripciones en *Ida y vuelta al cielo* me parecieron después inadecuadas e incompletas. Me da vergüenza admitir que escribí ese libro sobre todo para eliminarlo de mi "lista de pendientes" y poder continuar con otras cosas.

Sin embargo, aprendí, como otras veces, que los planes de Dios son mucho más grandes que los míos. He tenido la oportunidad de compartir mi historia en todas partes del mundo, y el privilegio de hablar con miles de personas sobre la vida, la muerte, las experiencias espirituales y los milagros. A cambio, he escuchado cientos de historias sobre ECM, visitas en sueños, intervenciones divinas y milagros. He llorado junto a incontables personas que sufren la pérdida de algún ser querido. A medida que he contado mi historia, me he dado cuenta una y otra vez de que hay mucho que decir en ayuda de los demás.

Adonde quiera que voy, escucho las mismas preguntas: *¿Puedes describir lo que viste con más detalle? Todavía estoy recuperándome de la pérdida de un ser querido, ¿puedes decirme algo que me dé esperanza y consuelo? ¿Qué escuchaste o aprendiste en el cielo? ¿Los ángeles son reales? ¿Cómo ha cambiado tu vida?*

Es el momento de responder esas preguntas y no solo cumplir mi tarea divina, sino también incluir en mi narración cuanta ciencia, fe y experiencia de vida he podido acumular. Y, lo más importante, es el momento de decir por qué son relevantes para alguien más. Para ti, por ejemplo. Por eso he escrito este libro.

Si no has leído *Ida y vuelta al cielo*, no te preocupes. En las páginas siguientes te pondré al corriente sobre lo que pasó. No retomaré cada detalle, pero compartiré información suficiente para ponerte al tanto de la historia. Si *ya* leíste lo que relato en *Ida y vuelta al cielo*, te darás cuenta muy pronto de que este libro es distinto.

Mi primer libro trataba principalmente sobre lo que me sucedió. Comencé narrando mi niñez, mi camino hacia la fe durante la universidad y mi vida como cirujana ortopédica en Jackson Hole, Wyoming. Hablé sobre el viaje para practicar kayak en Chile, sobre cuando me ahogué, sobre mi encuentro cercano a la muerte y sobre mi recuperación. Y hablé también sobre la muerte de mi hijo, Willie, y sobre la experiencia de su pérdida poco después de mi accidente.

Este libro se enfoca principalmente en el "y entonces ¿qué?", es decir, en cómo mi vida cambió tras la ECM y, más importante aún, en cómo podría cambiar la tuya: cómo mi experiencia puede ayudarte a llenar tu vida de alegría.

La primera parte comienza con un recuento breve de mi historia, pues si no has leído *Ida y vuelta al cielo* no quiero que te sientas excluido. Incluye también detalles de mi viaje al cielo que faltan en aquel relato, cosas que vi y sentí, en particular dos conversaciones que tuve con Jesús. En ambas experimenté su amor incondicional, su compasión y su bondad. También aprendí sobre el tiempo divino y el perdón.

En los capítulos de este libro encontrarás siete lecciones transformadoras que aprendí en el cielo. Te enseño que la vida no solo va mas allá de la ciencia, sino que, como seres espirituales que somos, habitamos un mundo lleno de ángeles donde abundan los milagros. Al discernir y explorar el plan que Dios tiene para nosotros, te muestro también cómo la belleza está en todas las cosas, y cómo podemos vivir con alegría, incluso ante una pérdida.

En la segunda parte, presento un método práctico y comprobado para vivir de otra manera, teniendo en mente las hermosas verdades del cielo. Lo llamo vivir con absoluta confianza y consiste en saber que no debemos vivir tan solo con la *esperanza* de que las promesas de Dios sean reales, ni siquiera con la creencia general o *fe* en que sean verdaderas. Debemos vivir con la *confianza absoluta* de que Dios es bueno, que Sus promesas son verdaderas y que podemos confiarle nuestra vida, completamente, ahora y siempre.

Pasar de la esperanza a la confianza absoluta cambiará radicalmente lo que sientes, piensas y crees, y te conducirá hacia lo que todos buscamos: una vida plena de alegría. El problema es que hemos intentado conseguirlo por vías que no conducen a ningún sitio. En el último capítulo, te enseñaré cómo no perder esa confianza y por qué vivir con ella le traerá tanta alegría a tu vida.

La buena noticia es que no solo quienes han visitado el cielo pueden experimentar esa absoluta confianza. Se trata de algo que podemos alcanzar todos. Con ella, creo, Dios ha pretendido transformar nuestra vida de manera tangible: cómo abrazamos el éxito, enfrentamos los retos, procesamos la muerte de un ser querido, realizamos nuestro trabajo cotidiano, criamos a nuestros hijos, interactuamos con la gente a nuestro alrededor y perseguimos nuestros sueños. Te mostraré cómo lograr esta transformación.

¿Enfrentaremos obstáculos en este viaje? Por supuesto, y hablaré sobre ellos con candor. Sin embargo, mientras los exploramos en las páginas siguientes, mi más profundo deseo es comunicarte lo que ahora sé: que en todo momento vivimos en el abrazo de Dios. Ahora lo sé. Nunca estamos solos. Nunca dejamos de ser completa y eternamente amados por Él.

Al leer estas palabras, te invito a abrir tu corazón a la posibilidad de que Dios quiera usar mi historia para irradiar Su gran amor, incluso en los lugares más oscuros de tu alma, mostrándote cómo abrazar una vida con mucha más paz, sentido y alegría de los que hasta ahora has conocido.

Si mi viaje desde el fondo de un río hasta las alturas del

cielo me mostró algo, es que Dios no solo es real y está presente en nuestro mundo, sino que nos conoce a cada uno y hasta sabe nuestros nombres, que nos ama como si fuéramos la única persona en la Tierra, y que tiene un plan más significativo y gratificante para todos nosotros, más de lo que pudiéramos imaginar por nuestra cuenta.

Espero que sigas leyendo.

PRIMERA PARTE

Capítulo 1

◇◇

RÍO DE LA MUERTE, RÍO DE LA VIDA

La muerte no es el final de la vida, es el
principio de un viaje eterno.
DEBASISH MRIDHA

Buenos amigos, luz de sol y un hermoso paisaje. Esa mañana de enero de 1999 comenzó con la misma emoción de tantas otras aventuras de kayak compartidas con mi esposo, Bill. Era nuestro último día antes de volver a Estados Unidos, y era el cumpleaños de mi esposo. Planeamos celebrarlo remando en una remota parte de Chile, en un tramo del río Fuy poco frecuentado, famoso por sus múltiples cascadas. Como remeros profesionales de aguas bravas que éramos, Bill y yo sabíamos que los saltos de 10 a 15 pies eran un reto, pero nada que no pudiéramos sortear.

Remaríamos con Tom, un guía profesional de balsa y kayak, quien llevaba más de 20 años organizado viajes a Chile, sus dos hijos adultos, Chad y Kenneth, y su esposa, Anne, además de algunos otros clientes.

Esa parte del Fuy requiere un compromiso y un enfoque absolutos porque, además de estar en una zona remota de Chile, el río está flanqueado en muchos tramos por laderas escarpadas cubiertas de densos bosques de bambú, imposibles de penetrar. Esa topografía hace que sea extremadamente difícil, si no imposible, tomar otro camino que no sea continuar corriente abajo hasta llegar al punto de recogida. Una vez que te embarcas, no hay vuelta atrás.

Cuando Bill se despertó esa mañana con un severo e inusual dolor de espalda, tomó la difícil y decepcionante decisión de no participar en la excursión. Nos llevó hasta el río, me dio su chaqueta roja, que me puse debajo de mi chaleco salvavidas, también rojo, me dio un beso de despedida y me pidió que me cuidara. Planeaba encontrar algún lugar soleado donde pasar el día leyendo antes de encontrarse con nosotros río abajo al caer la tarde. Me sentí rara yendo sin Bill, pero estaba ansiosa por realizar el viaje en kayak.

Cuando nuestro grupo zarpó, salí de la contracorriente remando con seguridad. Dirigí mi kayak hacia adelante, adentrándome en el río veloz. No sabíamos que en cuestión de minutos ocurriría el desastre.

Encontramos dos cascadas delante de nosotros. Me moví hacia la más pequeña, pues habíamos acordado en grupo que sería la más segura. Pero, cuando me acerqué, vi que el kayak de alguien se había atorado de costado al borde de la caída y la fuerte corriente me empujaba directamente hacia él. Tenía que actuar deprisa.

Sin otra opción, giré para alejarme, y la corriente me impulsó directamente hacia la cascada más grande. Tenía que prepararme para hacerlo lo mejor que pudiera. Al llegar al borde de la cascada, vi la fuerza con que el agua caía. En un segundo, contemplé lo que vendría.

Me voltearía de cabeza en el fondo. El torrente de agua me impediría enderezarme y tendría que quitarme el faldón de neopreno que me mantenía seca para poder salir del bote. Me revolcaría en los remolinos del agua y tendría que abrirme paso hacia la superficie mientras el río me arrastraba corriente abajo. Luego, jadeando, lograría nadar hasta la orilla e intentaría juntar mis cosas. No hay otra; la mayoría de los remeros de aguas bravas han pasado por algo similar al menos una vez. Me preparé para lo inevitable.

Pero lo que asumí que sucedería, no pasó.

Caí rápidamente por el torrente de agua y, como pensé, me hundí bajo la superficie. Entonces, mi kayak se detuvo de repente y, con espanto, supe que la punta se había atorado entre las piedras del fondo. No me encontraba boca abajo, como había previsto, pero, en lugar de salir hacia la superficie, el peso de seis u ocho pies de agua me mantenía atorada.

Intenté en vano mover mi kayak para librarlo. Luego traté de salir del bote, pero el peso del torrente de agua sobre mí, y la fuerza de la corriente, doblaban mi torso hacia adelante y mantenían mis brazos anclados sobre el kayak. No tenía una bolsa de aire ni tiempo que perder. Por mucho que trataba, mis esfuerzos por moverme eran vanos, y empecé a darme cuenta de lo que sucedería.

Me ahogaría.

DESVANECIÉNDOME

Siempre pensé que ahogarse sería una forma terrible y aterradora de morir pero, en lugar de experimentar terror, en realidad me sentí en paz. No sentí que me faltara el aire, ni tuve miedo o pánico. Empecé a rezar tranquila. Curiosamente, no le rogué a Dios que me rescatara. Solo rezaba "Hágase tu voluntad".

No es que me diera por vencida, sino que me dirigía

decididamente a Dios. Por eso, suelo decir que Dios no se *llevó* mi futuro; yo se lo *di* voluntariamente.

En el momento en que entregué mi futuro a la voluntad de Dios, tuve la sensación física de que Jesús me estaba sosteniendo y reconfortando. No de forma abstracta, como en una tarjeta de felicitación. Sentí Su abrazo tangible, tanto como sentía el plástico del bote alrededor de mis piernas y el peso del agua sobre mi torso.

Como escribí en *Ida y vuelta al cielo,* Jesús me aseguró que todo estaba "bien", que mi esposo estaría "bien" y que mis hijos pequeños estarían "bien", independientemente de si me moría o no. Sentía que Jesús vertía Su amor infinito, Su bondad, Su compasión y Su misericordia directamente en mi alma.

El tiempo pareció detenerse. Tuve la sensación de que mi espíritu se expandía y se volvía parte de todo a mi alrededor. Me sentí conectada con todo. El tiempo podría haber terminado para mí en ese momento y habría estado más que contenta. Pero Jesús estaba conmigo. Fue durante ese tiempo que me mostró amorosamente la historia de mi vida y me recordó la gran belleza que hay en todos los eventos. (En las páginas siguientes, hablaré más sobre las revisiones de vida).

Mientras me deleitaba en la insondable bondad y compasión de Jesús, mis amigos remeros, que ya se habían dado cuenta de que estaba atrapada bajo el torrente de la cascada, intentaban desesperados llegar a mí. Pero nada funcionaba.

El proceso de morir parecía tomar mucho tiempo y, sin que supiera el esfuerzo que hacían mis amigos, podía sentir cómo la poderosa corriente sacaba mi cuerpo del kayak y lo extendía sobre la parte delantera. La corriente arrancó el casco de mi cabeza y el chaleco salvavidas de mi cuerpo. También obligó a mis rodillas a doblarse hacia adelante, rompiéndome los huesos y desgarrando ligamentos. Sin embargo, no sentí dolor.

Mientras mi cuerpo salía del bote, pude sentir algo más: Jesús me estaba liberando y mi espíritu se separaba lentamente de mi cuerpo. De pronto, con un pequeño golpe, sentí que mi espíritu quedó libre. La separación fue indolora, suave y hermosa. No fue como pasar de un estado consciente a uno de inconsciencia, sino, más bien, pasar de un estado consciente a otro *más* consciente. La claridad e intensidad de mi conciencia se habían agudizado y me sentía más viva que nunca.

Finalmente, mi cuerpo se liberó del kayak y el agua lo arrastró corriente abajo, a veces golpeándolo y raspándolo contra el fondo del río, a veces rodando en la corriente. Pero no recuerdo nada de eso. Lo que recuerdo es haber salido delicadamente del río y haber sentido libertad y ligereza mientras el agua corría por mis brazos extendidos, y haber visto la brillante luz del sol que parecía jalarme hacia arriba... hasta que pude contemplar toda la escena abajo.

No tenía miedo. Con el amor perfecto de Dios tan profundamente presente, no había espacio para el miedo.

Mientras flotaba sobre el río, me recibió un grupo de "algos". Quizá debería llamarlos personas, espíritus, ángeles o amigos del alma, pero estas palabras no significan lo mismo para todos, así que nunca he sabido cómo nombrar a los seres que me dieron la bienvenida. Todo lo que puedo decir es que tenía un conocimiento absoluto de que esos seres me habían conocido y amado durante toda mi existencia, y que yo los había conocido y amado también. Creo que, de haber mirado con más detenimiento a mi comité de bienvenida, hubiera reconocido en cada uno a alguien importante en mi experiencia de vida, ya fuera en la Tierra o no. Alguno, por ejemplo, pudo haber sido un bisabuelo que murió mucho antes de que yo naciera.

Lo importante es que eran seres radiantes que brillaban y estaban rebosantes del amor de Dios. En ese momento, supe sin duda alguna que Dios los había enviado para consolarme, guiarme y protegerme. En presencia de ellos, me sentí completa e incondicionalmente amada por Dios, de una forma que es difícil, si no imposible, encontrar en la Tierra. Estaba colmada de una paz y una alegría inexpresables que, en comparación, hacían palidecer y le quitaban el atractivo a la vida en la Tierra.

Sentí que finalmente había vuelto a casa.

MIRANDO HACIA EL CIELO

Sin embargo, aún no había salido de la Tierra. Todavía no. Estaba disfrutando mi nueva existencia, pero seguía viendo lo que sucedía abajo, en el río. Sí, existía un sentido diferente de tiempo y dimensión en ese mundo al que había entrado. Pasado, presente y futuro parecían fundirse en una sola realidad y, al mismo tiempo, me sentía en una dimensión espacial distinta. Pero podía ver lo que sucedía en el río.

Llevaba entonces bajo el agua casi treinta minutos.

Corriente abajo, de pronto apareció en la superficie mi chaleco salvavidas rojo. Chad, el hijo de 18 años de Tom, lo vio y saltó de prisa al río para recuperarlo. Mientras nadaba hacia la orilla, sintió que algo chocaba con su pierna. Era mi cuerpo. Con serenidad, vi cómo agarraba mi muñeca y sacaba mi cuerpo inerte del agua.

Más tarde, mientras observaba cómo mis amigos me

daban los primeros auxilios con la esperanza de resucitarme, me di cuenta de que debía estar muerta. Sorprendentemente, eso no me provocó preocupación ni tristeza. Simplemente lo noté. En la orilla del río, una de las remeras les dijo a mis amigos que cesaran de darme los primeros auxilios. Había pasado demasiado tiempo desde que me había ahogado, dijo. Les advirtió que, si lograban revivirme, "solo sería un vegetal". Otro remero quería grabarlo todo. Otro entró en pánico y corrió colina arriba, fuera de mi vista.

Mis amigos estaban frenéticamente ocupados, pero yo me sentía en calma. Pensé en la vida encantadora y maravillosamente rica que había vivido en mi cuerpo. Una vida llena de oportunidades, aventuras y crecimiento. Tenía un marido amoroso y cuatro hermosos hijos que agrandaban mi corazón mucho más allá de lo que me hubiera sido posible imaginar, así como amigos y familiares muy queridos y un trabajo reconfortante. Había amado profundamente y me habían amado profundamente también. Sin embargo, mientras observaba los eventos que se desarrollaban en la orilla del río, supe que solo entonces había llegado a casa y que mi vida en ese cuerpo había terminado.

Y, honestamente, no quería volver. Hoy me siento un poco apenada al admitir mi falta de interés por regresar, sabiendo la pena que hubiera causado a mi familia. Pero, si piensas en lo que estaba experimentando en ese momento, quizás comprendas. Por primera vez descubría nuestro verdadero hogar en el amor de Dios.

Envuelta en ese amor, reconocí agradecida la vida que había sido mía y me despedí de ella silenciosamente. Le di la espalda a la orilla del río y me dirigí al cielo.

Comencé a ascender, junto con mis guías, por un camino que conducía a la entrada de un gran domo, que sabía era el punto de no retorno. Mientras subíamos despacio, mis acompañantes y yo nos comunicábamos sin palabras y nos movíamos sin siquiera caminar. No hablábamos usando nuestras bocas para formar palabras; sin embargo, la comunicación era pura y clara. Escuchaba la comunicación en inglés, mi lengua materna, pero era como si las palabras pasaran de una persona a otra en su forma más elemental, solo transmitiendo energía y significado.

Nuestro viaje no fue instantáneo; nos movimos despacio y sin esfuerzo. No sé si tenía pies y no se me ocurrió mirar. El camino por el que viajamos parecía una superficie física —una superficie sólida—, pero existía en medio de la nada. Los bordes indistintos del camino, así como el espacio encima y debajo de él, se extendían hacia el universo. Sin principio ni fin, era un camino inexplicablemente hermoso.

Los colores de la naturaleza y los magníficos aromas de las flores y los árboles siempre me han conmovido profundamente, así que no es de sorprender que encontrara justamente eso. Al mirar más de cerca, el camino que recorríamos parecía estar bordado con cada color del arcoíris, incluso con algunos que nunca había visto. Una variedad aparentemente infinita de flores crecía en los bordes del camino, y mi propio ser se impregnaba de su suntuoso aroma. El arreglo y la nitidez de los colores, lo intrincado de las flores y el atractivo de los aromas eran mucho más intensos que cualquier cosa que hubiera visto o experimentado en la Tierra. No solo vi y olí esas cosas; también las escuché, probé y sentí. Mis sentidos se expandieron y pude experimentarlas y comprenderlas al mismo tiempo.

Por supuesto, sé que esta descripción es difícil de concebir, pero sentí que yo era parte de esa belleza y que ella era parte de mí. Y, cubriéndolo y saturándolo todo, estaba el amor de Dios, palpable, completo, inamovible e incluyente. Era un amor más grande que el que yo hubiera podido comprender o experimentar. Incluso ahora me es imposible poner en palabras ese sentimiento. Jamás se me ocurrió irme de allí.

EN EL UMBRAL

Quizás yo no quería irme, pero abajo, a lo lejos, en la orilla del río, Tom, Kenneth y Chad hacían lo posible para frustrar mis intenciones. Mientras Tom y sus hijos continuaban con la resucitación, pude escuchar a Chad rogarme que volviera y "respirara". Al percibir su urgencia, miré hacia atrás y me impactó la expresión de vulnerabilidad que había en su joven rostro. Abrumada por la compasión, descendí el camino hacia mi cuerpo, me recosté sobre él y respiré una vez, antes de levantarme para reunirme con mis compañeros y adentrarme más en el camino.

Entonces escuché a Chad rogar de nuevo. "¡Anda! Sé que sigues aquí. ¡Respira! ¡Solo una vez más!". De nuevo me sentí obligada a regresar a mi cuerpo y respirar otra vez. Regresé varias veces más para respirar, que es como interpreté literalmente el ruego, mientras ascendíamos despacio. Una y otra vez nuestro ascenso se retrasaba cuando yo regresaba para respirar en respuesta al llamado de Chad.

Las almas que me acompañaban nunca me regañaron, me apuraron o expresaron otra cosa que no fuera amor puro y comprensión ante esas interrupciones. Continuamos el viaje, hasta que por fin llegamos al arco de entrada de la gran estructura en forma de domo.

Era tan grande que no podía ver sus límites y, como el

camino sobre el que andábamos, no tenía bordes defini-
dos. Parecía sólida, aunque nunca la toqué ni me recosté
a ella.

De pie bajo el arco de entrada, miré alrededor. La entrada era alta, pero no muy ancha, con cerca de 10 pies de
profundidad. Pude pararme ahí con una de las personas
de mi grupo; los otros se reunieron alrededor. El arco parecía hecho con grandes bloques tejidos con fibras de
amor de Dios. Como todo lo demás, la estructura era res-
plandeciente, pero no cegadora, y su luminosidad no
creaba sombras. Me pregunto si se trataría del famoso cliché de las "puertas del cielo". Aunque los ladrillos no parecían hechos de perlas ni de oro, podía imaginar que
alguien usara esa analogía para describir el lustroso juego
de luz iridiscente que emanaba de cada bloque, desde el
centro de su propia existencia.

Miré más allá del arco, hacia el centro del domo,
donde vi mucha actividad y muchos, muchos seres ocupados. Había demasiados para contarlos y se movían por diferentes caminos, entrando y saliendo de otras estructuras.
¿Estaba viendo el Jerusalén celestial que mencionan las
escrituras? Quizás. Esos otros edificios eran altos y tan eté-
reos como la estructura del domo, y también parecían
irradiar amor desde su centro.

Tenía la impresión de que la mayoría de los seres eran
personas, aunque algunos parecían ángeles. No estoy segura de por qué tenía esa impresión y no sé identificar
específicamente la diferencia, pero los que consideré ángeles parecían más grandes y más gloriosos, si eso es posible. No tengo idea de en qué estaban tan ocupados. Tal
vez estaba viendo a las "miríadas de ángeles" (Heb 12,22)
que se describen en Hebreos en una alegre asamblea,
pues recuerdo que su alegría pura parecía crear un her-

moso murmullo melódico. Como aquellos que me habían saludado y guiado, estas "personas" me parecieron eternamente jóvenes, sanas, vibrantes y fuertes. Viéndolas, quedé colmada de sorpresa y curiosidad.

Transcurrieron horas, o así me pareció, y durante ese tiempo experimenté una profunda sensación de comprensión universal. Al fin, todo adquiría sentido. Lo único que tenía que hacer era pensar en una pregunta o un tema, sin importar lo complejo que fuera, y comprendía la respuesta inmediatamente. Y no solo comprendía la respuesta, sino el fundamento de esa respuesta. Era capaz de observar la complejidad del universo y, al mismo tiempo, comprender su verdad.

Aunque ya no recuerdo la mayoría de las preguntas que hice, ni las respuestas que obtuve, y no regresé sabiendo física cuántica, recuerdo cómo pude ver que todo es lógico y está interconectado y divinamente ordenado. De hecho, todos estamos conectados, formando un solo cuerpo. Sobre todo, gané una profunda comprensión de la verdad de muchas de las promesas de Dios que nos llevan hacia la alegría.

Pero algo me devolvió a la Tierra.

QUEDARME O PARTIR

Finalmente, no fueron los ruegos de Chad ni el esfuerzo de nadie lo que me trajo de vuelta. Creo que fue la voluntad de Dios. A pesar de mi alegría por sentirme "en casa", las almas que me acompañaban me dijeron que no había llegado mi tiempo. Dijeron que tenía más trabajo que hacer en la Tierra y necesitaba regresar a mi cuerpo. Les aseguré, así como Jesús me había asegurado a mí, que todo estaría bien si me quedaba, pero insistieron. Para convencerme, me comenzaron a decir con gentileza el trabajo que todavía debía hacer aquí.

Una de las cosas más desgarradoras que compartieron conmigo tenía que ver con la futura muerte de mi hijo mayor. Me dijeron que Willie, quien entonces tenía solo nueve años, moriría "pronto" y entonces yo debería usar mi propia experiencia cercana a la muerte para ayudar a los otros a entender la belleza de su vida y de su muerte.

Eso no me sorprendió, pues mi hijo me había dicho algunos años antes que moriría joven, y creo que al hacerlo me estaba preparando para escuchar, sin miedo, las cosas que las almas me dijeron en el cielo.

—Pero ¿por qué? —pregunté, con el corazón roto—. ¿Por qué *mi* hijo? Y, ¿por qué pronto?

Inmediatamente, me recordaron la revisión de vida y lo que Jesús me había prometido: que siempre podía contar con el amor de Dios y que confiara en que su plan para cada persona y para el mundo entero es de esperanza.

Entonces me llevaron de vuelta al camino hacia mi cuerpo inerte que yacía sobre las piedras húmedas a la orilla del río.

Capítulo 2
◇◇
VER MI VIDA
AFUERA DEL TIEMPO

Las horas se hicieron para el hombre,
no el hombre para las horas.
FRANÇOIS RABELAIS

Desde que nací, experimenté el tiempo como un flujo lineal del pasado al presente y hacia el futuro. Como la mayoría de quienes crecemos en Occidente, me he regido siempre por un calendario y he usado relojes para organizar mi ocupada vida. Pensar de esa manera me ha dado siempre una sensación de control y me ha permitido proyectarme hacia el futuro que deseo.

El tiempo es como un bien que se usa, se gasta, se ajusta y se ahorra. A veces, he sentido que tengo un cronómetro en la cabeza. No literalmente, por supuesto, pero siento el paso de los segundos, como antes del inicio de una carrera. A veces resulta útil, como cuando voy a realizar un procedimiento quirúrgico que hay que planear detalladamente, pues la eficiencia es importante y el tiempo, crucial, pero a veces puede interferir con la experiencia del momento.

Uno... dos... tres... Es casi una sensación física.

Si eres como yo, puedo adivinar que has estado cotejando los tiempos de mi historia, analizándolos subconscientemente en cada momento.

¿Cuántos minutos estuvo en el kayak antes de ahogarse?

Cuando tuvo esa conversación con los seres celestiales, ¿cuánto tiempo duró?

Veamos, ¿realmente suma tanto?

Pero el cielo no funciona así. Mi viaje de ida y vuelta al cielo cambió por completo mi comprensión del tiempo. Este, como yo lo conocía hasta entonces, terminó en el momento en que pasé de mi vida terrenal a la otra vida. Lo que antes se contaba en segundos, minutos, horas o años —todo en una línea recta desde el pasado hacia el futuro— se convirtió en otra cosa.

Sentía que era más bien una gran red en la que el tiempo y el espacio se encuentran conectados. Contar el tiempo ya no tenía sentido. Todo el pasado, el presente y el futuro parecían concurrir en el aquí y ahora. Ya me explico.

PARTE DE LA ETERNIDAD

Mientras estaba atrapada bajo el agua, todavía tenía conciencia suficiente del tiempo lineal. Podía percibir su paso y reconocer que casi seguro moriría como resultado de ello. Sin embargo, al mismo tiempo sentía que era parte del pasado y del futuro. Me sentía parte de la eternidad.

La eternidad es mucho tiempo y, por eso, algunas personas temen que el cielo sea terriblemente aburrido. Después de algunos siglos explorando las maravillas celestiales, ¿no nos empezarán a aburrir? El imaginario popular —muchas veces tremendamente equivocado— proyecta el cielo como una misa eterna, donde escucharemos música de órgano y cantaremos himnos fúnebres para siempre. O, peor, donde nos sentaremos en las nubes todo el día a tocar el harpa. Algunos podrán pensar que esa es una forma perfecta de pasar el tiempo infinito, pero serán pocos. No me extraña que tantas personas se sientan incómodas pensando en la eternidad.

Lo que descubrí es que el tiempo celestial —lo que conocemos como eternidad— es más parecido a un espacio que habitas que a una línea sobre la que caminas. Prospera en lugar de transcurrir. Es algo que se experimenta, no que se gasta. (¿Me sigues?).

Así que, por ejemplo, la eternidad no es realmente un número infinito de años alineados en fila, donde cada año y cada siglo siguen unos a otros, como capítulos en un libro de historia. En su lugar, todo el tiempo —pasado, presente y futuro— *está aquí mismo, ahora.*

En mi caso, cada momento contenía su pasado, su presente y su futuro mientras se expandía hacia la eternidad, y yo experimentaba esa eternidad en un instante. Me sentía parte de nada y de todo.

Descubrí que el tiempo se disfruta completamente en *el momento presente.* En el cielo no piensas sobre lo que puede pasar mañana o al año siguiente o el próximo siglo. El momento presente es tan rico y satisfactorio como podamos imaginar.

El tiempo terminó para mí estando bajo el agua. Podrías decir que me di cuenta empíricamente de lo que Albert Einstein comprendió intelectualmente, que el tiempo es relativo y debería considerarse una cuarta dimensión. Un escritor bíblico lo dijo de esta manera: "Para el Señor un día es como mil años, y mil años como un día" (2 Pe 3,8).

Si tu reloj interno está funcionando, ya empezaste a experimentar cierta ansiedad sobre el tiempo que transcurre mientras te cuento mi historia. Abajo, en el río, los segundos nunca dejaron de avanzar, pero al mismo tiempo, mi experiencia en el cielo pareció desarrollarse en completa serenidad y sin mucha relación con lo que le sucedía a mi cuerpo.

Para mí, la diferencia de cómo experimentamos el tiempo nunca fue más clara que durante mi llamada "revisión de vida", que ocurrió mientras estaba bajo el agua, en el umbral que separa la vida de la muerte.

REGRESAR Y REVISAR

Todos están familiarizados con el Día del Juicio. La mayoría de nosotros asumimos que será entonces cuando nuestras buenas obras se recompensen y las malas se castiguen. De vez en cuando, esta imagen nos llena de temor a muchos. Imaginamos a Dios sentado en un enorme trono de oro y piedras preciosas, emitiendo juicios sobre una fila interminable de seres humanos acobardados, cada uno a la espera de su turno. De ahí el miedo y la frustración que se perciben en la frase del humanista Walt Whitman: "Dios es un abusivo belicoso y mezquino, empeñado en vengarse de sus hijos por no cumplir con sus estándares inalcanzables".

Como la mayoría de las personas, antes de experimentarla, imaginaba que una revisión de vida era meramente un preludio a ese día del juicio de Dios. A pesar de mis metas y mi esfuerzo por llevar una vida ética, moral y "buena", anticipaba que mi propia revisión de vida estaría llena de remordimientos, decepciones y culpas. A pesar de abrazar la esperanza presentada en la revisión de vida de George Bailey en la película *Qué bello es vivir*, la mayoría de nosotros, incluso los cristianos, no nos sentimos merecedores de gracia.

Pero aprendí que una "revisión de vida" no es esa clase de experiencia, en lo absoluto, y la mayoría de la gente que ha pasado por una ECM dice lo mismo. De hecho, muchas veces es el evento más iluminador que una persona puede llegar a experimentar. Por lo general, un "ser de luz", muchas veces identificado como Cristo, Dios, "Fuente" o "amor puro", presenta a la persona que agoniza una revisión de toda su vida. Independientemente de si la revisión se percibe como una imagen panorámica, una película o pequeños cortos, siempre está llena de comprensión y compasión. Y muchas veces constituye un aprendizaje invaluable.

Por ejemplo, algunas personas tienen la oportunidad de "revivir" ciertas experiencias desde una variedad de perspectivas. Eso muchas veces le enseña al moribundo algo sobre sí mismo o los demás, y le permite entender por qué él, ella o los otros son de la manera en que son, pues expone los motivos de todos los involucrados. Así como sucedió con el personaje de George Bailey, revivir experiencias también revela el impacto que las palabras y los actos del moribundo tienen sobre los otros, lo que muchas veces les da mayor sentido a sus vidas. Después de una revisión de vida, las personas usualmente ganan una poderosa conciencia sobre los vínculos indelebles que las conectan con el universo y con los demás seres vivos, y se aferran a la firme creencia de que el amor es el aspecto más importante de la vida.

He notado que no importa lo joven que sea el creyente o cuánto tiempo ni qué tan fervientemente haya intentado seguir las enseñanzas de Dios. Todos sufrimos al compararnos con algún ideal. Cuando miramos a otros, nos damos cuenta de que no rezamos lo suficiente, no hacemos suficiente trabajo voluntario, no damos lo suficiente, no amamos lo suficiente, y la lista sigue. Sentimos que no importa cuánto lo intentemos, nuestras contribuciones palidecen en comparación con las de tantos otros que han hecho tanto más. Lo entiendo. Olvidamos que, día a día, cada uno realiza contribuciones importantes, pequeñas y grandes. Olvidamos también lo que experimentamos en momentos de profunda comunión con Dios. En cualquier caso, es humano preocuparse por que, llegado el momento de rendir cuentas a Dios, nuestros errores, debilidades y secretos más oscuros no nos alejen de su perdón y recompensa.

Pero déjame contarte lo que me sucedió.

Me estaba apoyando suavemente contra Jesús, abrazada y reconfortada por su presencia. Algunas escenas de mi vida pasaban frente a nosotros, como si las proyectaran en una pantalla grande tridimensional y multisensorial. Todo lo demás que nos rodeaba se desvaneció en la irrelevancia. En lugar de ansiedad y aprensión, no sentí nada más que amor. Cuando miré el rostro de Jesús, solo encontré bondad ilimitada. En Sus brazos me sentí como un bebé recién nacido sobre el que vertía Su esperanza, preocupación, amor y ser. Su abrazo era suave, completo y familiar. Conforme mi vida apareció ante mí, me sentí profundamente amada, y supe que Su amor no era solo para mí, sino para todas las personas.

Las escenas se movían rápidamente, de derecha a izquierda, en orden secuencial. Era como deslizarse por la carpeta de "todas las fotos" en un iPhone. Ese movimiento continuo se detuvo cuando Jesús estiró la mano para sacar una escena de la cadena de mi vida. En lugar de solo ver la escena frente a mí, la volví a vivir con absoluta comprensión de todos los puntos de vista.

Si esto te parece imposible, recuerda el cambio de paradigma del que hablé al inicio de este capítulo: el tiempo parecía no existir más. Estaba viva en el presente eterno. Y todo existía en y por el amor de Dios. En otras palabras, probé la eternidad de la bondad y la gracia que nos espera a todos.

Mientras veía cada aspecto de una escena o evento, pude ver también la historia de vida de la gente involucrada. Comprendí sus antecedentes emocionales, sus motivaciones y sus sentimientos. Vi los otros lados de la historia y supe cómo habían contribuido a la situación y cómo esta a su vez nos había cambiado a cada uno.

Las cosas se volvieron más específicas. La ira y la confusión que sentía de niña cuando presenciaba violencia física se reemplazó por compasión cuando vi las heridas, las expectativas y las esperanzas que llevaron a la gente involucrada a cometerla. Sus historias personales habían determinado sus comportamientos y reacciones, y vi cómo esos momentos también transformarían el futuro. La ira que sentí durante décadas hacia ese niño vecino que me había agredido físicamente cuando también era niña, se disolvió en empatía y perdón. Una y otra vez, conocer los antecedentes de una persona —sus experiencias, circunstancias y penas— cambió mi comprensión de ella, y mi respuesta emocional se volvió parte de la gracia.

Mi revisión de vida cambió por completo lo que entendía por gracia, y creo que puedo hacer lo mismo por ti.

La gracia muchas veces se mira con desdén, como un cliché vacío e inalcanzable. Cuando miramos las mentiras de nuestro pasado roto, solemos pensar que la gracia solo está reservada para los demás. Pero en el Nuevo Testamento de Dios, la gracia está relacionada con Él y es la manifestación de Su promesa de amor para *cada* uno de nosotros. Donde solo vemos grietas, Él ve restauración y cura.

La gracia de Dios es Su amor en acción, el perdón continuo, el apoyo, la misericordia, la compasión y la bondad que nacen de Su amor inmerecido.

Eso es lo que aprendí sobre la gracia que Dios ofrece, que no termina con nosotros. La gracia que aceptamos es también la gracia que podemos ofrecer a los demás, sin importar las circunstancias.

LA PRIMERA LECCIÓN QUE REVELA EL CIELO

Las circunstancias tienen sentido cuando se ven a través de los ojos del cielo, y la abundancia de gracia que recibimos de Dios es la misma que ofrecemos libremente a otros.

Como podrás imaginar, una experiencia como esa te cambia. No soy la misma persona que solía ser. Experimento mucha más gracia hacia otros, incluso en situaciones minúsculas. Cuando me siento engañada o se han aprovechado de mí, incluso cuando un conductor maniobra con irresponsabilidad cuando manejo, soy capaz de sentir una gentileza hacia esa persona que antes no sentía. Cuando alguien me trata con rudeza o irrespetuosamente, recuerdo que esa persona es la suma total de sus responsabilidades y alegrías, de sus éxitos y fracasos. Por supuesto, siento las mismas emociones fuertes que cualquier ser humano, pero ahora soy capaz de elegir cómo responder a ellas.

Y eso se manifiesta en situaciones grandes y pequeñas.

Una vez abandoné de pronto la boda del hijo de un amigo justo cuando sus padres caminaban hacia el altar. Varios días después, escuché a alguien comentar lo grosero que había sido mi comportamiento. La realidad era otra: pensé que era importante asistir a la boda porque el novio había sido compañero de escuela y amigo de mi hijo Willie. Era una ocasión feliz y todos estaban radiantes. Pero era la primera boda a la que iba desde la muerte de mi hijo y, cuando vi a los padres del novio sonriendo, sentí de repente una profunda sensación de pérdida ya que nunca podría compartir esa clase de evento con Willie. Me fui de prisa para evitar que los demás se distrajeran con mis lágrimas.

Pero los demás no podían saber eso, ¿cierto? En esa ocasión al menos, pude entender el porqué de ese desagradable comentario: con todo el panorama en mente, con bondad en lugar de rencor.

EFECTO DE ONDA

Conforme Jesús "pasaba" las escenas de mi vida, fui testigo de cómo ciertos actos habían repercutido más allá del incidente original, como círculos concéntricos, hasta llegar a afectar a otros. Es fácil comprender cómo influyen nuestras palabras y actos en nuestro círculo inmediato de amigos y familiares, pero suele ser imposible apreciar su influencia remota. Durante la revisión de mi vida, Jesús me permitió ver en varias ocasiones tanto los efectos inmediatos como los efectos remotos de un evento. Pude apreciar y comprender cómo cada evento se extendía a través del tiempo y el espacio, dando inicio a una cascada de eventos de los que siempre emergió algo valioso y bello.

No sentí agradecimiento ni felicidad cuando mis padres se dieron cuenta de que su matrimonio era insostenible y se divorciaron. Se derrumbaron los cimientos de mi mundo. Me sentí herida, traicionada, abandonada, enojada y avergonzada. Y, cuando no recibí respuesta a mis oraciones que pedían su reconciliación, también me sentí abandonada por Dios y deseché mis nociones infantiles de un Padre celestial amoroso. Entonces, y por muchos años, nada me habría convencido de que algo bueno podría salir de una situación como esa.

Sin embargo, uno de los regalos más impresionantes de Dios es Su habilidad para usar el tiempo para sanar y redimir, para convertir en algo hermoso lo que ahora nos parece feo. En mi caso, el hombre que se convirtió en mi padrastro llegó a ser una de las influencias más grandes y más queridas en mi vida. De su ejemplo y guía aprendí humildad, amor incondicional, paciencia, constancia y compasión. Ahora, a pesar del dolor que sentí entonces, veo de modo diferente la disolución del matrimonio de mis padres. Si ese rompimiento no hubiera sucedido, George jamás habría llegado a mi vida.

¿Realmente Dios compone las cosas pensando en nuestro bien? Durante mi revisión de vida, mientras fui testigo de la belleza que emergía de cada evento, mi fe en la promesa de Dios pasó de ser una esperanza teológica un tanto vaga a convertirse en una confianza absoluta. Comprendí que, genuinamente, Dios hace que todo sea hermoso de acuerdo con Su tiempo.

No lo digo a la ligera, y me extenderé un poco más sobre eso después. Tú o aquellos a quienes amas pueden estar enfrentando obstáculos difíciles y dolorosos hoy. No importa lo encantadora que parezca la vida, ese día nos llega a casi todos. Espero que la experiencia que viví en mi revisión de vida te dé valor y confianza.

Los eventos que parecen terribles e injustos tienen repercusiones y tocan a las personas de manera positiva. Nunca podremos imaginar, a partir de nuestra experiencia terrenal, de qué forma se manifestará, pero será perfectamente evidente cuando lo veamos desde el cielo.

El secreto, mientras tanto, es permitir que la confianza nos transforme. Como te mostraré en capítulos posteriores, elegir conscientemente confiar en las promesas de Dios permite experimentar la profundidad de Su amor, Su gracia y Su presencia en el mundo. Incluso en tiempos de lucha y desazón, podemos contar con que la belleza siempre reaparecerá.

El cambio de visión y el poderoso sentimiento de ser profundamente amada por Dios todavía estaban frescos en mis ojos cuando empecé a sentir la fuerza de la corriente halando mi cuerpo hacia delante, hacia el frente del kayak. Cuando sentí que Jesús me soltaba suavemente, me dijo que recordara lo que me había mostrado.

Mi revisión de vida había terminado, pero su impacto repercutiría de muchas maneras en toda mi existencia.

Capítulo 3

◇◇

SOMOS SERES FÍSICOS Y ESPIRITUALES

Los límites que dividen la Vida de la Muerte
son los más oscuros y vagos.
¿Quién podría decir dónde acaba una y comienza la otra?
EDGAR ALLAN POE

Cada descripción de una experiencia cercana a la muerte incluye un momento en que se separa el alma del cuerpo. Quizá has escuchado a la gente decir que esto no puede suceder; que el cuerpo y el espíritu no se pueden separar; que, al morir el cuerpo, la fiesta se acaba.

Sin embargo, mi experiencia me ha enseñado lo contrario.

Yo solía pensar en mí como un ser físico capaz de tener experiencias espirituales tales como sentirse amado o conmovido por experiencias "del alma". Pero, cuando dejé de ser un "ser físico", descubrí que mi capacidad de experimentar todo a mi alrededor —en especial, el profundo amor que Dios siente por mí— se expandía de manera radical. En realidad, al abandonar mi cuerpo, nunca me sentí más viva.

No hay dudas de que somos seres físicos y espirituales al mismo tiempo. Cuando analizamos los detalles espirituales que rodean la muerte de cualquier persona, vemos que hay un vasto universo de historias sobre experiencias extracorporales: visiones y visitas en el lecho de muerte, por ejemplo, o una repentina conciencia de que, sin importar cuánto nos identifiquemos con nuestro cuerpo, somos *más* que un cuerpo. De eso trata este capítulo.

¿No te parece una paradoja maravillosa y el regalo de un Dios amoroso el que, tan pronto como las personas llegan al umbral entre la vida y la muerte, el cielo se les aparezca por completo? Las viejas formas de ordenar la realidad se quedan cortas. Dios parece tangible, presente y dispuesto a mostrarnos que su amoroso plan para nosotros es mucho más grande de lo que habíamos sospechado.

El siguiente poema captura la riqueza y el misterio que llena las almas en ese momento de partida y llegada: "¿Qué es morir?", dice. "Estoy a la orilla del mar. Un barco parte con la brisa de la mañana y se dirige al océano. Ella es un objeto y me quedo mirándolo hasta que desaparece en el horizonte y alguien a mi lado dice, '¡Ella se ha ido!'. ¿Adónde? Se ha ido de mi vista, es todo. Su tamaño que se achica y su desaparición están en mí, no en ella. Y, justo cuando alguien a mi lado dice, '¡Se ha ido!', otros la ven llegar y exclaman con alegría, '¡Aquí viene!'. Eso es morir".

CUANDO EL ALMA SE VA

Cuando dejé mi cuerpo bajo el agua, sentí que mi espíritu se desprendía lentamente, como si se quitara una pesada playera mojada. El río jalaba mi yo físico corriente abajo y los rayos de sol elevaban mi espíritu hacia arriba. Desde mi yo espiritual pude ver cómo mi cuerpo se doblaba sobre el kayak. No intenté detener esa separación y no creo que hubiera podido, de cualquier manera. Todavía me sentía como yo y estaba sumamente consciente de mis circunstancias.

De hecho, varias veces intenté comprobar mentalmente cómo me sentía. Cuando sentí y vi mis rodillas doblarse sobre sí mismas, medité sobre si tenía conciencia. ¿Estaba gritando o sentía dolor? No. ¿Estaba tratando de respirar o nadar? No. Al menos, no parecía así. Lo que sí sentí fue cómo mi yo espiritual era cargado fuera del río. Mientras me llevaban hacia arriba, me sentí ligera y libre.

Muchas veces digo en bromas que mi corazón es una lagartija: me siento viva y siento un profundo sentimiento de felicidad y alegría cuando la luz del sol me calienta la piel. Así mismo me sentí cuando mi yo espiritual se alejó del kayak. El calor de la luz brillante, que percibía como una hermosa esfera sobre un cielo azul profundo, parecía envolverme y darme vida. De hecho, tenía la impresión de que ese sol era la fuente de toda vida y de todo amor. Me llamaba y me elevé voluntariamente para encontrarlo.

La diferencia entre cuerpo y alma ha sido reconocida en libros tan antiguos como el Génesis. Cuando Jacob se encontraba de viaje con su familia y sus sirvientes, su amada esposa, Raquel, entró en labores de parto y tuvo complicaciones. El bebé sobrevivió, pero Raquel murió. Leemos: "Y aconteció que cuando su alma partía, pues murió, lo llamó Ben-oni" (Gn 35,18).

Al partir su alma. Esa descripción resuena profundamente en mí, pues eso fue exactamente lo que experimenté. El "pop" o "plop" que sentí cuando mi yo espiritual finalmente se liberó de mi cuerpo físico era parecido al sonido que hace el agua cuando la golpea una piedra.

En Eclesiastés encontramos otra descripción del espíritu como una entidad independiente del cuerpo. Esa referencia compara los misterios del espíritu que llega al cuerpo con los misterios de la comprensión de la obra divina. Salomón dice: "Como no sabes cuál es el camino del viento, o cómo se forman los huesos en el vientre de la mujer encinta, tampoco conoces la obra de Dios que hace todas las cosas" (Qo 11,5).

¡Qué imagen tan fascinante de la diferencia entre cuerpo y espíritu! Sí, hay un momento en que se unen, pero antes estaban separados y, simplemente, no sabemos cómo.

En el capítulo 12 de Eclesiastés, el escritor describe la muerte en tanto el abandono del cuerpo por el espíritu: "Entonces volverá el polvo a la tierra como lo que era, y el espíritu volverá a Dios que lo dio" (Qo 12,7). Más adelante en la Biblia, Pablo explica que dejamos nuestro cuerpo terrenal atrás cuando vamos al cielo, intercambiándolo por un cuerpo eterno hecho por Dios para nosotros (1 Cor 15). Y en Corintios describe al cuerpo como una "tienda", y dice que cuando estamos en casa en nuestro cuerpo estamos lejos del Señor, y cuando estamos lejos del cuerpo estamos en casa del Señor (2 Cor 5).

En toda esta ida y venida, ¿notas qué es lo que perdura? Solo el espíritu es eterno. "No somos seres humanos que tienen una experiencia espiritual", escribió el filósofo francés y sacerdote jesuita Pierre Teilhard de Chardin. "Somos seres espirituales que tienen una experiencia humana".[1] No hay nada en sus textos que sugiera que haya tenido una ECM, pero concuerdo por completo con el sentimiento que expresan.

Mi experiencia me dice que somos, sobre todo, un espíritu encerrado en un "traje humano". Sí, como cirujana me sorprenden las maravillas del cuerpo humano que Dios creó, pero me sorprende aún más el espíritu que reside dentro de ese cuerpo. Nuestro espíritu —más que los tejidos, nervios y huesos que forman nuestro cuerpo— es la esencia de lo que somos.

Es quizás por eso que muchas personas —religiosas o no— ven y escuchan lo milagroso cuando están a punto de abandonar la Tierra.

VISIONES EN EL LECHO DE MUERTE

Los familiares de pacientes en estado terminal, y el personal de salud, son muchas veces testigos de lo que se conoce como "visiones en el lecho de muerte", en las que la persona moribunda parece estarse preparando para su partida e intenta ver o agarrar algo que los demás no pueden ver, justo antes de la muerte física. Tal vez están viendo o tomando la mano de alguien que vino a guiarlos a través del velo. Las dos historias siguientes me inspiran cada vez que las leo:

> *Mi papá estaba en casa recibiendo cuidados paliativos. Estuvo entrando y saliendo de un coma durante tres días, antes de morir. El segundo día salió del coma, pero no parecía reconocer el entorno. Solo miraba una esquina del cuarto y estiraba los brazos como si intentara abrazar a alguien. Juntó sus manos, como si estuviera rezando. Luego estiró el tubo del oxígeno que tenía bajo la barbilla y rebuscó con los dedos alrededor del pecho.*
>
> *Murió al día siguiente, y cuando vino la enfermera, le preguntamos al respecto. Dijo que lo había visto antes, que no era inusual. Que mi padre se estaba vistiendo para irse. Cuando enderezó el tubo del oxígeno, quería enderezar su corbata, y el movimiento de los dedos sobre el*

esternón era para abotonar la camisa. Tenía sentido, porque era exactamente lo que parecía que estaba haciendo.

—NANCY, CHATTANOOGA, TENNESSEE

Mi madre nació en 1924 y su hermano había nacido algunos años antes. No sé exactamente cuándo. Pero, a los dos años, contrajo escarlatina y murió. Su madre lo mecía en el pórtico cuando estaba agonizando y, de repente, él estiró ambos brazos, como si alguien lo fuera a cargar (no había nadie más ahí), y dijo, "Mamá, los ángeles vinieron por mí". En ese momento, murió en sus brazos.[2]

Son todavía más comunes las historias de personas que están muriendo y ven o hablan con alguien que las demás personas en el cuarto no pueden ver. Muchas veces ven la belleza del cielo, una madre o una figura materna, hermanos o personas que no sabía que habían muerto. Muchas otras veces hablan sobre prepararse para un viaje, preguntan por su equipaje o sus boletos, describen ángeles o mencionan el nombre de la persona que vendrá a buscarlos.

Steve Jobs, el fundador y director general de Apple Computing, reconocido mundialmente como pionero de la revolución originada por el ordenador personal, es considerado un genio. Aunque tuvo una inteligencia, una visión y un instinto excepcionales, era como muchos otros. Tomó de niño clases de catecismo, pero a los trece años, cuando vio una foto de niños famélicos en Biafra, se alejó del Dios que permitía tal sufrimiento. Muchas personas creen que se volvió budista más adelante, pero hacia el final de su vida dijo, "Creo en Dios mitad y mitad". Quería que perdurara, pero reconocerlo era quizás una ilusión. En sus últimos momentos, miró más allá de su amorosa familia y dijo, "Oh, guau. Oh, guau. Oh, guau".[3]

Me pregunto, *¿Qué o a quién vio ese brillante hombre que lo sorprendió tanto?*

En 2012, mi cuñado murió de una rara infección cerebral. Era un hombre extremadamente inteligente, ingenioso y elocuente, pero su claridad mental se afectó durante la semana previa a su muerte. No era un hombre espiritual ni religioso, pero me dijo en más de una de sus fases lúcidas, cuando estaba sentada junto a él, que se sentía "atrapado entre los mundos". Dijo que iba y venía entre nuestro mundo y el mundo de Dios, y que estaba hablando con ángeles. Me preguntó si yo podía verlos. Le pidió a mi hermana que se asegurara de que los niños conocieran a Jesús.

Las historias de visiones en el lecho de muerte (VLM) son todavía más comunes que las experiencias cercanas a la muerte y, como estas, han sido descritas desde la antigüedad. Una VLM muchas veces hace a la persona moribunda ver seres queridos que han muerto, o ángeles que lo ayudarán a pasar al otro mundo. Estas VLM ocurren en los días, horas o momentos previos a la muerte. Leí que entre la mitad y dos tercios de las personas que mueren dicen experimentar una VLM.[4, 5, 6]

Increíblemente, otras personas que están en el mismo cuarto o incluso a distancia pueden compartir estas visiones del final de la vida.

Así como las ECM, en las visiones en el lecho de muerte también pueden aparecer personas que ya murieron, incluso si quien las experimenta todavía no sabe de su muerte. William Barrett reporta un ejemplo:

Lady Barrett, una cirujana obstetra de Dublín, recibió al hijo sano de Doris (se omitió su apellido del informe escrito). Sin embargo, Doris estaba muriendo de una hemorragia. Mientras los médicos esperaban junto a la mujer, esta empezó a ver cosas.

Como lo cuenta Lady Barrett, "De pronto miró con ansia hacia un lado del cuarto y una sonrisa radiante iluminó su semblante. 'Oh, hermoso, hermoso', dijo. Le pregunté, '¿Qué es hermoso?'. 'Lo que veo', me contestó en un tono bajo e intenso. '¿Que ves?'. 'Una luz hermosa; seres maravillosos'. Es difícil describir la sensación de realidad que proyectaba al absorber esa visión. Luego, durante un momento, pareció concentrar más su atención en un solo lugar y exclamó, casi con un grito de alegría: '¡Pero si es mi papá! Está contento de que vaya para allá. Está tan contento'. Le dijo a su padre, 'Ya voy', y luego me miró. Cuando volvió a mirar hacia el mismo lugar, dijo, con una expresión un tanto confundida, 'Vida está con él'. Se giró hacia mí y repitió, 'Vida está con él'. Entonces dijo, 'Me quieres, papá. Ya voy'.

"Después, murió. La hermana de Doris, Vida, había muerto tres semanas antes, pero como Doris se encontraba en estado delicado, le ocultaron la muerte de su amada hermana".[7]

Supe de otra historia sobre VLM a través de Katie:

Minutos antes de que muriera mi prometido, me senté junto a su cama y le aseguré que estaba bien que se fuera con Dios. Le hice saber que soy una mujer fuerte y que estaría bien. Cuando terminé de hablar, abrió los ojos y miró profundamente en los míos. Sus ojos brillaban con una luz que salía de ellos. Ambos estábamos dentro de una especie de burbuja que parecía de otro mundo. Sentí una alegría, un amor, una felicidad y una paz tan hondos que difícilmente los seres humanos podamos siquiera imaginar. Era tan intenso, tan hermoso. Parecía que él me hablaba con su mente. Una de las cosas que dijo fue que todo tendría sentido al final.

Esta experiencia duró aproximadamente quince segundos. Lentamente regresé a mí y, en ese mismo instante, él cerró los ojos, exhaló y murió.

Fue una experiencia muy poderosa. Me sentí bendecida de que me hubiera ocurrido algo así. Nunca tendré dudas de que hay un más allá y que está lleno de paz. Él murió hace cuatro años y vino a mí una vez. No me importa si alguien lo cree o no. Yo sé que hay vida después de la muerte y que nuestros seres queridos nos cuidan y protegen.

—Katie, McLean, Virginia

VISITAS DEL MÁS ALLÁ

En su relato, Katie también menciona que su prometido la visitó una vez después de muerto. Esto se registra con mucha frecuencia y me han preguntado varias veces si yo he "hablado" con mi hijo después de su muerte. En tres ocasiones he "soñado" con la presencia de Willie. Los llamo sueños pero, como otras tantas personas que me han compartido sus historias de visitas nocturnas, creo que el espíritu de mi hijo en realidad ha estado ahí.

En la primera visita, Willie y yo nos abrazamos mientras me decía que estaba bien. Pude sentirlo y escucharlo. No estoy segura de que pudiera olerlo, pero fui capaz de absorber su esencia.

En la segunda visita, vi con alegría cómo jugaba tranquilamente en un columpio con sus hermanos. Me desperté con una profunda añoranza de tener a mi hijo al menos un día más. Esta experiencia fue tan desoladora que no quise tener otra visita.

Sin embargo, varios meses después, Willie volvió. El amor imperante de Dios llenó el espacio donde él y yo estábamos juntos, bajo la luz de un farol, en medio de la oscuridad del universo. Es difícil describirlo, pero al final me pidieron que renunciara voluntariamente a su espíritu. Willie me señaló dónde vivía y, con una compasión desgarradora, dijo, "Ahora vivo ahí". Yo sabía que Willie estaba en el lugar que le pertenecía, y que ambos teníamos trabajo que hacer, él en el cielo y yo en la Tierra. También sabía que la vida en la Tierra solo dura un instante, y supe que Willie será el primero en recibirme cuando concluya mi trabajo en la Tierra.

A pesar de este conocimiento, renunciar a su espíritu fue lo más difícil que alguien me ha pedido alguna vez. Lo tomé en mis brazos, lo empapé con mis lágrimas y lo levanté hacia el cielo. Se fue y supe que ya no lo volvería a ver durante mi vida física.

Como cuando Dios les indica a los ángeles que crucen hacia nuestro mundo, las personas o los espíritus que vienen durante una "visita en sueños" parecen enviados con un propósito. La visita nunca es de alguien que está vivo, y la persona o el animal que visita siempre parece saludable, relajado y en paz. Sus cuerpos están completos. El visitante siempre es amoroso y no muestra ira ni decepción durante la visita, sin importar la relación que tuvo durante la vida con quien experimenta su compañía.

Las historias relacionadas con la explosión de la bomba en la escuela primaria de Cokeville, Wyoming, en mayo de 1986, también demuestran que, además de visitas angelicales, nuestros seres queridos difuntos pueden ofrecernos ayuda en momentos de necesidad. Jennie Sorensen, quien estaba en primer año cuando sucedió la explosión, relata:

> *Toda la tarde fue un gran milagro formado por muchos pequeños milagros, pero a lo largo de los años ha sido difícil compartir públicamente algunos de los milagros que presencié. Aparte de compartirlos con mi familia cercana o en algunas otras ocasiones seguras, no dije nada a nadie durante 20 años por miedo a las burlas. Ese día tuvo lugar un milagro muy personal. Una "maestra" que no conocía me ayudó a salir del salón en llamas. Nunca dije nada hasta los 11 o 12 años, cuando estaba mirando los álbumes de fotos familiares con mi abuela. Ante una foto en particular, pregunté qué grado enseñaba esa mujer y por qué había dejado de dar clases después de la bomba. Mi abuela miró la foto de su tía, que era la que yo estaba señalando, y dijo que ella nunca había sido maestra, que supiera, y menos en Cokeville.*
>
> *Le expliqué que ella me había mostrado la salida cuando explotó la bomba. Con lágrimas en los ojos, mi abuela me dijo que no había forma de que ella estuviera ahí porque había muerto a principios de los años ochenta. También me dijo que habían sido muy cercanas. Yo sabía que estaba ahí y que me había salvado. No vi ángeles vestidos de blanco, pero vi y escuché a quien podía ayudarme.*[8]

No hay distracciones durante una visita en sueños. Siempre siguen un orden lógico y secuencial, y el mensaje —por lo general de consuelo y tranquilidad, aun cuando contenga una advertencia— se entrega de manera clara y precisa antes de que la persona o el espíritu se marche.

Quien lo experimenta suele despertar con una profunda sensación de paz y amor. Al igual que con la ECM y otros eventos extracorporales, el recuerdo de una visita en sueños nunca desaparece.

En 1997 tenía ocho meses de embarazo de mi primer y único hijo. Tenía treinta y ocho años y era soltera. Había perdido a mi madre y a mi mejor amiga catorce años atrás. Visité a mi ginecólogo un lunes y todo parecía estar bien y en orden para que el bebé naciera en cuatro semanas.

Me acosté y me levanté poco después de medianoche. ¡Había tenido el sueño más increíble! Soñé que mi mamá y yo estábamos agarradas de la mano caminando por la playa, tal y como habíamos hecho muchas veces cuando era niña. Lucía angelical, tranquila y hermosa. No podía dejar de mirarla en mi sueño.

Me dijo, "Ginger, hoy vas a tener a tu bebé". Le dije que no, que ese día no. El médico me acababa de decir que sería en cuatro semanas más. Mi mamá me miró de nuevo y repitió, "Vas a tener al bebé hoy". Acostada en la cama, no podía dejar de pensar en lo real que había sido el sueño. Nunca más, tras su muerte, tuve una sensación así, de cercanía física con ella.

Fui al baño y regresé a la cama, pero no pude dormir porque estaba demasiado alterada por el sueño. ¡Entonces se me rompió la fuente! Mi bebé nació ese mismo día.

Nadie en este mundo podrá decirme que solo fue un sueño. Para mí, fue una visita de mi mamá.

—Ginger, Albuquerque, Nuevo México

Debo admitir que descartaría este fenómeno si no lo hubiera experimentado por mí misma. A pesar de cuánto me esfuerzo porque no sea así, o de cuán inclinada a abrazar las cuestiones espirituales parezca, es mi naturaleza dudar y cuestionarlo todo. Comprendo a las personas que asumen que esta clase de visitas en sueños no es más que una expresión de los deseos inconscientes de quien sueña. Sin embargo, sorprendentemente, el contenido de las visitas no suele ser lo que las personas esperan, y quien las experimenta nunca duda de la realidad de la visita. En el caso de quienes están muriendo, las visitas extracorporales y los mensajes celestiales calman sin duda los temores del moribundo. Increíblemente, su propósito es simple y profundo: asegurar a las personas en el momento en que son más vulnerables que son profunda, personal y eternamente amadas por Dios.

NO HAY DOLOR EN LA MUERTE

Acepto que quizás nunca sepa las respuestas para todos los "por qué" de la muerte de mi hijo, pero tengo la absoluta seguridad de que una esperanza y una belleza increíbles siguen surgiendo de su vida y de su muerte.

Muchas personas se agobian pensando que alguien que muere de manera violenta o traumática debe haber sufrido mucho. Consuélate al saber que, a partir de mi propia experiencia con la muerte y las miles de historias de ECM que he escuchado, tengo la seguridad de que nadie siente dolor cuando muere, a pesar de lo que pueda parecer en el mundo físico. Creo que los mensajeros de Dios muchas veces le dan la bienvenida al espíritu del moribundo antes de que el cuerpo haya muerto. De hecho, mi propia definición de la muerte cambió como resultado de mi experiencia: en lugar de considerarla el punto en el que un cuerpo físico deja irrevocable y completamente de manifestar signos de vida, defino la muerte como el punto en que un espíritu abandona permanentemente su cuerpo físico.

> **LA SEGUNDA LECCIÓN QUE REVELA EL CIELO**
>
> No debes temer a la muerte porque no es el final. Es el umbral donde dejamos nuestro yo físico atrás y nos adentramos en la eternidad.

Yo no sentí miedo ni dolor cuando me estaba ahogando, cuando se rompieron mis piernas, cuando me estaban resucitando o cuando me trasportaron para atenderme. Muchas, muchas otras personas que también regresaron de un estado cercano a la muerte me han dicho que tampoco sintieron dolor o miedo. A pesar de que no me sentía incómoda mientras me resucitaban y transportaban, hice sonidos que otras personas interpretaron como indicadores de un dolor terrible. Mis compañeros me dijeron después que hacía ruidos "sobrenaturales" y gruñía. Tal vez estaba en una agonía emocional porque no quería regresar a mi cuerpo, pero definitivamente mi agonía no era física.

Incluso si el cuerpo de Willie se rompió, estoy segura de que no sufrió, de que los tiernos mensajeros de Dios le dieron la bienvenida y le aseguraron que sus seres queridos en la Tierra estarían bien. También estoy bastante segura de que él no hubiera regresado a la Tierra si le hubieran dado la opción.

Aun cuando la muerte no sea repentina o traumática, todo sufrimiento parece desaparecer antes de la muerte física. Las enfermeras de cuidados paliativos y los familiares de los moribundos lo han comentado muchas veces, y describen las expresiones de calma, paz y asombro que embargan a quienes llegan al final de su vida.

VER HACIA EL OTRO LADO

Todo eso conduce a lo que ha sido el despertar personal más grande que he tenido como profesional de las ciencias de la salud después de mi ECM.

No debemos temer a la muerte porque la muerte no es el final.

Como cirujana especializada en columna vertebral, he estado por años cerca de la muerte: durante mi educación, entrenamiento y práctica profesional. Pero no había sufrido personalmente la pérdida de un ser querido. Es más, nunca había considerado realmente mi propia muerte. Fuera de creer en un Dios y de pensar que probablemente había "algo más" después de la muerte, nunca había pensado cómo sería la muerte.

Las experiencias que te cuento en este libro cambiaron todo eso, y no de manera teórica. Darme cuenta de que la muerte en realidad *no* es el final cambió radicalmente, y de manera práctica, mi percepción de lo que significa la vida —cómo me siento respecto a Dios, mis esperanzas, en lo que creo y lo que espero—, y sé que esa verdad puede hacer lo mismo en ti.

Capítulo 4

◇◇

SENTADA JUNTO A JESÚS

Dios nos ama por quien es Él, no por quienes
somos nosotros. Eso es gracia.

PHILIP YANCEY

Después de una experiencia extracorporal, algunos han descrito que han tenido dificultad para regresar a su cuerpo: una resistencia o confusión que puede ser casi cómica. Pero mi regreso fue sencillo y suave. Me senté encima de mi cuerpo, estiré las piernas y me acosté sobre mi torso. Con eso, me reuní con el mundo físico.

Abrí los ojos y miré los rostros de mis amigos. No solo vi emoción, sorpresa y conmoción en ellos, sino miedo y aprensión. En contra de todas las probabilidades, lograron revivir a una persona muerta que estaba mal herida y tirada a la orilla de un río inaccesible, en una zona remota en un país lejano.

Y ahora, ¿qué?

Era difícil encontrar atención médica. No teníamos teléfonos celulares, radios ni otro medio de comunicación. Recuerda que todo esto sucedió antes de que los teléfonos celulares se generalizaran y hubiera señal satelital en todas partes. Pero, incluso si nos hubiéramos podido comunicar, no existían servicios de emergencia a los que llamar.

Aunque han cambiado muchas cosas desde entonces, cuando sucedió mi accidente nos encontrábamos en una zona remota y poco desarrollada de Chile, lejos de cualquier hospital, y más lejos aún de alguno que tuviera servicio de ambulancias.

Además, el equipo no sabía dónde estaba mi esposo ni tenía manera de ponerse en contacto con él.

De pronto, las circunstancias cambiaron. Dos hombres chilenos aparecieron en la orilla del río, junto a nuestro grupo. ¿De dónde habían salido? ¿Cómo sabían que teníamos problemas? No había manera de llegar a esa parte del río sino con un bote, y esos hombres no tenían ninguno, ni ningún otro medio de transporte. Aparecieron de la nada ¡y ahí estaban!

Sin hablar y sin que nadie les dijera algo, ayudaron a cargar mi cuerpo hacia un kayak. Usándolo como camilla, junto a mis amigos cortaron el grueso bambú para abrirse camino y trasladarme colina arriba.

Después de lo que pareció un trayecto interminable cortando maleza, nuestro grupo finalmente emergió frente a un camino de tierra. Cuando salimos del follaje, vimos una ambulancia estacionada del otro lado del camino. Parecía estar esperándonos.

Así como los hombres no dijeron nada a la orilla del río, el conductor de la ambulancia tampoco pareció sorprenderse al vernos. No hizo preguntas ni quiso saber qué había pasado. Sencillamente, con toda calma, se puso en acción.

Lo diré de nuevo. Sin medios de comunicación ni hospitales cerca, dos hombres "aparecieron" en el río para ayudarnos a encontrar la salida. Guiaron a mis compañeros directamente hacia una ambulancia que estaba "esperando" estacionada, con su conductor, en el momento exacto y el lugar preciso en que salimos a un camino de tierra poco transitado, en una zona remota de América del Sur.

Igual de asombroso es que mi esposo, Bill, y otro remero también estaban ahí. Aparentemente, el remero estadounidense que había entrado en pánico y se había echado a correr cuando me daban los primeros auxilios se había topado por azar con mi esposo, que estaba leyendo. Juntos manejaron por el camino que conducía río abajo y pasaron por el lugar donde emergimos *justo en el momento* en que salimos. Si hubieran llegado a ese punto del camino minutos antes o después, no habrían visto nada y hubieran pasado de largo.

Cuando Bill y yo viajamos de regreso a Estados Unidos, y durante un par de semanas después, inexplicablemente no sentí ningún dolor físico, a pesar de tener múltiples fracturas en las rodillas y ligamentos rotos. Ningún dolor en absoluto. En una escala del uno al diez, cero.

Más adelante dudé de que mis recuerdos fueran exactos, pero no es así. Revisé mi expediente médico, confirmando que no recibí ninguna clase de medicamento que hubiera podido anular el dolor y causarme una sensación de bienestar. Tampoco recibí ningún medicamento psicotrópico que pudiera haber alterado mi estado mental o causado alucinaciones, lo cual es importante por lo que contaré a continuación.

LA GRACIA TIENE UNA CARA Y UN NOMBRE

Mientras estuve en el hospital en Jackson, tuve dos experiencias extracorporales más. En cada una regresé al cielo.

Una de ellas fue breve, pero de nuevo me permitió

tener esa impresionante sensación de ser completa e incondicionalmente amada por un Dios magnífico y sobrenatural.

La segunda fue más larga y más compleja. Me senté en el suelo, a un costado de un gran campo que estaba cubierto de pasto que se movía con la suave brisa. Toda el área estaba bañada con la hermosa luz dorada del sol del atardecer. Mis brazos descansaban cómodamente sobre mis rodillas. El suelo debajo se sentía firme. El mundo a mi alrededor brillaba con... ¿qué? ¡Emoción! Sí, eso era lo que parecía llenar toda la creación.

Como sucedió con mis otras experiencias, estas me parecieron más reales que todo lo real. Los colores eran más intensos que los de la Tierra. Los olores y los sonidos llenaban fácilmente mi consciencia, y el amor puro de Dios lo permeaba todo. Los extremos del campo se extendían hacia el universo, sin principio ni fin. Podía ver gente jugando y dando vueltas del otro lado del campo, aunque no alcanzaba a distinguir si eran niños o adultos.

Sin embargo, la persona sentada en la roca junto a mí era de mi total conocimiento.

Era Jesús.

Me han preguntado cómo supe que fue Jesús con quien hablé en ese campo soleado. Algunas personas piensan que lo imaginé, porque quería que fuera Él. Otros han intentado convencerme de que no era una persona con un nombre, sino un conjunto de energía: la fuente de todo amor.

Pero no tuve duda alguna de que era Jesús y no necesité preguntarle su nombre. Hacerlo hubiera sido como ver a mi esposo en el supermercado y, antes de iniciar una conversación, preguntarle, "¿Eres Bill?". Es absurdo. Yo sabía que era Jesús de la misma manera que supe todo lo demás durante mi experiencia, con una comprensión pura, profunda y absoluta. No solo *deseé* que fuera Jesús, *esperé* que fuera Él o *pensé* que lo era. *Sabía* que era Jesús.

Por supuesto, también me han preguntado cómo era físicamente. Mi respuesta es a la vez simple y compleja. Se veía como una bondad y una compasión interminables. Así no más. Me doy cuenta de que *bondad* y *compasión* no son palabras que describen atributos físicos, pero realmente así lo "veía" en ese momento. Ninguna otra palabra podría expresar lo que vi. Él parecía conocer íntimamente tanto el dolor como la alegría de este mundo, su belleza y su fealdad. Él lo absorbía y lo cubría todo con Su amor.

En cuanto al color de Sus ojos, Su piel y Su cabello, diría que abarcaban la esencia de todos los colores. Lo sé, no es una descripción útil si lo que quieres es reducir las cosas a un tono en particular. Sin embargo, si miras al mundo quizás tenga sentido. Si reúnes a 20 personas en un cuarto, no encontrarás dos con el mismo color de ojos, piel y cabello. Todos somos reflejo de Dios. (En la Biblia, Jesús les dice a sus discípulos, "El que me ha visto a mí ha visto al Padre"). Lo más preciso que puedo decir equivale a describirlo como la multitud de colores que vi y experimenté cuando recorrí el camino justo después de mi muerte. Así como no puedo describir con precisión ningún color aislado en el camino, no puedo establecer ninguna descripción visual única del cabello, los ojos, la piel u otros atributos de Jesús. El lenguaje humano, al menos para mí, es insuficiente.

Mientras hablamos, le hice muchas preguntas, aunque ya no recuerdo algunas de ellas. Como respuesta, sentí que estaba recibiendo una comprensión completa del orden divino del universo y de nuestra interconectividad. Todo me pareció lógico, entretejido y magnífico.

Lo que nunca olvidaré es que, durante nuestra conversación, Jesús fue infinitamente paciente, gentil y fascinante. Parecía tener un espíritu ligero, con sentido del humor.

No podía desviar mi atención de Él, y tampoco quería hacerlo. Nunca quise estar en otro lugar excepto en Su presencia.

TEMBLANDO ANTE ÉL

Cuando escribí mi primer libro, me referí a su presencia vagamente. Lo llamé "ángel, mensajero, Cristo o maestro". ¿Por qué no compartí la verdadera identidad del hombre que estaba junto a mí? *Sabía* sin dudas quién era.

Al pensar sobre eso, creo que una parte de mí quiso mantener en privado ese aspecto de mi experiencia. Por algún motivo, no quería compartirlo todo, temiendo que al revelarlo se volviera menos especial. Desde entonces, he descubierto que esa preocupación es común a otras personas que han tenido experiencias profundamente emocionales o espirituales.

Pero me contuvo algo más. No estaba lista para confesar lo que sabía y estaba segura que era cierto, porque también estaba consciente de que no había hecho nada para merecer el derecho a tener una conversación con Jesús.

Por supuesto, nunca podría ganarme el *derecho* a hablar con Jesús ni ser "lo suficientemente buena" para deleitarme en Su amor por mí. ¡Pero tenía tantas ganas! Quería merecerlo.

Si eres como yo, recibir algo maravilloso que *sabes* que

no te ganaste puede ser algo difícil de digerir. Va en contra de nuestra cultura de riesgo y recompensa, o crimen y castigo. Si tenemos éxito en el trabajo, esperamos recibir elogios y, con suerte, un bono. Es lo justo, ¿no? Si nuestros hijos crecen bien, estamos seguros de que ha sido gracias a nuestro buen desempeño como padres. Si creemos en las cosas correctas y vivimos una vida "buena", podemos esperar respuestas a nuestras oraciones.

Una malvada lógica inversa también habita en nuestra mente y nuestro corazón. Cuando las cosas no salen bien, nos sentimos olvidados o castigados por Dios. Una voz interna grita, *¡Pero he intentado vivir una buena vida! ¿Por qué resultó así?*

O protestamos con firmeza en nombre de alguien: *¿Qué hizo mi amigo, quien tiene gran corazón, para enfermarse de cáncer?*

Algo está mal con ese cuadro. Dios no tiene favoritos y ninguno de nosotros se ha ganado lo que recibe, ni las presuntas bendiciones ni los presuntos problemas. Fue Job, quien mejor representa en la Biblia el sufrimiento y el trato injusto, quien dijo, "[Dios] no hace acepción de príncipes, ni considera al rico sobre el pobre, ya que todos son obra de sus manos" (Job 34,19).

Aun así, todos llevamos nuestro registro de cuentas. Para algunos, el registro solo incluye "lo bueno". Para otros, es una larga lista de cosas negativas que cargamos a cuestas todo el tiempo. De cualquier manera, la cuenta está mal.

Afortunadamente, Jesús vino para mostrarnos un camino diferente. Tú y yo no tenemos que "ganarnos" un momento a solas con Dios. Yo no tenía que "merecer" un lugar junto a Jesús en ese hermoso campo. Y no estoy obligada a ganarme su favor para poder pasar la eternidad disfrutando del amor de Dios.

Ahora lo sé.

LA LIBERTAD EN EL PERDÓN

Es realmente una buena noticia que ni tú ni yo necesitemos ganarnos un boleto de entrada a la familia de Dios o a Sus amorosos brazos. Cuando tomamos malas decisiones o ignoramos la guía de Dios, Él no nos rechaza ni se olvida de nosotros. Sigue amándonos y espera con paciencia nuestro regreso. Sin importar quiénes seamos, dónde estemos o cuántos errores hayamos cometido, Dios correrá hacia nosotros cuando nos volteemos hacia Él. (Para ver lo que Jesús dijo al respecto, lee su historia del regreso del hijo pródigo en Lc 15; en Jn 12,32; y en 1 Tim 4,10). Cuando cometemos profundos errores, el amor de Dios fluye más profundo.

Él conoce nuestra historia, comprende nuestro corazón y conoce nuestras heridas. Él nos conoce desde antes de que estuviéramos en el vientre materno (Jr 1,5). Él ve más allá de nuestra apariencia, percibiendo nuestra belleza y prometiendo olvidar nuestros errores por muy lejos que el oriente se encuentre de occidente (Sl 103,12). En lugar de enfocarse en nuestros defectos, Dios se enfoca en nuestro potencial. Como dijo Oscar Wilde, "Cada santo tiene un pasado y cada pecador tiene un futuro".

Conforme le entreguemos nuestra historia a Dios, nos liberaremos de nuestros errores pasados (Is 43,18-19), nuestras vergüenzas, culpas, iras y decepciones. Y, a través de Su perdón, tendremos la capacidad de vivir un futuro que no se define por el pasado. Con Dios, cada nuevo día es una hoja en blanco en el libro de la vida.

Reconocer nuestros errores y aceptar el perdón de Dios nos permite mostrar gracia frente a quienes creemos que no "merecen" perdón porque, pensamos, no han mostrado suficiente remordimiento, no comprenden el dolor que causaron o no han sufrido aún lo suficiente. Hasta nos hemos sentido virtuosos cuando negamos el perdón, como le sucedió a una mujer sobre la que leí hace poco.

Cuando le preguntaron sobre el perdón durante una conferencia sobre Ana Frank dijo: "No culpo a los alemanes por el Holocausto, pero nunca perdonaría a los nazis por lo que hicieron". Dijo también que, siendo judía, "nunca abandonaría a su pueblo de esa manera".

Muchas personas se sintieron molestas cuando Nelson Mandela exhortó a la reconciliación en lugar de buscar venganza tras 27 años de cárcel y tortura.

La decisión de aferrarse a la amargura y la ira puede parecer virtuosa, pero tiene una naturaleza destructiva. Como dijo el sabio teólogo Lewis Smedes, "Cuando vinculamos nuestros sentimientos con el momento en que nos lastimaron, le otorgamos inmortalidad. Y permitimos que ese momento nos afrente cada vez que lo recordamos. Viaja con nosotros, duerme con nosotros, revolotea encima de nosotros mientras hacemos el amor y anida en nosotros al morir. Nuestro odio ni siquiera tiene la decencia de morir cuando se mueren las personas a quienes odiamos, pues es un parásito que se alimenta de *nuestra* sangre, no de la de ellos. Hay un solo remedio: el perdón".[1]

Hace poco, leí sobre un ejercicio que enfatiza ese punto. Llena un vaso o una jarra con agua y sostenlo frente a ti con los brazos estirados. Parece simple, ¿no? Mantenlo así, frente a ti. Pronto empezarás a sentir cómo tus músculos se cansan y tus brazos empiezan a temblar por la fatiga. Al final, tu brazo caerá por el peso del agua que al principio te pareció muy ligera.

Rehusarnos a perdonar puede parecer una carga insignificante, pero el peso emocional nos aplastará lentamente si no lo dejamos ir. Nos ata al pasado y le da el poder de definirnos, muchas veces limitando hacia dónde vamos, lo que hacemos y el espacio de que disponemos para el amor.

Cuando elegimos perdonar, elegimos aceptar la profundidad del amor y la gracia de Dios para con todas las personas, reconociendo que hay un poco de bondad en lo peor de nosotros y un poco de maldad en lo mejor. Nos permite reconocer que no podemos ver todo el panorama del intrincado tapiz de la vida que Dios creó.

LA TERCERA LECCIÓN QUE REVELA EL CIELO

Cuando elegimos perdonar, eliminamos nuestra carga y nos liberamos para vivir completa y alegremente en el inmenso amor de Dios.

Y esa es la increíble maravilla de todo. Dios nos envuelve a ti y a mí con Su amor puro, *porque Dios es amor*. Él se regocija por nosotros con Su canto (So 3,17). Lo creas o no, vivas así o no, el amor de Dios es una realidad inalterable. Él nos cubre a ti y a mí con misericordia porque Su nombre es misericordia y Su naturaleza es la Gracia, y tú y yo, como cualquier otra persona, somos Sus amados hijos. Cuando eliges aceptar Su amor, Dios te promete que experimentarás la vida de manera total y abundante, más de lo que alguna vez creíste posible.

Demasiado pronto, Jesús me dio un suave beso en la cabeza, nuestra conversación terminó y regresé a mi cuerpo, bajo las cobijas de mi cama de hospital. Presentí que había regresado para quedarme, que el velo entre este mundo y el siguiente, tan transparente hasta hacía poco, empezaba a hacerse grueso y oscuro. Mi espíritu y mi cuerpo probablemente permanecerían unidos hasta mi muerte. Y los siguientes pasos de mi viaje serían en tierra firme otra vez.

Capítulo 5

✧✧

LA VIDA VA MÁS ALLÁ
DE LA CIENCIA

*Un error no se convierte en verdad por mucho que se repita, ni la
verdad se convierte en error por el hecho de que nadie la vea.*

Mahatma Gandhi

En los días y las semanas después de que me ahogara, sentí
que no estaba aquí ni allá. Tenía un pie en la Tierra y un
pie en el cielo. Parte de mí se sentía profundamente decepcionada por haber regresado. El cielo había sido demasiado intenso y completo. En comparación, la vida a la
que regresé parecía una copia borrosa en blanco y negro
frente al brillante y colorido original.

Tuve efectos secundarios también. Cuando llegué a la
unidad de cuidados intensivos en Estados Unidos, mi visión estaba borrosa y no podía enfocar nada por más de
uno o dos segundos. No podía ver televisión o leer libros.
Tampoco podía mantener una conversación. Era más fácil
mantener los ojos cerrados.

Después de un par de días, pedí una Biblia y descubrí
que no podía leer siquiera los pasajes familiares. Cuando
me dispuse a dejarla de lado con frustración, tres palabras
saltaron de la página: "Estad siempre gozosos" (1 Te 5,16).
Otras palabras de los versículos siguientes también comen-

74

zaron a enfocarse: "Orad sin cesar" (1 Te 5,17) y "Dad gracias en todo, porque esta es la voluntad de Dios para vosotros en Cristo Jesús" (1 Te 5,18). El resto de la página, y todos los demás materiales de lectura, permanecieron borrosos durante varios días más.

Desde entonces, me he preguntado si mi incapacidad para enfocar fue una ligera lesión cerebral debido a la falta de oxígeno durante tanto tiempo. Pero eso no explica mi visión *selectiva*. Sin ninguna explicación lógica o psicológica, lo interpreté como un milagro, otro más dentro de una larga secuencia de ellos.

Como te imaginarás, pasé mucho tiempo de mi recuperación intentando comprender.

Dado lo que sabía sobre resucitación cardiopulmonar (RCP), primero me pregunté cómo era posible que hubiera sobrevivido. La creencia general de que la RCP produce resultados positivos probablemente se deba a los programas populares de televisión que muestran un índice de éxito de 75 por ciento. Pero, a pesar de ser parte rutinaria de los procedimientos médicos desde su introducción en 1960, yo sabía que, en la vida real, los resultados son significativamente diferentes, con tan solo dos por ciento de probabilidades de supervivencia en las personas que sufren un colapso en la calle y reciben RCP antes de llegar al hospital,[1, 2, 3] y esa cifra ni siquiera incluye a personas que son pronunciadas muertas en el lugar y, por ende, nunca llegan al hospital. La probabilidad estadística de supervivencia es nula cuando han transcurrido ocho minutos sin que la persona reciba tratamiento, o 12 si se le realiza RCP.

Sobrevivir después de 30 minutos, el tiempo que mis resucitadores creen que pasé sin oxígeno antes de realizar la RCP, es impensable.

Como dije antes, estábamos en una zona remota, lejos de cualquier cuidado médico avanzado y sin factores que pudieran mitigarlo. Algunos creen que debo haber quedado atrapada en una bolsa de aire. Habiendo sido yo misma una "escéptica de mentalidad científica" con relación a los encuentros espirituales, esa fue una de mis primeras suposiciones. He pensado incluso que mi casco pudo haber creado una pequeña bolsa de aire al sostener mi cabeza lejos del kayak.

Antes de perder la conciencia bajo el agua, sin embargo, examiné mi situación y consideré esa alternativa. Después de ahogarme, me volví consciente de lo que le sucedía tanto a mi yo espiritual como a mi yo físico. Aun cuando Cristo me estaba abrazando, una parte de mi cerebro, o mi conciencia, fue capaz de analizar objetivamente lo que estaba sucediendo. Esa parte de mi conciencia, estupefacta ante lo que se desarrollaba, nunca perdió su naturaleza analítica y siguió cuestionando la realidad del momento. Me pregunté varias veces cómo me sentía, si todavía estaba consciente de mis circunstancias, si podía sentir el kayak y el agua, si respiraba o hacía cualquier otro movimiento, si podía escuchar o sentir algo de manera física y si tenía miedo. Sentía curiosidad por el miedo, pues siempre pensé que ahogarse es una forma particularmente espeluznante de morir.

Ninguna de las veces en que estudié las sensaciones de mi boca, nariz y pecho pude sentir el movimiento del aire. En cierto momento, noté la sensación de mi pecho expandiéndose forzadamente, pero solo sentí agua. Por un segundo me imaginé como un pez o un feto, moviendo fluidos dentro y fuera de mis pulmones en silencio. Me sentí como una hoja que se presiona entre las páginas de un álbum mientras el peso del agua oprimía mi cara contra el duro plástico del bote. Mi casco, que la fuerza de la corriente arrancó, no puede haber creado una bolsa de aire.

Dadas las circunstancias y el tiempo que estuve bajo el agua, las probabilidades de que sobreviviera eran nulas, y pensar en sobrevivir sin una severa lesión cerebral era algo risible.

Tenía muchas preguntas y necesitaba comprender lo que me había ocurrido, comenzando por dilucidar si mi experiencia había sido real. Y, de ser así, qué significaba todo eso. No había ningún esquema que me ayudara a comprender o describir lo que había pasado, pero la científica que había en mí no podía tolerar no contar con una explicación clara, convincente y médicamente plausible. Quería saber exactamente qué ocurre en el cuerpo humano durante y después del ahogamiento. Quería saber cómo había podido sobrevivir 30 minutos sin oxígeno sin que me quedaran secuelas notables, sabiendo que en mi vida cotidiana no podía aguantar la respiración ni siquiera un minuto. Necesitaba entender mis experiencias extracorporales.

Como la mayoría de las personas que tienen una ECM, sabía una cosa con total y absoluta certeza: algo intenso, extraordinario y maravilloso *había* sucedido. Más aún, me sentía una persona distinta. La vida de vuelta en la Tierra también se sentía diferente.

Pero también sabía que no podría recoger los pedazos y regresar a mi vida normal hasta que lograra comprender y explicar todo, al menos a mí misma. Pero debía ser metódica en mi búsqueda. Después de todas las lesiones que había recibido, ¿podía confiar en mi capacidad cognitiva para arribar a conclusiones confiables?

Por fortuna, pronto recuperé completamente la visión

y la capacidad de reflexión. En cuanto tuve la fuerza para hacerlo, empecé a investigar, primero lentamente y cada vez con mayor intensidad. Este capítulo es la historia de esa búsqueda, mitad historia de supervivencia y mitad pesquisa médica, ambas sumamente importantes para cualquier conversación sobre las ECM que esté basada en hechos. Tal vez a algunos les parezca abrumador el contenido científico de este capítulo, incluso innecesario. Para otros, sin embargo, será el capítulo más importante del libro.

¿QUÉ ACABA DE OCURRIR?

Cuando tuve mi ECM, me sentí sola en mi experiencia. Ahora, por supuesto, sé que muchas personas han experimentado ECM y que muchos puntos en común definen nuestras experiencias. Pero entonces no lo sabía. Ni siquiera sabía lo que significaba el término. Al inicio de mi búsqueda, casi estuve de acuerdo con la bloguera que, en mayo de 2013, comentó sobre la ECM de Ben Breedlove: "Aunque creo verdaderamente que Breedlove sí vio esas luces brillantes y sintió esa calma profunda, no creo que lo que haya visto y sentido fuera 'evidencia' de otra realidad. Fueron sueños y alucinaciones muchas veces provocados por el mal funcionamiento cerebral, medicamentos potentes o nuestra rica imaginación en medio de enfermedades o lesiones mortales".[4]

La bloguera sustentaba su posición describiendo una reacción alérgica a los cacahuates que había experimentado, en la que "sintió una extrema sensación de calma" y tuvo, debajo de la mesa, la visión de su propio funeral. Escribió que no vio ángeles, luces brillantes, túneles ni escaleras al cielo. Desde su punto de vista, las ECM están "completamente coloreadas por nuestras experiencias, filosofías, personalidades y valores". Concluyó que, "Cuando enfrentamos nuestra propia mortalidad, Breedlove y yo imaginamos lo que vendría después de la muerte. Él es un hombre religioso, yo no. Él vio la vida después de la muerte. Yo vi un funeral".[5]

Otro bloguero concluyó una discusión sobre las ECM diciendo, "Por tanto, cualquier cosa que creas en lo más profundo de tu ser que sucederá cuando mueras... Tenlo por cierto, sucederá... Todas las religiones tienen razón".[6]

Aunque estas opiniones pueden ser interesantes, no me ayudaron a comprender mi experiencia. No tenía expectativas sobre cómo era la muerte o qué vendría después. ¿Cómo pudo mi subconsciente haber creado el espectro o los detalles de mi experiencia? Como cirujana especializada en columna vertebral que soy, he aprendido de la muerte durante mi educación, entrenamiento y práctica profesional, pero nunca había sufrido personalmente la pérdida de un ser querido. Es más, nunca había considerado realmente mi propia muerte. Fuera de creer en un Dios y pensar que probablemente había "algo más" después de la vida, nunca me preocupó cómo sería, y tampoco me importaba mucho.

Además, como podrán decirte mi familia y mis compañeros de trabajo, siempre me ha faltado el gen de la imaginación. Un amigo que me conoce desde hace 20 años le dijo a otro amigo que "debía ser cierto" lo que escribí en mi primer libro porque él "sabía que yo no tenía ninguna habilidad creativa en lo absoluto". No lo dijo como crítica, sino como una observación que lo llevó no solo a leer mi recuento, sino también a reconsiderar su propia visión sobre la muerte.

En lugar de aceptar las conclusiones cínicas, displicentes y anecdóticas de personas como los blogueros que mencioné, quería evaluar sistemáticamente cuanta información fuera posible antes de sacar conclusiones. Comprender la naturaleza de mi experiencia era de vital importancia para mí, no solo por razones clínicas. Era algo personal, lo admito, aunque tal vez no de la forma que piensas. Una gran parte de mí quería encontrar desesperadamente una razón para *no* creer la realidad o los detalles de mi experiencia y, por ende, *no* tener que creer las cosas que me dijeron en el cielo. Encontrar una explicación razonable me permitiría regresar a la vida común que había tenido y olvidar lo que me habían dicho sobre el futuro de mi hijo. No quería enfrentar los retos que tenía por delante ni quería emocionarme con la idea de compartir mis experiencias con otros.

En cualquier caso, seguí adelante. Un primer paso fue contarle mis experiencias a uno de mis colegas médicos, quien pensé me escucharía de manera racional y crítica. Me escuchó con atención mientras hablaba y luego comenzó a llorar. Me dijo que estaba llorando de envidia. No era la reacción que esperaba, y su respuesta me hizo sentir menos dispuesta a compartir mi experiencia con otros. Ni siquiera le había contado toda la "historia" a mi esposo. Estaba tan abrumado con la heroica tarea de cuidarme a mí y a nuestros hijos y encargarse de nuestras respectivas prácticas médicas, que no quería agobiarlo más. Durante varios meses, quizás años, vivió con el temor de casi haberme perdido y la culpa de no haberme podido proteger.

Así que, en lugar de hablar más, bajé la cabeza y me centré en mi investigación, empezando con lo que sucedió en el río.

¿EN REALIDAD ME AHOGUÉ?

Revisé mi expediente médico, hablé con la gente que había estado en el río y con los que me recibieron en la sala de emergencias, e intenté corroborar tantos detalles como me fue posible. Leí mucho sobre el ahogamiento, la fisiología del cerebro moribundo y las ECM.

Sabía que no había tenido una bolsa de aire, agua con gas u otra fuente de oxígeno que explicara mi supervivencia, así que debía considerar primero si esta se pudo haber debido al reflejo de inmersión de los mamíferos. Este reflejo de supervivencia, provocado cuando el agua muy fría golpea la cara de los mamíferos acuáticos y las aves que se zambullen en picada, disminuye el ritmo cardiaco y puede dar lugar a una redistribución de la sangre, enviando más hacia el cerebro y el corazón. Esta respuesta fisiológica se produce para reducir los requerimientos de oxígeno de esos animales, lo que les permite pasar mucho más tiempo bajo el agua. Ese "reflejo por agua fría" es la explicación "común" que se ofrece para explicar la supervivencia después de un ahogamiento prolongado.

Yo asumí lo mismo y pensé que ese reflejo podría explicar tanto mi supervivencia como mi falta de daños neurológicos. Pero me enfrenté con el problema de que la información actual no sustenta esa conclusión.

La creencia generalizada de que la temperatura del agua puede causar la supervivencia en los casos de ahogamiento es falsa. Esta leyenda urbana surgió a partir de un estudio bastante superficial realizado en 1987, donde se observó un pequeño beneficio neurológico en niños pequeños con poca grasa corporal que fueron bruscamente sumergidos en agua con una temperatura inferior a cinco grados Celsius (40 grados Fahrenheit). Aunque podría parecer que abundan las historias de pequeños que logran revivir después de caer en un lago helado, en realidad hay pocos informes escritos sobre ello. El estudio de 1987 demostró que, incluso bajo condiciones ideales, cuando un niño cae a un lago helado y entra en un estado de hipotermia, el 35 por ciento de las veces muere y el 33 por ciento presenta daño neurológico serio.[7]

Un estudio más completo, realizado en 2002 por el Dr. Suominen *et al.* en los departamentos de Anestesia y Cuidados Intensivos del Hospital para Niños y Adolescentes de la Universidad de Helsinki, tomó en cuenta factores tales como la edad, el tiempo de inmersión, la temperatura del agua y la temperatura corporal en la sala de emergencias, para calcular los índices de supervivencia en casos cercanos al ahogamiento. La investigación mostró que el único factor con incidencia en la supervivencia y posible discapacidad neurológica es el tiempo de inmersión. Pero, incluso con tiempos de inmersión inferiores a 10 minutos, menos del dos por ciento de las personas sobrevive más de un mes, sin importar la edad.[8] Otros estudios recientes, incluyendo uno realizado en 2014 por la Universidad de Washington, concluyen que el tiempo de inmersión es el único factor importante, y que la temperatura del agua no es garantía de sobrevivencia en los casos de víctimas de ahogamiento.[9]

Incluso ignorando esas conclusiones, así como el hecho de que yo no era joven en el momento de mi ahogamiento ni estaba sumergida en agua helada, la redistribución de sangre que se supone ocurra por el reflejo de inmersión carece de relevancia si esta, la sangre, no contiene oxígeno. El reflejo de inmersión no cambia el proceso fisiológico básico de la anoxia. Los mamíferos acuáticos no pueden permanecer indefinidamente bajo el agua. La ausencia de oxígeno en los órganos vitales produce la muerte, así que esta explicación tampoco resultaba plausible. Y me sirvió para explicar lo que vino después.

¿SOLO FUE MI IMAGINACIÓN?

Puede pensarse que las otras experiencias extracorporales que tuve fueron provocadas por algunos medicamentos "muy buenos" que recibiera en el hospital. Pero mi historial médico indica que no recibí ningún medicamento, mucho menos alguno que pudiera provocar alucinaciones. Un estudio realizado en 2001 por el cardiólogo Pim van Lommel demuestra, además, que ello no habría tenido impacto alguno, pues la administración de medicamentos no tiene absolutamente ninguna influencia en la probabilidad de que una persona experimente una ECM.[10]

Quise saber entonces si mi ECM había sido obra de mi subconsciente, producida durante el sueño o por alucinaciones relacionadas con el estrés. Tanto los sueños como las alucinaciones suelen negar la realidad, y la mayoría de nosotros hemos interactuado con las criaturas fantásticas y las cosas imposibles que muchas veces se materializan en los sueños. Es posible que hayamos experimentado la sensación de volar, viajar en el tiempo o hablar con animales, o la repentina transformación de las personas y objetos. Como escribe el Dr. Allan Hobson, un reconocido investigador que se dedica a estudiar los sueños, "Los sueños no son lógicos en su contenido y organización. Las unidades de tiempo, espacio y sujeto no tienen validez en ellos, y se violan constantemente las leyes de la naturaleza". Dice también que el contenido de los sueños es muchas veces misterioso e intrigante, y rara vez sigue una secuencia lógica de eventos.[11]

Ello contrasta con la típica ECM. En esta, como me sucedió a mí, los eventos proceden de forma lógica y organizada, incluso cuando hay un cambio de tiempo y dimensión. El contenido de las ECM rara vez parece extraño o bizarro, a pesar de que casi todas las personas que las experimentan se dan cuenta de que dejaron su cuerpo y probablemente estén muertas. A diferencia de un sueño o una alucinación común, la realidad tampoco se distorsiona ni se niega en una ECM, sino que se percibe como una realidad paralela a la que vivimos.

Hobson señala que los sueños y las alucinaciones muchas veces contienen emociones intensas de ansiedad, miedo y sorpresa. Las ECM, por otro lado, suelen estar privadas de esas emociones. De hecho, quienes las experimentan suelen describir sentimientos de intensa calma, paz y amor. A pesar del contenido bizarro y fantástico de muchos de nuestros sueños, si podemos recordar la experiencia, podemos ponerla en palabras. Pero esto no sucede con los aspectos sobrenaturales de la ECM. El lenguaje simplemente no alcanza para describirlas. Por eso las descripciones de la muerte cercana y otras experiencias espirituales están llenas de analogías, símiles y metáforas.

Otra característica distintiva de los sueños, las alucinaciones y el delirio es que sus detalles apenas se recuerdan, mucho menos a medida que nos alejamos del evento. Olvidamos completamente, al despertar, el 95 por ciento de los sueños. Incluso si anotamos algunas partes de un sueño vívido, los detalles se recuerdan solo vagamente a lo largo de horas, días y años.

Uno de los aspectos de las ECM que me resulta fascinante es que el recuerdo detallado de ellas nunca se desvanece ni cambia. Un testimonio nada inusual es el siguiente: "Sucedió hace 30 años, pero la nitidez de la experiencia sigue tan sólida hoy como el día en que ocurrió".

¿FUE UNA CONVULSIÓN?

¿Pudo mi experiencia ser resultado de un "corto circuito" en mi cerebro? Por ejemplo, ¿una combinación de señales eléctricas anormales o actividad convulsiva?

Al principio, esta explicación parecía más prometedora. Los niños que sufren ataques por reflejo anóxico a veces reportan haber percibido destellos de luz, olores y sabores, haber visto túneles, sentido que flotan o vuelan, o percibido distorsiones de la imagen corporal, sensaciones como salir del cuerpo o recuerdos de eventos pasados. Estos niños, sin embargo, nunca han referido ver seres de luz, amigos o familiares muertos, ángeles o mascotas, ni ninguno de los escenarios hermosos e inspiradores que se suelen encontrar en las ECM.[12, 13]

Sabemos que, natural o provocado quirúrgicamente, el estímulo eléctrico anormal de las convulsiones produce alucinaciones visuales que hacen que la gente experimente explosiones de luz o tenga una sensación de estar desvinculada de su cuerpo.[14] Se ha reportado que la estimulación de una zona del lóbulo temporal derecho produce visiones de Dios o de amigos y familiares muertos, y sonidos de bella música.

Me pregunté si eso podía explicar que los cristianos crean que Dios dictó las escrituras. ¿Qué tal si el discípulo Mateo había tenido una convulsión cuando describió a un ángel del Señor con la apariencia de un relámpago y vestiduras blancas como la nieve (Mt 28,2-3)?

Pero eso es una exageración carente de sentido. Aunque las alucinaciones inducidas por un ataque pueden ser vívidas, los recuerdos siempre son fragmentados, no secuenciales, nunca incluyen elementos desconocidos para quienes las experimentan y nunca han producido profundas revisiones de vida o cambios transformativos como los que se observan rutinariamente en quienes tienen una ECM.[15]

¿FUE LA FALTA DE OXÍGENO?

¿Quieres recibir una breve pero reveladora clase sobre la ciencia de los ahogamientos? Aunque no tengas inclinaciones científicas, te invito a permanecer conmigo mientras te muestro el proceso y la secuencia de la respuesta corporal ante la falta total y repentina de oxígeno.

Si me sigues, pese a que quizás tropieces con alguna palabra desconocida, te prometo que nunca volverás a pensar en una ECM de la forma en que lo haces ahora.

Bajo el agua y sin poder respirar, la necesidad de oxígeno que experimentaba mi cuerpo debe haber elevado los niveles de dióxido de carbono (CO_2). Sin embargo, nunca sentí pánico ni la intensa necesidad de inhalar aire que ello hubiera provocado.

Apenas un minuto después de haberme ahogado, la cantidad de oxígeno en mi torrente sanguíneo debió bajar a casi cero. Pero, aunque no *sentía* necesidad de oxígeno, lo hubiera necesitado para haber podido mantener funcionando mi cerebro. Sin oxígeno, debí perder la conciencia, pero eso no fue lo que sucedió. Solo recuerdo pasar de un estado consciente a uno *más* consciente.

Negarle oxígeno al cerebro es como negarle carbón a una máquina de vapor: simplemente no funciona. Se necesita un abastecimiento continuo de oxígeno para que el cerebro humano convierta la glucosa, un azúcar simple, en trifosfato de adenosina (ATP), necesario para transferir la energía adentro de las células, de modo que pueda ocurrir el metabolismo. Piensa en ello como el carbón que provee la energía (calor) que convierte el agua en vapor, que después servirá para mover las ruedas de un tren. Sin carbón no hay calor ni vapor. Y, sin vapor, incluso el mejor motor de vapor se reduce a un cúmulo de partes de metal estáticas y silenciosas.

De la misma manera, los ATP generan el poder necesario para mover los iones cargados eléctricamente dentro y fuera de las membranas celulares. Este movimiento de ida y vuelta que generan los ATP inicia la liberación cerebral de los más de 100 mensajeros químicos que se conocen (neurotransmisores), que le dicen al resto del cuerpo qué hacer. Pero sin oxígeno ni glucosa no hay ATP. Y sin ATP no hay fuente de energía. Y sin energía no hay actividad cerebral. Se apagan las luces.

Dos o tres minutos después de que me ahogara, el espasmo laríngeo (reflejo de cierre de la parte posterior de la tráquea que ocurre en casos de ahogamiento) se liberó, provocando que entrara el flujo de agua a mis pulmones. Cuando mi presunto espasmo laríngeo se relajó y sentí el movimiento del agua en mis pulmones, me sentí inexplicablemente libre. Me imaginé como una mantarraya que se deslizara hermosa y silenciosamente en las profundidades del océano.

El agua de río que entró a mis pulmones debió provocar hemólisis (una ruptura de los glóbulos rojos), elevando el nivel de potasio en mi torrente sanguíneo. A su vez, esto alteraría la actividad eléctrica de mi músculo cardiaco y, en combinación con la acidosis en aumento por la acumulación de ácido láctico y los niveles elevados de CO_2, además de la falta de señales por parte de mi cerebro, mi corazón dejaría de latir. Sin una bomba, la sangre ya ni siquiera circularía por mis vasos sanguíneos o mi cerebro.

Quienes niegan que existan las ECM muchas veces la asocian con una presunta actividad residual en la corteza cerebral, pero no ofrecen ninguna explicación sobre cómo se alimenta esta actividad. Su explicación requiere una suspensión de la lógica y el rechazo de los procesos fisiológicos bien documentados que acabo de describir.

Piensa en las implicaciones de eso por un momento: ¿No es absurdo creer que un cerebro sin energía, sin actividad eléctrica y sin funcionamiento puede crear nuevos recuerdos lúcidos y complejos que se recuerdan con precisión durante toda la vida?

En el libro *Conciencia más allá de la vida,* del Dr. Pim van Lommel, encontré una descripción bastante representativa de un recuerdo de ECM después de un ahogamiento:

Tuve una ECM cuando me "ahogué" a los cinco años. Ahora tengo casi ochenta y dos. De pronto me rodeó un espectro de luz de indescriptible belleza. Me envolvió la presencia más amorosa y pacífica, y así seguí durante "mucho tiempo", hasta que regresé a la realidad terrenal con un terrible golpe y luego escuché voces humanas exaltadas y un golpeteo en mi cuerpo. Hoy, la claridad de la experiencia sigue tan sólida como el día en que sucedió. La conciencia sobrevive a la muerte con toda probabilidad. Soy anestesiólogo.[16]

De forma rápida y predecible, la muerte sobreviene ante la falta de oxígeno. La muerte puede ser descrita como proceso o como evento. Así pues, para encontrar las respuestas que buscamos, quiero describir lo que sucedió durante el proceso de mi muerte (o el de cualquier otra persona), en cámara lenta.

Sin abastecimiento de oxígeno, sin energía para mantener cargadas las membranas celulares y sin circulación sanguínea, no hay energía para que las neuronas (las células cerebrales) se polaricen (así como requiere esfuerzo mantener dos imanes lejos de sí, requiere energía mantener elementos químicos con cargas diferentes en lugares específicos de la membrana celular). Sin la continua polarización de la membrana, mis neuronas habrían soltado sin control sus neurotransmisores directamente en las brechas sinápticas de mi cerebro. Estas brechas son los espacios entre las neuronas por donde viaja la comunicación.

Imagina dos hermanos (neuronas) parados cada uno en una orilla de un río (la brecha). Quieren comunicarse, pero están demasiado lejos para hablar directamente, así que le piden a un amigo (neurotransmisor) que lleve mensajes de ida y vuelta nadando a través del río.

Ahora imagina que las neuronas (la gente) que se encuentra a cada lado del río viven en países diferentes y no hablan el mismo idioma. A un lado del río, las personas entregan su mensaje a un nadador políglota (el neurotransmisor), quien lo traduce a las personas la otra orilla. Si las membranas sin polarizar sueltan indiscriminadamente los neurotransmisores, es como si todos, al mismo tiempo, gritaran y lanzaran al río a los traductores. El sistema se sobrecargaría, sobrevendría el caos y la comunicación fallaría.

Aun así, muchas personas creen que es precisamente durante ese momento de descargas caóticas que las células cerebrales *podrían* estar expuestas a un baño concentrado de neurotransmisores como la dopamina y la

N-dimetiltriptamina (DMT), que crearía las experiencias cercanas a la muerte.

No solo no se ha demostrado que esto ocurra, sino que la hipótesis de que la descarga de neurotransmisores provoca la ECM tiene serias limitaciones. Para empezar, la despolarización descontrolada de neuronas que tiene lugar ante el fallo de energía cerebral libera neurotransmisores en una concentración tóxica que *mata* las células cerebrales. Esta muerte repentina se intensifica por el rompimiento de las células cerebrales inducido por el calcio que resulta de la liberación añadida de radicales libres que destruyen los tejidos.

El tejido cerebral más sensible a esa destrucción son las células localizadas dentro del hipocampo, el área del cerebro que más incidencia tiene en la formación de nuevos recuerdos y que participa en la transformación de la memoria a corto plazo en memoria a largo plazo. Sin el hipocampo, no se pueden formar recuerdos a largo plazo. Ninguno. En un ahogamiento, después de cerca de cinco minutos sin oxígeno, las células de mi hipocampo debieron haber sufrido un daño irreversible.[17, 18, 19]

Ya podrás darte cuenta de mi lógica. Si el hipocampo, principal responsable de la creación y retención de recuerdos, es la región del cerebro más sensible a la destrucción celular, es ilógico acreditar la creación de recuerdos vívidos e intensos como los que las personas con ECM recuerdan durante toda la vida a la repentina descarga de neurotransmisores.

Pero tenía otras cosas que estudiar. A pesar de parecerme ilógico, necesitaba saber más sobre la dopamina y, específicamente, la DMT, los neurotransmisores que aparecen con más frecuencia en la literatura científica cuando se discute la presunta causa de las ECM.

¿QUÉ ES UN VIAJE DE DMT?

¿Me sigues todavía? Si no te gusta la ciencia, sé que estamos recorriendo de prisa algunos términos tediosos e ideas complicadas, pero resulta necesario para poder comprender la secuencia de eventos. No quiero que te pierdas la conclusión de mi investigación personal; ya casi concluimos. Para estimularte a que sigas leyendo, te diré que esta última fase de mi maratón investigativo te traerá algunas sorpresas, como, por ejemplo, roedores que sueñan, la llamada "partícula de Dios", alienígenas y un hombre llamado Scott, quien tuvo un encuentro con la muerte durante la que debió ser una junta muy aburrida en su trabajo.

¿Quién diría que la ciencia puede ser tan divertida?

Se sabe que los niveles altos de dopamina en el cerebro pueden producir euforia y aumentar la intensidad y la frecuencia de los sueños, y que estos se pueden presentar durante eventos anóxicos. Sin embargo, también se ha demostrado que causan daño cerebral irreversible, no producen alucinaciones auditivas ni visuales y nunca se han asociado con ninguna de las características principales de las ECM. Por estas razones, en lugar de estudiar la dopamina, me concentré en la DMT.[20, 21]

Aprendí que la DMT produce efectos psicoactivos cuando se fuma, inyecta o ingiere. Se encuentra en abundancia en el mundo vegetal y tiene afinidad con los receptores de serotonina y dopamina, neurotransmisores ambos que regulan el estado de ánimo y las sensaciones de placer.

Existe, no obstante, una complicación: nunca se ha encontrado DMT en los humanos.

Aun así, dado que sí se han encontrado niveles mínimos de esta sustancia en la glándula pineal de los roedores,[22] algunos investigadores han propuesto que *pudiera* haber concentraciones mayores de DMT en los humanos que *podrían* salir de la glándula pineal al nacer, durante el sueño o al morir. La han llamado, incluso, "partícula de Dios".

A pesar de la frecuente mención de la DMT y del hecho de que los recuentos anecdóticos de los "viajes" con DMT llenan la literatura, nadie ha podido replicar el trabajo revolucionario del psiquiatra Rick Strassman en los años noventa.

Entre 1990 y 1995, el Dr. Strassman administró 400 dosis de DMT a 60 voluntarios sanos. En su estudio, observó que muchos voluntarios manifestaban un incremento en la agudeza visual o el sentido del olfato, a veces combinado con la sensación de ser catapultado al espacio a una velocidad impresionante, de un resplandor que abarcaba todo o de un sentido de unidad e interconectividad. Muchos tuvieron una sensación de claridad mental y atemporalidad, y sintieron como si se fusionaran con una presencia suprema poderosa, sabia y amorosa. Quienes recibieron DMT durante este estudio creen, sin excepción, que la conciencia continúa tras la muerte del cuerpo.

En su siguiente libro, *La molécula del espíritu*, el Dr. Strassman describe este experimento y sugiere que, *si* el tejido pineal en descomposición liberara DMT directamente en el líquido cefalorraquídeo, *podría* alcanzar los centros sensoriales y emocionales del cerebro, provocando una conciencia residual, lo que *quizás* explicaría las imágenes que reportan las personas con ECM (las cursivas son mías).[23] Este libro sugiere que la glándula pineal humana *podría* liberar DMT en el momento de la muerte, lo que explicaría las ECM. El trabajo del Dr. Strassman se ha usado para atribuirles cualidades casi míticas a las ECM y descartar su realidad espiritual.

Sin embargo, los planteamientos del Dr. Strassman son especulativos y su veracidad nunca ha sido demostrada. Además del hecho de que la experiencia con DMT es cualitativamente muy distinta de las ECM.

Un atributo constante en las ECM es el amor intenso e incondicional por parte de seres a quienes se reconoce y con quienes se interactúa, a diferencia de los duendes, hadas y seres alienígenas que reportan quienes experimentan con DMT. En lugar de familiares, estos seres extraterrestres muchas veces son reptiles, insectos o robots mecánicos complejos que pueden ser hostiles y no interesarse por la persona que los ve.

Más allá de los encuentros con alienígenas, las alucinaciones visuales provocadas por la DMT suelen producir visiones basadas en colores repetitivos y patrones geométricos, descritas como "una geometría creciente que lo cubre todo hasta que no queda absolutamente nada del cuarto".[24] Un consumidor de DMT escribió: "A la derecha del espacio, en mi mente, había una masa azul. [Era] una entidad enorme formada por varias capas y adornada con muchos cristales sobre líneas geométricas que se doblaban, torcían y cambiaban de forma de manera mecánica".[25]

De acuerdo con Terence McKenna, con la DMT "el mundo normal es reemplazado casi instantáneamente no solo por una alucinación, sino por una alucinación cuyo carácter extraño es precisamente su principal rareza. Nada en este mundo puede prepararte para las impresiones que llenan tu mente cuando entras en el sensorium de la DMT". *Sin embargo,* por extrañas que sean muchas de estas descripciones, el escritor psicodélico James Kent dice que una persona puede imponer cualquier imagen que desee cuando se encuentra bajo los efectos de la DMT e, incluso, invocar seres extraños.[26]

La naturaleza consistentemente alienígena de las experiencias con DMT y la capacidad que los sujetos tienen de influir o controlar la experiencia contrastan con la familiaridad de las visiones y personas descritas por quienes viven una experiencia cercana a la muerte.

Las personas que experimentan con DMT tampoco han reportado haber recibido información durante la experiencia que coincida con eventos reales aún por conocer. Y la memoria de una experiencia con DMT se desvanece tan rápidamente que los partidarios de su uso recreacional sugieren firmemente que las personas escriban sobre sus experiencias inmediatamente después de "regresar del viaje".

Tal vez esa sea una de las razones por las que el Dr. Strassman no encontró ningún impacto positivo en la vida cotidiana de quienes experimentaron con DMT. La intensidad momentánea de sus alucinaciones no lograba crear impresiones duraderas ni cambiar a quienes lo consumían, por lo que concluyó que aun altas dosis de DMT no tenían poder transformador.

Por el contrario, las personas que tienen una experiencia cercana a la muerte manifiestan un cambio profundo y duradero. Se vuelven más altruistas, menos materialistas y más amorosas. Según el autor e investigador Kevin Williams, toma alrededor de siete años poder integrar los eventos transformadores de la ECM a la vida cotidiana, y los cambios producidos suelen incrementarse en lugar de desvanecerse con el paso del tiempo.[27] Ello fuc confirmado en un estudio con pacientes cardiacos realizado por Pim van Lommel, en el que entrevistó a pacientes a los cinco días, a los dos y a los ocho años de ser resucitados. Van Lommel descubrió que los recuerdos eran consistentes en cada caso, y los cambios transformadores eran duraderos.

Un hombre llamado Scott me comentó sobre una experiencia cercana a la muerte que tuvo en diciembre de 1997, como resultado de una infección bacteriana aguda. Estaba en medio de una junta de trabajo cuando se sintió exhausto de repente. Se lo hizo saber a un compañero de trabajo y este se ofreció a llevarlo a casa. Él mismo describe lo que sucedió después:

> *Nos fuimos a casa casi inmediatamente, pero no recuerdo absolutamente nada hasta que, de pronto, me estaban subiendo a una ambulancia. La próxima imagen que recuerdo fue estar sentado junto a un Dios amoroso en la esquina de la sala de emergencias, mirando mi cuerpo que yacía debajo.*
>
> *Vi a mi esposa y a mi hijo al pie de la cama y pensé cuánto habían sufrido y llorado desde que enterramos a mi cuñado el mes anterior. De ninguna manera quería aumentar su pena. Cuando me llamaron, regresé a mi cuerpo tan repentinamente como me había ido.*
>
> *Este evento cambió mi vida por completo. ¡Quince años después, todavía siento ese "fuego en mis venas" por el Señor! Mi primera esposa, con quien viví 31 años, se divorció de mí porque no era el mismo hombre. En lugar de intentar ascender en el mundo corporativo, ahora quiero alimentar a los mendigos, trabajar en sitios donde distribuyen alimentos a los pobres y dirigir un hospital,*

una casa cuna o un hospicio. Como, trabajo, juego, duermo y sueño a Jesús. Definitivamente, no soy la persona que solía ser. ¡Soy mejor!

—Scott, Ciudad de Oklahoma, Oklahoma

Aunque se ha extendido mucho el mito de que la DMT tiene la capacidad de explicar las ECM, solo se trata de especulación. Está claro que sucede algo más en las ECM que la ciencia no ha podido descubrir.

CUANDO UNA HISTORIA DE VIDA VA MÁS ALLÁ DE LA CIENCIA

Cuanto más comprendía el resultado de las investigaciones, menos podía entender cómo había sobrevivido.

Cuando sacaron mi cuerpo del río, mi piel estaba morada, fría y encerada. Tenía las pupilas fijas y dilatadas. No respiraba y mi corazón no latía. Mis compañeros, remeros e instructores profesionales de balsa y kayak con experiencia y entrenamiento paramédicos, me dieron por muerta. Todavía afirman que tuvieron muy poco que ver con mi resucitación, más allá de proveer las manos a través de las que se cumplió la voluntad de Dios.

Yo había llevado mi búsqueda hasta donde podía llegar la ciencia médica, pero mi vida iba mucho más allá. La ECM que tuve definitivamente *no* fue producto de un sueño ni de mi imaginación. No fue una convulsión ni una alucinación inducida por neurotransmisores, y no fue el efecto de mis circunstancias ni de que mi cerebro se apagara naturalmente, como sugiere la ciencia actual. Experimenté un evento extracorporal, es decir, sobrenatural, en un universo fuera de lo visible, lejos de todas las leyes naturales.

Capítulo 6

◇◇

CRUZAR AL OTRO LADO Y VOLVER

La vida es eterna y el amor es inmortal, y la muerte solo es un horizonte y un horizonte no es nada más que el límite de nuestra mirada.

Rossiter Raymond

Para los antiguos navegantes griegos y romanos, las columnas de Hércules, en el extremo este del Mediterráneo, marcaban el límite del mundo conocido. Se decía que las columnas tenían escrita la advertencia *Non plus ultra*, "nada más allá". El mensaje era claro: lo desconocido es peligroso, regresa antes de que sea demasiado tarde.

Pero el que leas este libro es un acto de valor, prueba de que no te sientes inclinado a volver sobre tus pasos cuando se trata de las grandes preguntas. Quieres ver más allá del horizonte de tu vida. Quieres saber qué esperar después de que tú o un ser querido se vayan de este mundo. O, tal vez, quieres saber cómo una experiencia personal como la mía se empata con lo que consideras cierto según las escrituras.

Mira este libro como el diario de un viajero. En mi experiencia cercana a la muerte, viajé más allá del horizonte de mi tiempo en la Tierra y ahora te cuento lo que escuché, vi, sentí y descubrí. Pero es importante que sepas que, aunque mi informe está basado en una experiencia personal, no es único.

En este capítulo veremos los informes de otros "viajeros", desde la antigüedad hasta el presente. Existen incontables ejemplos de ECM en documentos históricos, y todas las descripciones comparten similitudes impactantes con la actualidad.

Nuestra actual comprensión de estos encuentros se debe en gran medida al trabajo de los doctores Raymond Moody y Elizabeth Kübler-Ross, psiquiatras pioneros en el estudio de las ECM. A través del trabajo de Moody, Kübler-Ross, Peter Fenwick, Pim van Lommel y muchos otros, se ha podido documentar el fenómeno clínico de las ECM. Sorprendentemente, se ha descubierto que es algo común que le ocurre a cerca del 18 por ciento de las personas declaradas "clínicamente muertas", antes de ser resucitadas.[1]

¡Piénsalo! Millones de personas refieren haber tenido esa clase de experiencia. Sin tomar en consideración a la mayoría que, habiendo vivido esa experiencia sobrenatural, nunca se lo mencionó a nadie.

Tal vez el escepticismo ante las ECM refleja un miedo parecido al que los griegos y romanos antiguos tenían por lo que había más allá de las columnas de la muerte. Así como ahora sabemos de los mares y continentes no descubiertos que había detrás de las columnas de Hércules, también sabemos que Dios tiene una eternidad de bondad guardada para nosotros más allá del horizonte de la muerte física.

DEFINIR LA EXPERIENCIA
CERCANA A LA MUERTE

El Dr. Raymond Moody acuñó el término "experiencia cercana a la muerte" en 1975 para describir una constelación reconocible de poderosas percepciones hiperintensas, revelaciones y experiencias sensoriales que ocurren en situaciones de muerte, muerte cercana u otros estados de gravedad.[2] Lo que distingue a una ECM del evento común de la muerte es que la persona no permanece físicamente muerta o inconsciente, sino que recobra totalmente la conciencia después de la muerte aparente y, muchas veces, recupera por completo su funcionamiento. Las ECM indican que el viaje entre la vida y la muerte no siempre es unidireccional.

Nadie, mucho menos yo, asegura que nuestro cuerpo físico no morirá. La mortalidad es parte fundamental de la experiencia humana. Pero, por cuestiones que nos cuesta trabajo comprender, algunas personas mueren o se encuentran cerca de morir y reciben un boleto de regreso que extiende su tiempo en la Tierra.

UN FENÓMENO HUMANO UNIVERSAL

Si las ECM son un fenómeno humano y universal, debería haber recuentos de estas experiencias en todas las épocas y lugares del mundo. Y así es. Aunque los detalles y la terminología pueden variar ligeramente de una cultura a otra, los testimonios de ECM en las tradiciones cristiana, hindú, budista, musulmana, judía y de los indios americanos datan de 1760 a.C.[3]

La república, de Platón, escrita alrededor de 420 a.C., es el primer recuento que se conoce de una ECM en la literatura occidental. En este libro, Platón cuenta la historia de Er, quien murió en batalla pero revivió en su pira funeraria. Er les contó a los demás sobre su viaje al más allá, muy similar a los de las descripciones modernas:

> *Con muchas otras almas como compañeras, Er se encontró con un lugar sorprendente con cuatro puertas: dos hacia dentro y fuera del cielo y dos hacia dentro y fuera de la tierra... Mientras tanto, desde la otra puerta del cielo, almas limpias flotaban hacia abajo, contando visiones hermosas y sentimientos maravillosos... Llegaron a un lugar donde vieron un túnel de arcoíris con la luz más brillante que habían visto... Después de eso, le asignaban un espíritu guardián a cada alma para ayudarla a lo largo de su vida.*[4]

Aunque muchos no lo aprendimos en el catecismo, es razonable interpretar varios recuentos de la Biblia donde la gente vuelve a la vida como ECM (por ejemplo, 1 Re 17,17-21; Lc 7,12-15; Jn 11,1-44; He 20,9-10; He 9,36-41).

Durante el siglo uno después de Cristo, el apóstol Pablo describió algo muy parecido a una ECM. Tal vez, al compartir los límites de la comprensión y expresión común a la experiencia, eligió escribirla en tercera persona: "Conozco a un hombre en Cristo, que hace catorce años (no sé si en el cuerpo, no sé si fuera del cuerpo, Dios lo sabe)... fue arrebatado hasta el tercer cielo... fue arrebatado al paraíso, y escuchó palabras inefables que al hombre no se le permite expresar" (2 Cor 12,2-4).

Más adelante, en el mismo pasaje, se refiere a "la extraordinaria grandeza de las revelaciones" (2 Cor 12,7) que no tenía permitido revelar en su totalidad.

Otros escritos cristianos sobre ECM incluyen los de Gregorio Magno, papa del siglo VI. En *Los diálogos*, Gregorio describe más de cuarenta ECM. Entre ellas, el testimonio de Stephen, un comerciante prominente que murió camino a Constantinopla. Fíjate en los paralelismos entre mi recuento en el capítulo anterior y el recuento siguiente:

Hace tres años, como sabrán, este mismo Stephen murió en la plaga virulenta que devastó esta ciudad [Roma], en la que se veían flechas caer del cielo y matar a las personas. Un soldado en esta ciudad nuestra cayó. Salió de su cuerpo y quedó inerte, pero pronto regresó [a la vida] y describió lo que le sucedió. En ese entonces había muchas personas experimentando cosas así.

Dijo que había un puente bajo el que corría un río negro y lúgubre, que expelía un vapor muy desagradable. Pero, del otro lado del puente, había praderas encantadoras llenas de pasto verde y flores de dulce olor. Las praderas parecían lugares de encuentro para personas vestidas de blanco. Un olor tan agradable llenaba el aire, que bastaba para satisfacer [el hambre de] los habitantes que paseaban por ahí. En ese lugar, cada quien tenía su casa independiente, llena de una luz magnífica. Una casa de capacidad impresionante se estaba construyendo, aparentemente con ladrillos de oro, pero no pudo descubrir para quién era. En la orilla del río había casas, algunas contaminadas por el terrible vapor que subía del agua, pero a otros no los tocaba en absoluto.[5]

Aunque las ECM son únicas e individuales y solo algunos de sus elementos se repiten, sus componentes son consistentes alrededor del mundo. Incluso los niños pequeños, quienes difícilmente conocen otras experiencias o expectativas, reportan descripciones idénticas a las de los adultos.

Las personas que tienen una ECM siempre saben que algo importante ha ocurrido, aunque no sepan qué pensar o cómo procesarlo. Personalmente, he escuchado historias cercanas a la muerte de cientos de individuos, y varias veces he sido la primera persona a quien se las cuentan. Muchos callan las experiencias de este tipo durante años. ¿Por qué? Algunos creen que la importancia y el sentido de sacralidad de su experiencia puede disminuir si la comparten, otros le temen a la experiencia misma, pero la mayoría de las personas le teme a la incredulidad de los demás. No quieren que los consideren locos, equivocados o "uno de esos fanáticos religiosos".

Si un testigo tan importante teológicamente como el apóstol Pablo no encontró palabras para describir su ECM, no debería sorprendernos que otros tampoco las encuentren. De hecho, las ECM se conocen universalmente como algo que escapa a cualquier descripción, una experiencia que ni el arte o la metáfora pueden siquiera capturar. Así, las descripciones individuales pueden parecer incompletas o frustrantemente vagas. Pero no permitas que eso te impida ver la verdad primordial: hay una consistencia convincente dentro de los recuentos, que a los investigadores les parece fascinante y espero que a ti te parezca persuasiva.

LOS ELEMENTOS COMUNES DE LAS ECM

¿Cuáles son esos elementos? Algunos de los que se mencionan con más frecuencia son:

1. *Una profunda sensación de bienestar imbuida de amor puro*

Sin duda, el componente principal de las ECM es la experiencia universal de sentirse completa y abiertamente amado y aceptado por la Fuente pura de todo amor, que la mayoría de la gente identifica de alguna manera con Dios. He hablado con algunas personas que han tenido ECM en las que en un inicio han experimentado lo que describirían como el infierno, en donde sienten miedo, ansiedad y desesperanza. Sin embargo, casi todos han dicho que, al final, el amor de Dios los ha sacado de esa realidad.

Esa sensación de estar inmersa en Dios en tanto amor total e inalterable constituye el aspecto más profundo, memorable y definitorio de mi ECM. Si alguna vez tuve dudas sobre la existencia de nuestro espíritu como entidad separada de nuestra carne, la profundidad del amor que experimenté una vez que estuve libre de mi cuerpo ha bastado para convencerme. Créeme, las palabras son inadecuadas para siquiera empezar a describir la inmensa realidad de lo que experimenté, pero lo intentaré.

Una de las primeras cosas que noté sobre la pureza del amor que encontré fue que desplazaba todas las emociones negativas, incluido el miedo. En las circunstancias en que me encontraba, el miedo hubiera sido una respuesta apropiada y, sin embargo, descubrí que no hubiera podido conjurar un sentimiento de miedo o ansiedad aunque me lo hubiera propuesto.

No sé por qué eso me sorprendió. Después de todo, el apóstol Juan parecía comprender el vínculo entre estar pleno del amor de Dios y el absoluto desplazamiento del miedo. Escribió que "Dios es amor... En el amor no hay temor" (1 Jn 4,16.18). Admito que leer esas palabras en la Biblia y experimentar de primera mano el impacto del amor de Dios son dos cosas muy distintas para mí.

2. *Separación del cuerpo y el espíritu*

Las experiencias cercanas a la muerte suelen, al comienzo, comunicar una sensación de movimiento en el espacio, ya sea en la oscuridad o luz infinitas o en un túnel o camino. Ese espacio muchas veces conecta el pasado con el presente y el futuro, sin respetar el tiempo real. Se suele describir un cambio de dimensión, y es lo que yo experimenté.

La gente se siente separada de su cuerpo físico, pero es capaz de verlo y estar consciente de los eventos que suceden alrededor de él. Y más, muchas veces pueden describir con precisión los detalles de lo que se dijo y pasó mientras estaban "muertos", o transmitir información que no conocían de antemano. Yo pude ver claramente a los que estaban abajo y lo que hicieron en la orilla del río. También pude escuchar y comprender lo que decían. Sus palabras me provocaron un regreso momentáneo y respiré.

A veces, esta capacidad de ver y oír los eventos que se producen alrededor, a pesar del estado de inconsciencia o muerte en que se encuentra la persona, permite que quienes tuvieron una ECM corroboren su experiencia con los otros.

Kimberly Sharp era trabajadora social en el Centro Médico Harborview cuando llegó una paciente llamada María con un infarto. Kim me dijo, y también lo escribió en su libro *After the Light: What I Discovered on the Other*

Side of Life That Can Change Your World, que María estaba inconsciente cuando llegó al hospital. Cuando Kimberly pasó por su habitación al día siguiente para verla, María le contó que había dejado su cuerpo y flotado sobre el hospital. Desesperada por probar que realmente había dejado su cuerpo y no estaba loca, María le dijo a Kimberly que había visto un tenis gastado de color azul marino en la cornisa de una ventana, en el otro extremo del edificio. Kimberly no le creyó, pero revisó la cornisa, presionando la cara contra las ventanas selladas, y encontró un zapato que correspondía con los detalles que María había contado.[6]

Mi amiga Robin me contó que su mamá, mientras se sometía a una cirugía de rodilla, sintió de pronto que flotaba encima de su cuerpo y vio cómo los cirujanos reaccionaban ante su electrocardiograma sin signos vitales. El cirujano, un viejo amigo suyo, maldijo cuando se le cayó un instrumento. Al final volvió a su cuerpo y, al día siguiente, describió la escena y lo que había sucedido en el salón de operaciones con gran precisión, y antes de terminar dijo que nunca antes había escuchado al cirujano maldecir, todo lo cual fue corroborado por el médico.[7]

3. Sin miedo a morir

Dado que el miedo cede ante el amor de Dios, no es de sorprender que la mayoría de las personas no se asuste con la separación de su cuerpo y su alma, ni con la experiencia y conocimiento de su muerte, incluso si fuera repentina o traumática.

Así me sucedió a mí. Aun cuando soy una buena nadadora y me encanta entrar y salir del agua, siempre temí morir ahogada. Cuando estaba sumergida, pensé en lo irónico del caso y me di cuenta de que nunca experimenté pánico o la urgencia por respirar que creí tan aterradora.

A diferencia de muchas personas cuyo miedo a la muerte puede ser tan paralizante como para evitar que se involucren totalmente en la vida, la mayoría de las personas que han tenido experiencias cercanas a la muerte no tiene miedo a la muerte. ¿Por qué habrían de tenerlo? La muerte no duele, así que tenemos una perspectiva diferente sobre nuestra muerte y la de los demás. Al haber experimentado la realidad de la vida después de la muerte, vemos la muerte física como una mera transición y retorno a nuestro verdadero hogar.

Stephanie me escribió contándome que el 18 de marzo de 2006 la estaban monitoreando por problemas cardiacos en la sala de emergencias, donde le dieron una pastilla de nitroglicerina poco antes de que su presión sanguínea se desplomara de repente. Ella recuerda:

Entonces me fui. Caminaba por un hermoso camino de losetas en un inmenso campo de flores con los colores más brillantes, flanqueado por árboles. Sentí una calidez increíblemente radiante, como nada que hubiera sentido antes en la Tierra. No me costaba ningún trabajo respirar. Mientras recorría ese camino, tuve una sensación de amor, alegría y paz tan grande que es difícil ponerla en palabras. No tuve ningún sentido del tiempo durante mi experiencia divina.

De pronto, estaba de vuelta en la sala de emergencias con una docena de personas alrededor de mí, incluyendo mi esposo, demacrado, y mi hija de treinta años. Me sentí increíblemente decepcionada de haber vuelto. Mi hija se-

guía diciendo, "Creímos que te habíamos perdido". Y todo lo que dije fue, "No quería volver. No quiero estar aquí".

No era una persona extremadamente religiosa, aunque ahora estoy muy consciente de la presencia de Dios y amo saber que Dios me usa para llevar Su luz a otros. Saber que quizás yo sea el único "Cristo" que algunas personas podrán ver realmente me hace intentar verme a mí y a los demás de la forma en que Dios lo hace. No tengo miedo a morir y no sufro la muerte de otros como antes lo hacía. Por supuesto, es difícil extrañarlos, pero sé que nos reuniremos algún día.

—Stephanie, Los Altos, California

4. Una revisión de vida

La mayoría de las personas experimenta algún tipo de revisión de vida durante su ECM. Muchos la describen como una experiencia basada en hechos en lugar de culpas. Como los detalles de la vida se ven y se experimentan desde la perspectiva de cada ser viviente involucrado en ellos, la persona que muere suele ganar una nueva visión y desarrollar más empatía y compasión. Muchas veces, es este el componente de las ECM que crea el cambio más profundo y duradero en quienes las experimentan.

En su libro *Searching for Home*, Laurelynn Martin escribió:

Al revisar mi pasado, me llevaron a explorar nuevos lugares dentro de mí misma. Muchos eventos se mostraron simultáneamente. Recuerdo dos ejemplos. Cuando tenía cinco años, molesté a otra niña de cinco años hasta hacerla llorar. Ahora podía sentir lo que sintió. Su frustra-

ción, sus lágrimas y su sentimiento de aislamiento ahora eran míos. Sentí una tremenda compasión por ella. Experimenté su necesidad de amor, cuidado y perdón. Mi esencia nos dio amor a ambas, un amor tan profundo y tierno como el amor entre madre e hijo. Me di cuenta de que, al lastimar a otro, solo me estaba haciendo daño a mí. De nuevo experimenté la unión.

El siguiente incidente fue similar:

Me había burlado de un niño delgado, malnutrido y asmático. Murió cuando tenía diecisiete años de un aneurisma cerebral. Parecía estar en el plano de existencia donde estaba yo. Sin embargo, no estaba segura de dónde me encontraba. Cuando ese niño tenía doce años, me había escrito una carta de amor que yo rechacé. Ahora experimentaba su dolor, que se volvió mi dolor. Al mismo tiempo, sentí una tremenda cantidad de amor por ese niño y por mí. Mi contacto con él fue más allá de lo físico, sentí su alma. Una luz brillante y vibrante ardía dentro de él. Sentir la fuerza y la vitalidad de su espíritu fue un momento inconcebible, especialmente sabiendo cuánto había sufrido físicamente cuando estaba vivo.[8]

5. *"Más real que lo real"*

En las ECM, los sentidos se agudizan y las personas adquieren mayor profundidad de emoción, conciencia y percepción. La comunicación es siempre clara, incluso cuando ocurre telepáticamente. Nunca me he sentido cómoda con la palabra telepático y dudo siempre en usarla. Pero no tengo una mejor para explicarlo. Aun cuando la comunicación celestial no ocurre con la boca, como lo hacemos en la Tierra, se comprende perfectamente. Es casi como una explosión de energía pura, cobijada con amor, que se transmite de un ser a otro.

Cuando describen su ECM, las personas refieren lo mismo que yo, que las imágenes, los sonidos, las sensaciones y las emociones son hiperintensas, "más reales que lo real". Casi todos perciben una belleza indescriptible. Yo distinguí más colores que los del arcoíris, con una intensidad que iba mucho más allá de lo que había experimentado aquí en la Tierra. Los vi, los sentí y los experimenté. Increíblemente, las personas sordas escuchan y los ciegos ven, incluso quienes han sido ciegos o sordos desde el nacimiento. Ser capaz de percibir la belleza de esa forma durante una ECM da mucho que pensar, pues los ciegos congénitos no tienen componentes visuales en sus sueños nocturnos ni alucinaciones visuales bajo medicamento.[9]

En su libro, Ring y Cooper relatan la historia de un hombre que nació ciego y no había visto "ni luz ni oscuridad ni nada durante cuarenta y tres años". Un accidente automovilístico y una ECM en la sala de emergencias cambiaron eso:

"Mientras me elevaba", dijo, "vi luces. Escuché los más hermosos sonidos en la distancia, como campanas de viento. Contienen todas las notas que puedas imaginarte, desde la más alta a la más baja, todas juntas". Después de pasar por un túnel oscuro, salí a "un brillante y agradable paisaje veraniego con árboles, donde había miles de personas cantando, riendo y hablando. Había flores de todos los colores y variedades por todas partes. Tanto las flores como las aves que observé en los árboles parecían tener luz alrededor. Luego vi a cuatro de

mis amigos que habían muerto. Parecían estar sanos o, de alguna manera, mejor".

Después de un encuentro amoroso con Cristo, le dijeron que todavía no era su tiempo y "regresé a mi mundo ciego en el hospital".[10]

Y todavía las personas experimentan más cosas en las ECM.

6. *Conocimiento o intuición inusual*

Tal como me sucedió a mí, la mayoría de las personas experimenta, en algún momento de las ECM, una completa comprensión del universo y su orden divino que los devuelve a la Tierra con un nuevo conocimiento o habilidad. Durante su ECM, Anita Moorjani visualizó la causa de su cáncer, lo que facilitó su milagrosa recuperación.[11] Tony Cicoria regresó sabiendo tocar piano, y el señor Olaf Swenson dice que el conocimiento avanzado de física cuántica que obtuvo durante su ECM le permitió desarrollar más de cien patentes en química subatómica.[12] Incluso, sin retener una comprensión de temas complejos, casi todos volvemos con una apreciación profunda de la interconectividad de todo y de cada criatura viviente.

Ocasionalmente, quienes experimentan la cercanía de la muerte adquieren el conocimiento o la percepción de algo que sucederá en el futuro. A mí me dijeron de la muerte de mi hijo, así como de otros retos que enfrentaríamos mi familia y yo. Hay personas que a veces ven el futuro de sus hijos; otras, ven situaciones que influyen en su deseo de regresar a la Tierra.

Hace algunos años, hablé con un hombre a quien le mostraron una situación problemática y peligrosa en la que se verían involucrados sus hijos adultos. También vio cómo se podía evitar esa situación con su presencia, así que insistió en regresar a la Tierra. Cinco años más tarde, sucedió lo que le mostraron y pudo dar la ayuda necesaria.

7. *Reunión con amigos y familiares*

Aunque no me tomé el tiempo de considerar si había conocido antes a alguno de los seres con los que me encontré, ninguno de mis amigos o familiares cercanos había muerto cuando ocurrió mi ECM. A pesar de ello, tuve una sensación muy clara de que la gente que me recibió me conocía y me había amado durante toda mi vida. Muchas otras personas, sin embargo, dicen haberse reunido con familiares muertos, amigos o guías que son intensamente radiantes y acogedores. Puede ser alguien que sepas que ha muerto, alguien que todavía no sepas que ha muerto o familiares que no conocías antes. Sin importar las circunstancias de la vida de la persona o las circunstancias de su muerte, su espíritu celestial aparece entero, sano, feliz y vibrante.

A veces a las personas les son revelados secretos familiares, como le sucedió a Colton Burpo cuando tenía cuatro años y conoció a un hermano mayor nonato de cuya existencia no sabía.[13]

Cuando el Dr. Eben Alexander tuvo una ECM inducida por un coma, quiso desesperadamente saludar a su padre muerto y se sintió desconsolado cuando no sucedió. En cambio, una hermana de la que no sabía su existencia, pero que identificó después, estaba ahí para guiarlo. Más tarde, el Dr. Alexander se sintió agradecido por la ausencia de su padre, pues su presencia podría sugerir que su ECM era meramente el reflejo de su deseo más profundo y no algo que se encontraba fuera de la realidad terrenal.[14]

8. *Un punto de no retorno*

Ya te conté sobre la inmensa estructura en forma de domo a la que me acerqué. Lo entendí como un "punto de no retorno", y luego supe que es bastante común tener conciencia de esta clase de umbral. Muchas personas se acercan a alguna clase de barrera después de la cual ya no podrían regresar de la muerte. Al llegar a esa barrera, o antes, el moribundo conoce que no es su tiempo todavía, que no está listo. Entonces regresa a su cuerpo, a pesar de que pocas veces quiere hacerlo.

Steven, de Nueva Jersey, me contó esta historia que describe vívidamente su encuentro con este tipo de barreras:

Cuando era joven, sufría de nefritis. A los dieciséis años, mis riñones se pararon y me llevaron al hospital después de haber estado enfermo en casa durante algunos días. Me admitieron en la unidad de cuidados intensivos y tenía mucho frío. Primero escuché música que no era de este mundo. Luego estaba encima de la cama del hospital y vi a mi madre rezando a mi lado.

Luego tuve un material parecido a un velo cubriendo mi cuerpo, pero no tenía un cuerpo real. Estaba sorprendido porque podía pasar las manos a través de él. Después estaba en un jardín hermoso, andando por un camino. Cuando llegué al final, vi una pared que no podía brincar. Cuando miré hacia el otro lado, vi una ciudad de oro. En medio había un domo brillante. Luego escuché una voz que decía mi nombre tres veces. Volteé y vi unos pies, una túnica blanca y una faja dorada. Me dijo, *"Steven, vuelve y vive una vida larga y feliz. Pero nunca, nunca me olvides". En un abrir y cerrar de ojos estaba de vuelta. Abrí los ojos y le dije a mi madre que la amaba.*

—STEVEN, PATTERSON, NUEVA JERSEY

Los elementos comunes también se manifiestan al terminar la experiencia.

9. Una certeza sobre su significado

La mayoría de las personas que hemos tenido esta clase de experiencias espirituales profundas conservamos la firme creencia de que hemos experimentado algo de un significado inconmensurable. Sentimos que hemos aprendido algo sobre el propósito de la vida, entrado en un plano espiritual, parecido a una ciudad de luces y, casi siempre, experimentado una presencia divina, un Ser Supremo que es todo amor.

10. Un recuerdo inalterable

Una característica que distingue a las ECM de otros encuentros espirituales profundos es que, sin importar cuánto tiempo haya pasado, las personas recuerdan la experiencia con precisión y detalles inalterables. Y no solo se recuerda, es como si, al describir lo que sucedió, lo volviéramos a experimentar en el presente.

Cuando estuve en el hospital después de mi accidente de kayak, le describí mi experiencia a Debbi, la esposa y madre de los amigos que me resucitaron. Como las comunicaciones electrónicas no eran fácilmente accesibles, escribió lo que le dije en un papel para poder contárselo a quienes permanecían en Chile. Hace poco tiempo, cuando se disponía a escucharme mientras daba una entrevista en la casa de su suegra, Debbi sacó sus notas, por largo rato olvidadas. Al concluir, exclamó con ojos desorbitados que los detalles de mis descripciones eran exactamente los mismos que le había contado hace casi catorce años. Le sorprendió descubrirlo, aunque a mí no.

UNA MISMA EXPERIENCIA, DETALLES DIFERENTES

En mi investigación de las ECM encontré una prueba sólida de que, si bien los detalles de las historias pueden variar, tanto la sustancia como el significado emocional y espiritual de estas rara vez cambia. Los escépticos muchas veces mencionan esas diferencias para cuestionar la validez del fenómeno, y yo empatizo con sus estándares científicos cautelosos, incluso desdeñosos, sobre la reproducibilidad. Pero creo que es una respuesta equivocada y desafortunada.

¿Cómo describimos o experimentamos la belleza intensa?

Este es un componente casi universal de las ECM y, por supuesto, al igual que en la Tierra, cada uno de nosotros la experimenta de manera diferente. Piénsalo así: a algunos nos gusta el realismo de las fotografías y a otros, la emoción sugerente de las pinturas abstractas; algunos nos conmovemos hasta el llanto con las arias de Mozart, otros preferimos la emoción áspera de la música country.

Creo que Dios nos presenta a cada uno en nuestra muerte la experiencia que nos hablará más poderosa y directamente, ya sea a través de la música, la danza, las flores, los animales o cualquier otra expresión de belleza profunda. ¿Por qué nuestro amado Creador no querría darnos la bienvenida al llegar a casa usando el lenguaje de nuestro corazón?

Desde mi punto de vista, las diferentes experiencias reafirman que las ECM *no* son un proceso fisiológico. Si la experiencia de ECM no fuera nada más que una respuesta química o fisiológica, tendría más consistencia. En mi práctica médica, por ejemplo, he tratado cientos de personas con huesos rotos. La fisiología dicta en gran medida su respuesta al dolor y su curso es bastante predecible. Ese no es el caso en las ECM.

UN CAMBIO PROFUNDO DE PERSPECTIVA

Sin embargo, hay algo en las ECM increíblemente consistente que señala una dimensión más elevada de realidad. Como mencioné, la mayoría de las personas pierde el miedo a la muerte y gana la certeza de que hay vida después de la muerte. Incluso quienes murieron siendo ateos, no es que *piensen* que hay un Dios: *saben* que existe.

Los estilos de vida y las creencias fundamentales cambian. Los materialistas se vuelven altruistas, los alcohólicos muchas veces dejan de beber y el dogma religioso estricto tiende a ceder ante la gracia. La mayoría volvemos determinados a tener un impacto en el mundo y ganamos una mayor conciencia de y aprecio hacia el presente.

Tras mi regreso, mi esposo me dijo que parecía que ya no me importaba nada. Pero no era que no me importara, sino que las cosas que me importaban habían cambiado y se habían profundizado. No se dio cuenta de que, aunque ahora me siento completamente lejos de las preocupaciones y los valores de este mundo, me importa mucho lo que considero de una relevancia eterna.

Y esto es así para muchos otros. La mayor parte de la gente se vuelve significativamente más espiritual después de una ECM, sin importar sus antecedentes religiosos, y muchos regresan con habilidades psíquicas o intuitivas intensificadas. Algunas ECM producen inclusive cambios físicos objetivos y duraderos, como una presión arterial más baja o campos eléctricos alterados.[15]

CONOCER LO DESCONOCIDO ES... COMPLICADO

Pero, para la mayor parte de la gente, volver a la Tierra y a una vida física también es un evento complejo y confuso. Si bien quienes han experimentado una ECM se regocijan por su encuentro con el amor y la aceptación incondicionales, muchas veces también se sienten aislados y confundidos al regresar a la vida. Aunque a veces hay culpa por no haber querido regresar, también hay depresión por haberlo hecho. Muchos luchan por comprender su experiencia y por incorporarla a su vida. Al reconocer la inmortalidad del alma, la mayoría de quienes tienen esta experiencia le dan mayor sentido a su viaje terrenal y muchos se sienten determinados a cambiar el mundo, aunque no estén seguros de cómo hacerlo. Los seres queridos no siempre aceptan o comprenden esos cambios emocionales y de comportamiento, y eso a veces provoca que algunas amistades o matrimonios se distancien o terminen.

En cuanto a mí, después de varios meses de investigación, discusión y consideración, concluí que mi experiencia había sido real y verdadera. Al aceptar esa conclusión, sin embargo, también estaba aceptando la realidad de todo lo que me habían dicho relacionado con mi trabajo en la Tierra y mis retos de cara al futuro. Aunque era electrizante haber tenido esa experiencia, también era una pesada carga. Estaba asustada y me sentía aislada y sola. Nadie, incluyendo las personas más cercanas a mí, podía comprender lo que había experimentado. No podía admitir frente a ellos que no había querido volver, algo imposible de comprender fuera del contexto del amor de Dios, y no podía contarles sobre los retos que íbamos a enfrentar.

Aun así, estaba completamente segura de una cosa: el cielo es real y yo había estado en él.

Capítulo 7

◇◇

UN VIAJE GUIADO
POR EL CIELO

La alegría es el asunto más serio del cielo.

C. S. LEWIS

Cuando hablo de mis experiencias a lo largo del país, algunas personas siempre se me acercan después de la charla. Créeme, no es porque sea una oradora inusualmente fascinante. Esperan, a veces durante horas, impulsados por sus propias historias y preguntas. Algunos quieren saber si verán otra vez a los seres queridos que han perdido, o si quienes han muerto saben lo que está pasando en la Tierra. Otros están lidiando con su propia mortalidad o con la muerte reciente de un ser querido. Otros solo quieren mirarme a los ojos y preguntarme si todo es verdad. Pero sobre lo que más a menudo me preguntan es sobre el cielo. Todos quieren saber qué hay más allá del velo.

Muchas veces digo que mi historia —y las verdades que revela sobre quién es Dios y lo que quiere de nosotros— es para todos. Pero también reconozco que la mía fue una experiencia cristiana. El Jesús que me consoló mientras me ahogaba y habló conmigo en ese hermoso campo es el Señor que yo conocía por las escrituras. No sé lo que alguien sin fe o con otro tipo de fe experimentaría en una ECM. No sé si hay diferentes cielos o diferentes partes de este. En los textos de todas las religiones principales se describe algún tipo de cielo y, como en mi propia descripción, consistentemente se dice que es extraordinariamente hermoso, parecido a un jardín y el lugar de nuestro hogar eterno.

Lo que sí puedo asegurar es que estaba en otra parte que no era mi cuerpo, era glorioso y Jesús estaba conmigo. Esta es mi experiencia.

Muchos estamos familiarizados con las descripciones bíblicas del cielo, pero incluso estas tienen sus limitaciones. En el libro del Apocalipsis leemos que "tenía la gloria de Dios. Su fulgor era semejante al de una piedra muy preciosa, como una piedra de jaspe cristalino" (Ap 21,11). Considera la importancia de la palabra *como* en casi todas las descripciones del cielo. Ello se debe a que lo más cercano que podemos llegar a describirlo es mediante una comparación de sus cualidades con algo que conocemos en la Tierra. La palabra *paraíso* podría casi capturar la esencia del cielo en nuestro lenguaje, pero incluso ella es limitada.

Cuando la gente me pide detalles sobre lo que he aprendido, esto es lo que quieren saber y lo que yo respondo.

"¿NOS RECONOCEREMOS EN EL CIELO? ¿VEREMOS A NUESTROS SERES QUERIDOS?"

Mi experiencia, la experiencia de muchos otros y los textos bíblicos corroboran que sí, que definitivamente nos reconoceremos en el cielo y, por supuesto, veremos a nuestros seres queridos. Casi inmediatamente después de dejar mi cuerpo, me recibió un grupo de seres que eran, a la vez, conocidos y desconocidos. Esto puede parecer extraño e, incluso, perturbador, pero puedo asegurarte que solo sentí paz y felicidad en compañía de ellos. Recibí una bienvenida calurosa en el cielo y me sentí como en casa.

Grace, cuyo testimonio aparece en el libro de Cherie Sutherland, *Within the Light*, describe una experiencia similar:[1]

> *Parecía que había figuras agrupadas, casi teatralmente, como en un escenario. Al principio eran figuras amorfas, como sombras, y yo estaba intensa pero periféricamente consciente de un grupo a mi derecha, frente a mí, aunque en realidad no lo había visto. Sabía que estaba ahí, pero en ese momento no incidía demasiado en mi conciencia; estaba ocupada mirando hacia otra parte. Y, cuando miré, una de las figuras pareció definirse y yo pensé, "Conozco esa cara", y de pronto me di cuenta, "Oh, por Dios, es mi tía Hannah", quien había muerto once años antes. Y luego vi a mi tío Abraham, quien murió antes de que yo naciera... Sabía que estaban ahí para verme y ellos me reconocían, aunque no me hubieran conocido en la Tierra.*

¿Podría haber identificado a las personas que me recibieron? Si hubiera estado ahí más tiempo o les hubiera prestado más atención, creo que sí. Es como si todos tus familiares se reunieran y te cueste trabajo reconocer el nombre de cada uno de ellos, con quién está casado o qué parentesco tiene contigo, aunque sabes que son parientes. A pesar de ello, estaba encantada con su presencia e inmediatamente supe que eran personas que formaban parte de mi "círculo de vida" o del "grupo de mi alma", a falta de mejores términos. Seres con quienes tenía un vínculo eterno.

> **LA CUARTA LECCIÓN QUE REVELA EL CIELO**
>
> El cielo es una realidad en la que estamos completos —sin dolor, sin penas, sin sufrimiento—, donde prevalece la comprensión, la reconciliación y estamos con Dios y con nuestros seres queridos para siempre.

Yo he experimentado el dolor profundo de perder a un ser querido y es un gran consuelo saber que al regresar al cielo me estarán esperando mi hijo y todas las personas que he amado y se han ido antes que yo. Anhelo con impaciencia ese momento.

"¿CÓMO SE VEN LAS PERSONAS EN EL CIELO?"

Quienes me recibieron en el camino parecían tener una forma física normal; sin embargo, también parecían atemporales, ni jóvenes ni viejos, ni gordos ni flacos, ni de tez oscura ni de tez clara. Cada uno de los seres que conocí era preciosamente radiante y de una intensidad exquisita. De hecho, la luminosidad era lo que hacía que sus contornos y rostros fueran un tanto indistintos, y me recordó por qué los ángeles y santos suelen dibujarse con halos.

Su resplandor debió haber sido cegador, pero no lo fue. No tenían sombra y su luz parecía provenir del interior. Yo también parecía absorber e irradiar ese resplandor. Usaban túnicas que parecían hechas con una tela creada con millones de filamentos brillantes que irradiaba color y amor intensamente. Describir la ropa y los atributos físicos de estos espíritus es como intentar describir el espectro etéreo y constantemente cambiante de las auroras boreales o luces del norte. Parecían sólidos y opacos y, al mismo tiempo, nacarados y translúcidos.

¿Así es como se ven todas las personas en el cielo? ¿Adoptaron una forma humana para que pudiera reconocerlos, saber de su amor y no temerles? No lo sé, pero es divertido considerarlo.

"¿TENÍAS CUERPO EN EL CIELO?"

Usé una túnica similar a las de los demás espíritus. Ondeaba cuando me movía, pero no sentía la tela moverse contra mi piel. No sentía su peso ni su masa. De hecho, no sé realmente si tenía piel. Como los demás, yo también parecía tener una forma física, pero no había espejos y, a decir verdad, no se me ocurrió mirar. Aunque ahora quisiera haber tomado más notas mentales, eso no me pareció importante en aquel momento, sobre todo teniendo en cuenta que no planeaba regresar a la Tierra ni compartir mi historia, si finalmente lo hacía.

Diré que me parecía mucho a "mí", pero sin ninguno de mis defectos ni limitaciones. Estaba consciente de mi vida terrenal y de mi viaje, pero creo que estaba experimentando el "yo" perfecto que Dios ve.

Estábamos de pie, a veces bailando jubilosos y a veces sentados, pero no sentía ni ingravidez ni gravedad. Simplemente existíamos de alguna manera en el espacio. Aunque nos abrazamos contentos, no tengo un recuerdo consciente del roce o tacto de sus ropas. No recuerdo la sensación de respirar o tragar, y nunca pensé en la necesidad de alimentarme. Olía claramente la intensa fragancia de las flores que me rodeaban, pero no recuerdo otros olores.

Aunque mi esposo es muy musical y probablemente escuchará sinfonías en el cielo, yo no. No tengo la habilidad de cantar, no sé distinguir las notas agudas de las graves y no puedo percibir los matices de la música sofisticada, así que ver ángeles tocando una sinfonía en las nubes quizá no me hubiera inspirado a quedarme mucho tiempo. Pude escuchar lo que parecía el murmullo de una suave brisa, y escuché una armonía melódica cuando estuve en el umbral. Fue como si toda la alegría que emanaba de las almas y los ángeles que vi se fusionara para crear una canción perfectamente armoniosa de alabanza. Cuando miré hacia la escena en la orilla del río, también podía oír las voces de mis compañeros mientras me practicaban los primeros auxilios. Pero, aunque a la vez podía "escuchar" y comprender las voces de mis compañeros espirituales, no las percibí como sonidos distintivos. No podría, por ejemplo, ser capaz de describirlas como agudas o graves, masculinas o femeninas.

Todos mis sentidos parecían expandirse. No percibía meramente los sonidos que llegaban a mis oídos o los olores que alcanzaban mi nariz, sentía también que podía "escuchar" el color y "oler" la luz del sol.

"¿HABÍA ALGUIEN ENFERMO O HERIDO EN EL CIELO?"

No. Todos los que han tenido una ECM o una visita en sueños refieren que se restituye la salud y la integridad de los cuerpos. Los seres queridos que mueren a causa de alguna enfermedad recuperan su salud, y quienes han quedado inválidos en vida recuperan su fuerza. No puedo explicarte lo importante que es este hecho para mí. El cuerpo de mi hijo quedó mutilado después de que lo golpeara el automóvil de un joven que manejaba distraído, pero cuando lo vi después, en una visita en sueños —que describiré en otro capítulo— estaba completo, fuerte y vibrante.

Geoff me contó los detalles de su ECM. Primero me habló del traumático alumbramiento que le produjo su parálisis cerebral. Sus piernas nunca funcionaron bien y le costaba trabajo caminar. Varios años antes de hablar conmigo, estuvo involucrado en un accidente automovilístico en el que sufrió lesiones graves y casi muere. Su corazón se detuvo varias veces, en las que refiere haber dejado su cuerpo e ido al cielo. Dijo que, de pronto, miró alrededor y estaba en un campo dorado. Vio a su amada abuela en el otro extremo y le asombró descubrir que sus piernas funcionaban perfectamente cuando corrió hacia ella. También se sorprendió al ver a su abuelo saludándolo, totalmente distinto de la persona mayor plagada por el cáncer al momento de su muerte, varios meses atrás.

La gente que es mala y amargada en la Tierra es amorosa y alegre en el cielo. Eso puede que no sea una buena noticia para quienes han sido lastimados por familiares y amigos que no quieren volver a ver ni perdonar. Yo encontré comprensión en el cielo. Las relaciones conflictivas o fracturadas en la Tierra vuelven a ser de amor.

"¿CREES QUE LOS SERES QUERIDOS QUE ESTÁN EN EL CIELO NOS PUEDEN VER EN LA TIERRA?"

Me parece que la respuesta es sí. Mi experiencia de estar consciente de lo que sucedía simultáneamente en el cielo y a mis espaldas, en la Tierra me hizo entender que los espíritus realmente cruzan a nuestro mundo.

Después de escuchar a cientos de personas compartir sus propias historias de ECM y encuentros con espíritus, creo que los espíritus de nuestros seres queridos fallecidos no se apartan de nuestra existencia terrenal. (Aunque no lo pueda explicar por completo, por supuesto). Creo que están conscientes de nosotros y de lo que pasa en nuestras vidas, son quienes más nos animan y son capaces de cruzar esporádicamente hacia nuestro mundo. He escuchado demasiadas historias sobre ello como para ignorar esa posibilidad.

Cuando estuve en el cielo, no olvidé mi vida terrenal. Pude ver y comprender todo lo que estaba sucediendo en el río. Pensé en mi esposo y en mis hijos, en mis padres y mis hermanos. Nunca he sabido cómo describirlo, pero cuando pensaba en cada uno me convertía en parte de ellos, transmitiéndoles un sentimiento de que todo estaba "bien". Como si parte de mi espíritu viajara hacia donde se encontraban en ese momento y les comunicara alegría. Me decepcionó saber que no volvería a verlos ni a compartir el trayecto de sus vidas, pero estaba segura de que estarían bien. También confiaba en que seguiría amándolos, en que todavía sería parte de sus vidas y en que nos reuniríamos cuando terminaran su labor en la Tierra. No me sorprende el hecho de haber pensado y recordado cuando estuve en el cielo mis relaciones con otras personas y no mi trabajo ni ninguna otra cuestión terrenal de las que tanto ocupan nuestro tiempo y atención.

Aunque no sé qué les permite cruzar hacia nuestro mundo físico, no creo que nuestros seres queridos crucen por voluntad nuestra. Sin embargo, me pregunto si a veces Dios les permite venir hacia nosotros para darnos consuelo y seguridad.

"¿HAY ANIMALES EN EL CIELO?"

Me han preguntado muchas veces si vi animales durante mi tiempo en el cielo, pero no. Los animales, sin embargo, son una de las creaciones más maravillosas de Dios aquí en la Tierra, así que tiene sentido que también pertenezcan a Su mundo celestial.

De hecho, las palabras de Isaías (Is 65,5) sugieren que hay animales en el cielo, y muchas personas han dicho ver animales durante sus ECM. P. M. H. Atwater ha observado que "muchas veces se ven animales durante episodios cercanos a la muerte, ya sea como parte del escenario, como guía o como bienvenida".[2]

Bryce Bond tuvo una ECM tras llegar al hospital con una violenta reacción alérgica.[3] Recuerda haber pasado a través de un túnel hacia una luz brillante, y describe así lo que sucedió después:

Dejo a mi perro en el suelo y me acerco para abrazar a mi padrastro cuando escucho una voz fuerte en mi conciencia. Todavía no, dice. Yo grito, "¿Por qué?". Entonces esa voz dice, "¿Qué has aprendido y a quién has ayudado?". Estaba atónito. La voz parecía venir de adentro y de afuera. Todo se detiene durante un momento. Tengo que pensar en lo que me preguntaron. No puedo responder qué he aprendido, pero puedo responder a quién he ayudado.

Siento la presencia de mi perro a mi alrededor mientras considero ambas preguntas. Luego escucho ladridos y aparecen otros perros; perros que había tenido. De pie, durante lo que pareció una eternidad, quiero abrazar y ser absorbido y fusionado. Me quiero quedar.

Jan Price escribió sobre su ECM, tras un ataque cardiaco, en su libro *The Other Side of Death*:

Supongo que nunca pensamos realmente en nuestra muerte, pero era obvio que había muerto porque ya no estaba en mi cuerpo... Flotando en el océano azul, empezaron a brotar de mi cuerpo corrientes de luz dorada —como polvo de estrellas—... Conforme cambió la densidad, volviéndose más ligera y delgada, sentí que me elevaban a otro nivel de conciencia. Después me encontraba en un ambiente que parecía más sólido. Maggi estaba ahí. Mi hermosa perra, mi amada Springer, vino hacia mí. Había muerto hacía menos de un mes y John y yo todavía sufríamos su pérdida. Sentí su presencia, su amor, y se apareció ante mí como había sido cuando tenía forma física, solo que más joven y vital.[4]

Creo que, al momento de morir, Dios nos enfrenta a una experiencia que, además de ser comprensible para cada uno, nos hace sentir amados y libres de miedo. Creo, como el evangelista Billy Graham, que "Dios preparará todo para nuestra perfecta felicidad en el cielo, y si se necesita que mi perro esté ahí, ahí estará".

"¿HAY UN INFIERNO?"

El infierno no fue parte de mi experiencia, pero otras personas han descrito experiencias terroríficas e infernales cercanas a la muerte. En todos los casos, sin embargo, han dicho que al final los salvó el amor de Dios.

Aunque no tengo una respuesta personal para la pregunta sobre el infierno, creo firmemente que Dios no solo nos da su amor continua y eternamente, sino también la libertad de rechazarlo. Algunas personas han argumentado que nadie en su sano juicio rechazaría el amor de Dios al descubrir que es real (y también el infierno). Pero he visto que algo así puede suceder. Inexplicablemente, el corazón de algunas personas se endurece tanto, y sus ojos quedan tan ciegos, que rechazan decididamente la verdad de Dios, aun cuando Él se presenta ante ellos en su transición hacia la muerte.

"¿HAY TRISTEZA EN EL CIELO?"

Ninguna, en lo absoluto: ni lágrimas ni dolor, ni ansiedad ni preocupación, ni ira ni odio, y las personas recuperan la salud e integridad de sus cuerpos. El cielo es el lugar donde Dios vive y es adorado (Ap 4,8-11; Dt 26,15), donde existe una alegría superior (Mt 13,44). Sí, todos saben que Jesús es Su hijo, quien crea el puente que hace posible que estemos allí, pero sigue siendo la casa de Dios. Su amor por nosotros es tan abrumador, tan visceral y tan real, que la tristeza, el dolor y el sufrimiento no tienen cabida.

El versículo que me viene a la mente es una promesa contundente de las cosas que vendrán para quienes quieren estar en el cielo con Dios. "Él enjugará toda lágrima de sus ojos, y ya no habrá muerte, ni habrá más duelo, ni clamor, ni dolor, porque las primeras cosas han pasado" (Ap 21,4).

"¿CUÁL FUE TU SORPRESA MÁS GRANDE?"

Me sorprendí con mi falta de miedo y mi falta de interés en regresar a la Tierra. Me asombró el descubrimiento de que las promesas de Dios son real y abundantemente ciertas. Había *esperado* que fueran verdad y había *creído* que lo eran, pero tanto la esperanza como la fe contienen elementos de duda. Muchas veces me sentí insegura de que la espiritualidad y la ciencia pudieran coexistir cómodamente. Me sorprendió descubrir que la espiritualidad y la ciencia en realidad nunca están en conflicto.

Pese a todo eso, quizás te puedas preguntar, *Pero ¿y qué? ¿Qué importancia tiene el cielo ahora para mí?*

Lo más importante —y es algo que te pido que consideres— es que estas visiones del cielo pretenden cambiar la forma en que tú y yo vivimos. Cuando Jesús les dijo a sus discípulos justo antes de morir, "en la casa de mi Padre hay muchas habitaciones", no intentaba satisfacer una mera curiosidad; les quería mostrar un atisbo del cielo por motivos terrenales y prácticos. Sabía que estaban asustados y necesitaban consuelo. Y comprendía, creo yo, que las verdades del cielo y el amor del Padre les darían el poder para continuar su gran misión y compartir las buenas nuevas.

Por eso digo que mi viaje hacia las puertas del cielo en realidad no es "mi" historia, sino una historia que debo compartir. Y eso también es cierto para ti. Ahora sabes que la muerte no es el final, que el amor vencerá y que tu Padre celestial ha preparado una eternidad de bendiciones para quien quiera recibirlas. Hay un cielo y hay vida después de la muerte, y esa verdad está destinada a cambiar para bien la forma en que vivimos. Contar Su historia y vivirla cada día es nuestra tarea más importante.

Capítulo 8

SIEMPRE HAY MILAGROS A PUNTO DE OCURRIR

Lo más impactante sobre los milagros es que sí suceden.
G. K. CHESTERTON

Recuerdo que, en el sur de California, un hombre alto y elegante esperó para hablar conmigo después de que compartí mi historia. Lo llamaré George. En nuestra conversación, George me contó que era un exitoso hombre de negocios, cristiano toda su vida y activo en su iglesia. Luego se inclinó con complicidad para evitar que pudieran oírnos y preguntó, "¿Qué fue lo que sucedió *realmente*?".

He escuchado esa pregunta muchas veces, sobre todo —y tal vez esto te sorprenda— de parte de personas de fe.

Te pudiera parecer extraño, como a mí, que las personas como George acepten las historias bíblicas de los milagros de Dios, pero pongan en duda los testimonios de milagros *hoy en día*. Nuestro sistema de creencias está basado en una fe en lo sobrenatural, pero muchos limitamos esa realidad en nuestras vidas. Y, con eso, rechazamos el poder transformador de Dios. Decimos que "todas las cosas son posibles con Dios", pero lo decimos más en teoría que en la práctica.

¿Por qué? ¡Dios no cambió cuando tú y yo aparecimos en el planeta! La capacidad de Dios para actuar en Su mundo es la misma ayer, hoy y mañana. Cuando habla de Sí en las escrituras, casi siempre es en tiempo presente: no dice "Fui" o "Seré", sino "Soy". Me encanta meditar sobre la hermosa promesa de Jesús: "yo estoy con vosotros todos los días, hasta el fin del mundo" (Mt 28,20).

En este capítulo, quiero explorar la realidad de los milagros en nuestras vidas. Un milagro ocurre cuando sucede lo que parecía imposible. Pero podemos darle más cuerpo a esa definición y decir que un milagro es un evento que las fuerzas de la naturaleza —incluyendo los seres humanos— no pueden producir por su cuenta y solo puede explicarse como un acto de Dios. Asimismo, solemos pensar en un milagro como algo magnífico y deseable. Y, dado que Dios es la fuente, tiene sentido que un milagro promueva Su propósito divino en el mundo, evocando nuestra sorpresa y gratitud.

En este capítulo te mostraré que todos podemos hablar sobre los milagros desde la experiencia propia, ya que a lo largo de nuestras vidas se entretejen milagros grandes y pequeños. Hablaré sobre mis experiencias y las historias inspiradoras que otros me han compartido. También me referiré a otros fenómenos relacionados con los milagros: las coincidencias (que pueden ser parte de los milagros, pero no son lo mismo), los llamados "impulsos" y los encuentros divinos.

En las escrituras se registran al menos ciento veinticinco milagros. Algunos, como el arcoíris que Dios envió después del Diluvio como recordatorio de la alianza entre Él y su pueblo, fueron espectaculares (Gn 9,13); otros, más sutiles.

¡Los milagros tienen mucha importancia! Y no lo digo pensando en quienes tienen extraordinarias historias personales que contar. Si en verdad permitimos que la realidad de los milagros entre en nuestra mente y corazón, lograremos cambiar. Comenzaremos a vivir acorde con la grandeza y la bondad de nuestro Dios. Dejaremos atrás las dudas y la confusión, y nos dirigiremos hacia la libertad de vivir con una confianza absoluta. Yo volví del cielo consciente de que mi amado Dios quiere que pase cada día cómoda en la confianza de que un poder superior a mis fracasos —superior, incluso, a la materia, el tiempo y las circunstancias— actúa en mi vida, en tu vida y en nuestro mundo *actual*.

A QUIENES TIENEN OJOS PARA VER

Creo que los milagros ocurren en la vida de todas las personas. Sin embargo, para verlos hay que prestarles atención a los detalles, reconocer la sincronía y la inverosimilitud, y dar crédito a Dios. En *Ida y vuelta al cielo*, mencioné que las flores conmueven profundamente mi alma y me "hablan", y conté las historias de los perales de Bradford en la casa de mi madre y de las rosas alpinas en mi propia casa. Las circunstancias que rodearon la repentina aparición de retoños de perales de Bradford inmediatamente después de la muerte de mi padrastro me hicieron pensar que era un regalo suyo y de nuestro Dios sobrenatural, un milagro que demostraba la continua presencia de Dios durante un momento de pena, y una manera de dejarnos saber que todo estaba bien y mi padrastro se encontraba feliz en el cielo.

Cuando unos arbustos del mismo tipo y color que los

retoños de rosas alpinas que llenaban el campo donde murió mi hijo aparecieron inexplicablemente en mi jardín después de su muerte, mi gratitud dejó de lado el escepticismo de que Dios pudiera elegir las flores como un medio de comunicación. Mi hijo sabía la historia de los perales de Bradford y sabía lo significativo y reconfortante que había sido su aparición para mí. Creo que la elección de esos retoños en particular, y su repentina aparición, fueron un mensaje de Dios.

En los años siguientes a la muerte de mi hijo mayor, las rosas alpinas han crecido en cada lugar que ha sido importante para mí. Ocurre tan predeciblemente que ya no me sorprende encontrarlas. Acepto el mensaje de amor, consuelo y confirmación, y quedo llena de asombro por un Dios que conoce el lenguaje de mi vida. Muchas otras personas han referido experiencias similares a la mía. Me han dicho que, después de la muerte de un ser querido, los han seguido mariposas o han encontrado repetidamente monedas, plumas, catarinas o cualquier cosa de relevancia para la persona fallecida. Estos no son milagros espectaculares, por supuesto, pero sí envíos divinos para darnos esperanza y recordarnos Su presencia.

Una mujer de Wisconsin llamada Darla me contó una experiencia similar: "Después de que muriera nuestro nieto, tuvimos visitas cercanas de un hermoso cardenal rojo brillante. El ave nos visita regularmente, yendo hacia una de las tres ventanas casi a diario. Siento que Dios me da paz, dejándome saber que mi nieto está con Él y está bien. Desde que ocurre, muchas personas me han contado sobre visitas similares de otras aves. Creo que Dios usa Su creación para consolarnos".

Stella me escribió para contarme que ve a Dios en una

bandada de pájaros. Como señaló conmovedoramente, "Dios nos habla con las cosas más pequeñas":

A mi mamá le encantaban los pájaros y se aseguraba de darles de comer todos los días llenando los comederos. Cuando murió, quería seguir alimentando a los pájaros en su nombre, pero siempre se me olvidaba. Un día estaba sentada afuera, en el jardín, y vi que los pájaros ya no iban a los comederos debido a mi negligencia. Empecé a llorar, pensando cuánto extrañaba a mi mamá. Luego recé y le pedí perdón a Dios por no seguir llenando los comederos.

De pronto sentí una presencia amorosa sobre mí, miré hacia arriba y vi muchos pájaros volando. Iban de un árbol a otro y luego hacia los comederos. No había visto aves en el jardín durante semanas. Sabía que Dios me estaba hablando, diciéndome que todo iba a estar bien y que Él me ayudaría a superar el dolor de perder a mi madre. Dios nos habla con las cosas más pequeñas, y si no escuchamos podemos perdernos Sus milagros. Como está escrito en los Salmos, "Estad quietos, y sabed que yo soy Dios" (Sl 46,10).

—STELLA, ASHEVILLE, CAROLINA DEL NORTE

¿COINCIDENCIAS O MILAGROS EN CIERNES?

Las señales y los milagros muchas veces parecen violar las leyes naturales, pero cada vez me convenzo más de que solo violan nuestra capacidad de comprensión. Cuando una persona levanta un gran peso del suelo, no viola la ley de la gravedad. La fuerza de gravedad no desaparece cuando se levanta el peso, sino que es superada por una fuerza mayor. Los milagros ocurren cuando el deseo y el poder de Dios sobrepasan fuerzas menores.

Las coincidencias muchas veces se comparan con los milagros, pero son distintas. Una coincidencia por lo general describe dos eventos no planeados que ocurren al mismo tiempo, mientras que los milagros representan constelaciones de eventos, o eventos estadísticamente improbables. Cuanto más improbables sean los eventos sincrónicos, más probable es que se trate de un milagro.

Sería una coincidencia afortunada que un hombre necesite desesperadamente $836.23 y se encuentre un sobre con $900 mientras camina por la calle. Probablemente sería un milagro si, en cambio, el hombre se encontrara un sobre con $836.23. Pero sería con certeza un milagro si el hombre se encontrara el sobre con $836.23 camino a visitar a una exnovia cuya dirección le había dado un taxista a quien había conocido porque la alarma de su reloj no sonó esa mañana y perdió el autobús para el trabajo, producto de lo cual decidió tomar un taxi cuyo conductor se acaba de mudar a un departamento... ¡justo al lado de su exnovia! y se encontraba supliendo a un amigo enfermo.

Acabo de inventar esta secuencia de eventos, pero estoy segura de que comprendes la idea.

Aunque es cierto que un evento improbable y único puede ser algo común, y por ende azaroso, es razonable creer que muchos eventos improbables que ocurren en el momento adecuado y la secuencia correcta no son otra cosa que el resultado de la intervención directa de Dios, Sus ángeles o el Espíritu Santo.

Marie me contó cómo lo que parecia una coincidencia resultó ser más que eso, dada su determinación de acabar con su vida:

Creo que los impulsos y las decisiones rápidas para cambiar nuestra forma de pensar pueden venir del Espíritu Santo y los ángeles, no de la suerte o la coincidencia. Cuando tenía diecisiete años, me encontraba en un momento difícil. Me acababan de enviar a una casa de adopción después de conocerse que mi padre había abusado de mí durante varios años. Estaba tan afectada y perdida que corría como forma de escape. Mi casa de adopción estaba en el borde de Puget Sound, así que iba a allí a correr junto a las vías del tren o en la playa.

Un día sentí que ya no podía estar en este mundo. Demasiado dolor y soledad. Decidí ir hacia una parte de las vías que tenían una curva ciega más adelante y quedarme allí, esperando que pasara un tren y me golpeara. Era un día tormentoso, con nubes, lluvia y mucho viento. Las olas rompían contra las rocas, aventando agua hacia la vía del tren. Entonces, quise sentir las olas contra mi mano. Me salí de la vía y me arrodillé para tocar el agua salada.

Justo en ese momento, un tren de carga pasó a toda velocidad tan cerca de mí que tuve que aferrarme a las rocas para mantener el equilibrio.

Entonces supe que algo me había hecho salir de la vía del tren en ese preciso instante para que el tren no me golpeara. Sentí que Dios y sus ángeles estaban ajustando mi camino para reflejar su plan para mí. Sentí mucho amor y supe que yo era importante y que no podía dejar la tierra todavía.

—MARIE, SEATTLE, WASHINGTON

136

Estoy de acuerdo en que algunas personas religiosas se extralimitan llamando milagro a casi cualquier evento improbable. En el otro extremo, pensar que cada milagro es una coincidencia es igualmente negligente. Algunas de mis historias favoritas sobre "milagros personales" tienen que ver con cómo conocemos a nuestra pareja. Tal vez tengas tu propia historia. La siguiente trata de cómo Bill conoció a Hillary, y no tiene (casi) nada que ver con un expresidente y una primera dama:

"Son demasiadas coincidencias para que sea el azar", dice Bill, quien ha estado casado con Hillary durante dieciséis años.

Bill y Hillary se conocieron porque la mamá de él y el papá de ella fueron amigos en el preuniversitario. No habían estado en contacto durante años, pero se reencontraron por azar.

Cuando se dieron cuenta, conversando, que uno tenía un hijo llamado Bill y el otro tenía una hija llamada Hillary, siendo los Clinton inquilinos de la Casa Blanca en ese entonces, pensaron que era increíblemente gracioso. Cuando descubrieron que ambos vivían en la Ciudad de Nueva York, la mamá de Bill le dio el teléfono de Hillary e insistió en que la llamara.

Aunque se dio cuenta de que Hillary y él vivían en el mismo vecindario, en la misma calle y en el mismo edificio, en una ciudad de más de siete millones de personas, decidió no llamarla... hasta que se topó con una antigua compañera de trabajo en el lobby de su edificio.

"Le dije, '¿Qué haces en el lobby de mi edificio?'", recuerda Bill. "Ella dijo, 'Oh, una muy buena amiga vive aquí. Y le dije, '¿Quién?'. Y me contestó, 'Hillary K...'. Le dije, 'Oh, por Dios. ¡Tengo su teléfono en el bolsillo!'".[1]

PON ATENCIÓN A LOS
IMPULSOS Y MURMULLOS

Una vez que sabemos lo mucho que el ruido y el estrés de nuestra vida nos impiden percibir los milagros, tú y yo podemos comenzar la maravillosa aventura de despertar a lo sobrenatural que ocurre a nuestro alrededor.

Pero ¿cómo se comienza a despertar a los milagros? Abordaré esta pregunta de la manera más práctica posible en la segunda parte de este libro, pero aquí quiero hablar sobre los impulsos. Lo que mucha gente entiende por impulso es en realidad una insinuación del Espíritu Santo o un ángel que intenta llamar nuestra atención sobre algo, o hacernos hacer algo que no habríamos hecho de otra manera. A diferencia de los impulsos que surgen de nuestros propios deseos o necesidades, el tipo de insinuación al que me refiero siempre está relacionado con la voluntad y obra de Dios. Un impulso es silencioso, fácil de pasar desapercibido o ignorar, y muchas veces interno. Pero encontrarás en todas partes las historias de lo que sucede cuando nos arriesgamos a responder, una vez que empieces a escuchar y observar. Considera la historia que me contó Bart:

A los veintidós años, estaba surfeando en Huntington Beach, California, y no me di cuenta de que la contracorriente me estaba llevando mar adentro. Estaba como una milla mar adentro, entre olas pesadas. La corriente era demasiado fuerte como para nadar hasta la orilla, así que me sumergí cuatro veces. En el fondo, cuando tocaba la arena con los pies, recé, "Dios, por favor sálvame. No quiero morir en el fondo del mar".

Tan pronto como terminé de rezar, me vi en la superfi-

cie, sin que hubiera dado ni una brazada para llegar allí. Luego, un joven nadó hasta mí para tratar de salvarme. Ambos estábamos exhaustos, por lo que tomábamos turnos sosteniéndonos uno al otro, hasta que llegamos a la playa. Le agradecí mucho y le dije, "¡Me da mucha alegría que hayas estado en la playa para salvarme!".

Me contestó, "Bueno, hoy no iba a venir. Estaba cansado de la playa, pero tan pronto como decidí no venir, una voz en mi mente me dijo, 'Tienes que ir a la playa hoy. Tienes que ir'. Así que lo hice".

Creo que Dios me salvó ese día y respondió a la plegaria que hice veinticinco pies bajo el agua.

—Bart, Huntington Beach, California

¿Has experimentado impulsos? La mayor parte de la gente sí, esté consciente o no de ellos. Yo respondí a muchos impulsos al escribir mi primer libro, pero hay uno en particular que me llama la atención.

Después de haber pasado una semana remando en kayak con mi familia en el río Colorado, en Arizona, decidí abandonar la excursión, aunque ellos siguieron. Mi plan era manejar de regreso a Wyoming, sin prisa, haciendo paradas para visitar amigos por el camino. Durante el segundo día de viaje, sentí de pronto una fuerte necesidad interna de volver a casa lo antes posible. Respondí al impulso y continué manejando en lugar de detenerme esa noche, y llegué a casa un día antes de lo previsto.

A la mañana siguiente, sonó el teléfono temprano. Yo estaba exhausta del viaje y, dado que nadie esperaba que estuviera en casa, pude haber ignorado el teléfono. Pero, de nuevo, un impulso me hizo salir de la cama y contestar. Era una agente literaria que, extrañamente, había llegado a su oficina esa mañana y había sentido el impuso de violar su regla personal de nunca revisar los correos electrónicos antes de las 11:00 a.m. Me llamaba porque acababa de recibir un correo "no deseado" de un programa de televisión donde buscaban a personas que hubieran tenido experiencias cercanas a la muerte. Necesitaban una respuesta esa misma mañana, así que decidió llamar, aun sabiendo que tenía programado salir de la ciudad.

¿Ves lo que sucedió? Tanto ella como yo decidimos responder a impulsos. Fui a ese programa de televisión y esa presentación me proporcionó una larga serie de oportunidades para compartir mi historia sobre el amor de Dios y la verdad de Sus promesas.

También sé lo que pasa cuando *no* respondemos a un impulso. Hace algunos meses, perdí la oportunidad de ayudar a una amiga, compartir el amor de Dios con ella y ser parte del milagro de su vida. Esta amiga de la preparatoria, llamada Jenni, había tenido mucha influencia en mi vida. Era confiable, devota de Dios, llevaba un estilo de vida sano, era compasiva y llegaba a muchos con su sonrisa y generosidad. Su impacto en mi vida me parecía desproporcionado en comparación con nuestra amistad, y sentí el impulso de decirle lo importante que había sido para mi crecimiento espiritual. No había hablado con ella en más de veinte años y no tenía idea de dónde podría vivir, pero intenté rastrearla sin mucho entusiasmo.

En realidad, no quería dar curso a mi impulso interno ni escuchar los murmullos en mi cabeza. Se me hacía raro y tonto decirle a una mujer adulta, a quien ya no conocía, lo importante que había sido en mi vida. Estuve postergándolo hasta que el impulso se volvió imposible de ignorar. Por fin la encontré en una página de redes sociales y le escribí una larga carta. Cuando por fin inicié sesión para enviar mi mensaje, me quedé estupefacta al descubrir que estaba en una unidad de cuidados intensivos, conectada a un respirador. Murió al día siguiente sin saber la bendición que había sido para mí.

Los eventos orquestados, que tantas veces solemos descartar como meras coincidencias, pueden conducir a un cambio de dirección o a un milagro, pero a veces solo son la forma en que Dios nos muestra Su presencia en nuestras vidas. A veces nos dan valor y confianza. ¿No te sentirías más seguro sobre lo que Dios piensa de ti si te hubieran ocurrido estas experiencias?:

Hace diez años, más o menos, estaba sumergido en una profunda depresión tras un divorcio devastador. Era agnóstico entonces, aunque empezaba a cuestionar dicha creencia. Estaba manejando en la autopista, totalmente desconsolado, y dije en voz alta, "Dios, si eres real, si en verdad existes, dame una señal, una señal obvia, y entonces tal vez crea".

En ese preciso momento, sentí una presencia amorosa conmigo y vi un conjunto de árboles en un campo, entre los que había una valla que decía "Jesús". Anonadado, dije entonces, "¿Realmente estás aquí?". Después, un semirremolque cambió de carril y se colocó justo delante de mí. En la parte de atrás del camión estaba escrita la frase, "Justo a tiempo".

—JUSTIN, AMARILLO, TEXAS

Cuando tenía treinta y tres años, mi vida estaba fuera de control. Odiaba todo lo que tenía que ver con ella y a todos los que formaban parte de ella. No me encontraba a gusto con mi vida y estaba listo para un cambio de rumbo.

Después de llevar a la niñera a su casa, fui a un parque local y me senté en un banco, en la oscuridad. Lloré hasta cansarme y le recé al Señor pidiéndole que cambiara mi vida o la terminara. Estaba desesperado.

Se me "ocurrió" ir a la iglesia en ese momento. Sabía que nunca mantenían las puertas sin seguro, pero sentí el impulso de ir, de todas maneras. Me sorprendió ver que se abrieron cuando las jalé. Caminé hacia el altar, me arrodillé y empecé a rezarle a Dios pidiéndole perdón, paz y que me quitara la terrible carga de penas, depresión y desesperanza. Esta parte de mi historia es un poco borrosa, porque no sé si fue una manifestación física o si solo sucedió en mi espíritu, pero vi una luz brillante y tuve una sensación cálida en mi cuerpo. No puedo decir si mis ojos estaban abiertos o cerrados. Solo sé que me cegaba el brillo y el calor. Fue increíble. Nunca he sentido nada similar antes ni después. Inmediatamente, sentí una paz que sobrepasa todo entendimiento.

—DAVID, LOS ÁNGELES, CALIFORNIA

Por supuesto, no todo lo que nos parece un impulso o un evento orquestado viene de Dios. Pero si un pensamiento no desaparece, mi consejo es que le pongas atención. Con frecuencia, los impulsos —en particular los repetitivos— son invitaciones espirituales para que seamos parte de un milagro que está a punto de ocurrir.

SIEMPRE HABRÁ ESCÉPTICOS

Como mencioné al principio de este capítulo, nuestra primera reacción hacia lo milagroso —aun si somos personas de profunda fe— es casi siempre la duda. Piensa en la historia anterior de David. Muchos comenzarán a analizarla. Se preguntarán si alguien más puede corroborar los eventos, si David dijo la verdad. Es como si, por instinto, buscaran detalles ignorados que pudieran explicarlo todo.

Eso fue, incluso, lo que el propio David hizo. Asumió que las puertas de la iglesia se habían quedado abiertas por descuido y llamó a la iglesia al día siguiente para preguntar. Le aseguraron que los guardias de seguridad cierran y revisan las puertas cada noche y que esa noche lo habían hecho también. Entonces David concluyó que los cerrojos humanos no pueden obstaculizar los deseos de Dios. Para él, la experiencia abrió su sistema de creencias a la realidad de un Dios cercano, amoroso y poderoso.

Considera uno de los milagros más famosos de todos los tiempos: el nacimiento de Jesús. Al ignorar cómo el embarazo de María cumplía una antigua profecía, algunos escépticos dicen que el alumbramiento de la virgen no fue más que una mentira creada por María y su primo para ocultar que había tenido relaciones sexuales con su novio, José. Cuando no queremos creer lo que una persona dice o experimenta, calumniamos la credibilidad y los motivos de esa persona, buscando cualquier explicación fuera de la posibilidad de un evento sobrenatural.

Tal vez has leído la historia de Annabel Beam, de nueve años, o has visto la película *Milagros del cielo*. Annabel sufría dos raras enfermedades intestinales, dolorosas y mortales, cuando por accidente cayó desde treinta pies de altura sobre un álamo hueco. Se golpeó la cabeza y tuvo una ECM antes de que la rescataran, cinco horas después. Cuando le preguntó a Jesús si se podía quedar con él, este le dijo que había planes para ella que no se podían cumplir en el cielo, y que estaría bien cuando la enviaran de regreso. Ya no siente dolor, no está hospitalizada ni toma medicamentos. Desde cualquier punto de vista, se ha curado.[2]

En lugar de aceptar el recuento de Annabel, la gente ha intentado desacreditarla al sugerir que sufrió una contusión y tuvo una alucinación, que probablemente sufría del síndrome de Münchausen (un desorden psicológico en el que la gente finge síntomas para recibir tratamiento médico) y, por supuesto, que solo está interesada en hacer dinero propagando sus mentiras.

La respuesta parece excesiva, pero realmente no difiere de los escépticos en tiempos de la Biblia. Cuando Jesús le devolvió la vista a un hombre que había estado ciego desde su nacimiento, primero dijeron que el hombre que recuperó la vista no era el mismo que Jesús había intentado curar. Luego asumieron que el hombre nunca había estado ciego. Cuando ya no pudieron encontrar otra explicación, lo rechazaron con insultos. Pero ninguna de las objeciones tenía que ver en realidad con el hombre o su visión. Todos intentaban, desesperadamente, protegerse a sí mismos de la posibilidad de que los milagros realmente pudieran suceder y de que Jesús realmente fuera Dios. (Puedes leer al respecto en Jn 9).

Vale la pena hacernos esa pregunta. ¿Nuestra reticencia a creer la realidad de los milagros en el presente puede deberse a una actitud autoprotectora? Creer que los milagros todavía suceden puede afectar nuestro status quo, ¿no? Aceptar que Dios está presente, es amoroso y hace maravillas a nuestro alrededor podría obligarnos a muchos a vivir de una manera diferente.

ENCUENTROS DIVINOS

Finalmente, a la categoría de "pequeños milagros" pertenecen los que algunos han llamado encuentros divinos: situaciones que, en el momento o más adelante, parecen una reunión o una conversación concertada en el cielo. Yo siempre busco estos encuentros concertados por Dios en medio de retrasos, tránsito lento o vuelos perdidos, y muchas veces experimento algo hermoso.

Hace un par de años, tenía una agenda muy apretada cuando llegué con una traductora para una entrevista en un canal de televisión mexicano. La hora de la cita pasó y la inquietud de la traductora aumentaba al pensar que llegaríamos tarde a nuestra cita siguiente. Aunque quería irse, yo sentí que debíamos quedarnos, así que seguimos esperando.

Por fin, un hombre que no estaba asociado con el canal entró al lobby. A pesar de mi inclinación natural a no conversar con extraños, supe que debía hablar con él. A los pocos minutos, comenzó a llorar mientras me contaba las penas de su vida. Su madre acababa de morir, su esposa estaba gravemente enferma en un hospital y se sentía solo. Dejó de ir a la iglesia, pues no podía ver a Dios en medio de su tristeza. Al compartir algunas de mis experiencias con él, no solo pude ofrecerle el consuelo y la seguridad de que vería a su madre de nuevo, sino también ayudarlo a ver la belleza que ya estaba ocurriendo: a raíz de los eventos más recientes en su vida se había reconciliado con su padre y este había comenzado a tener una hermosa relación con sus hijos.

Justo cuando terminamos de conversar, se presentó un productor de televisión y dijo que estaban listos para recibirme. Hasta que regrese al cielo, no sabré el efecto a largo plazo de mi conversación con ese hombre, pero creo que fue un encuentro divino y que, gracias a mi retraso de cuarenta minutos, ocurrió un pequeño milagro.

LA QUINTA LECCIÓN QUE REVELA EL CIELO

Los grandes milagros ocurren algunas veces; los milagros personales ocurren a menudo. Dios nos invita a que sintamos Su milagrosa presencia en todas partes.

RECUPERAR LA VISTA

Tengo la certeza de que hay historias como esa —tal vez menos dramáticas, pero no menos reales— en tu pasado o en el de tus amigos y familiares. Puede tratarse de impulsos espirituales, eventos orquestados y encuentros divinos, o milagros de cualquier forma o tamaño. Sin importar si esos eventos preparados por Dios son dramáticos, sutiles, inconvenientes, reconocibles o pasan desapercibidos, ocurren todo el tiempo. En cierto modo, a muchos nos han entrenado con suposiciones culturales y religiosas para no percibirlos. Quizás, como el ciego del evangelio de Juan, necesitamos que nos devuelvan la vista. En la segunda parte de este libro veremos más de cerca cómo alguien puede despertar a lo milagroso. Te prometo que, con la ayuda del Espíritu Santo y la intención de verlos, si buscas podrás sacar a la luz esos milagros y, a través de ellos, fortalecer tu fe y confianza en las promesas de Dios.

Los milagros suceden. Como una vez dijo Albert Einstein, "Solo hay dos maneras de vivir tu vida. Una es como si nada fuera un milagro. La otra es como si todo lo fuera". Espero que me acompañes en la creencia de que los milagros, grandes y pequeños, nos alcanzan a todos y suceden más a menudo de lo podemos ver. Si superamos conscientemente nuestras dudas y abrimos nuestro corazón a la voluntad de Dios, veremos que las asombrosas realidades del cielo están mucho más cerca de nosotros que lo que nos atrevemos a creer.

Capítulo 9

∞

LOS ÁNGELES CAMINAN ENTRE NOSOTROS

Alaben al Señor, ustedes Sus ángeles, ustedes seres majestuosos
que hacen Su voluntad, que obedecen Su palabra.
SALMO 103,20

¿Recuerdas a los dos hombres chilenos que aparecieron de pronto en el río, justo cuando me resucitaron? Estoy convencida de que eran ángeles y te diré por qué.

Estábamos en un punto aislado del río, pero no llegaron a la orilla en bote ni abrieron un sendero a través del bambú. Mis amigos estaban tratando, desesperadamente, de resucitarme y, de acuerdo con ellos, los hombres aparecieron. En un momento no había nadie y al siguiente estaban de pie entre ellos. Vestían la ropa típica de los trabajadores rurales chilenos: suéter de lana hecho a mano y pantalones de trabajo mal cortados. Fuera de su propia presencia, no había en ellos nada llamativo ni inusual.

Sin que mediara ningún diálogo, junto con mis amigos se pusieron a cortar el grueso bambú para poder sacarme hacia el camino. Paso a paso, cortaron el bambú y treparon por la empinada colina, cargando mi cuerpo en el kayak que usaron como camilla. Tras subir despacio la colina y caminar luego por un pequeño sendero de anima-

148

les, nuestro grupo finalmente encontró un camino de tierra.

Como escribí antes, en el lugar exacto donde aparecimos había una ambulancia estacionada. Aunque no parecía seguir un protocolo común, el conductor de la ambulancia, como si nos hubiera estado esperando, se puso en acción lenta y silenciosamente cuando nos vio. No me administró asistencia médica, pese a que yo perdía y recobraba intermitentemente el conocimiento y era obvio que me encontraba en problemas. Tan solo me colocó en la parte de atrás de la ambulancia, caminó hacia el frente del vehículo y manejó con prisa. Alguien le preguntó qué hacía allí y respondió, "No sé, solo esperando". Fuera de eso, no dijo nada más. El conductor parecía amable y de mediana edad. Los conductores de ambulancias en Chile suelen usar uniformes, pero este llevaba pantalones sofisticados y una pequeña bata de laboratorio. A mis compañeros todo les pareció extraño y fuera de lugar.

Una vez que me subieron a la ambulancia, los hombres chilenos que habían ayudado a cargarme colina arriba parecieron desaparecer en el paisaje. Más tarde, mis amigos regresaron al río para buscarlos, pero no encontraron señales de su presencia y ningún lugareño los conocía.

Los ángeles van y vienen.

La ambulancia finalmente llegó a una pequeña clínica que acababan de construir. Solo abría una vez cada seis semanas y, cuando llegamos, estaba abierta. No tenían cómo hacer rayos X, pero no era necesario para saber que mis dos piernas estaban fracturadas: se movían como las de una muñeca de trapo y los huesos y ligamentos alrededor de ambas rodillas se veían inestables con solo examinarlos. Mi esposo encontró pocos suministros médicos en la clínica, pero consiguió un poco de yeso para hacer unas tablillas largas que sostuvieron mis dos piernas, antes de subirme a una camioneta rumbo a casa. Después de llevarme a la clínica, el conductor de la ambulancia ni siquiera se bajó del vehículo. Se fue sin que mediaran preguntas ni respuestas.

Como relaté en el capítulo anterior, me han preguntado numerosas veces qué fue lo que ocurrió *realmente* en el río. ¿Quiénes eran los chilenos? ¿Qué hacía allí la ambulancia? ¿Cómo supo Bill adónde ir?

Mi respuesta es siempre la misma: Dios intervino. Después de considerar cuidadosamente todas las circunstancias y posibilidades, creo que la divinidad guio al remero que salió corriendo entre el bambú hacia donde estaba Bill, leyendo, y que su encuentro con nosotros cuando salimos al camino no fue una coincidencia. Creo que los chilenos que me cargaron desde el río, y el conductor de ambulancia que estaba esperando en el camino, fueron enviados por Dios para cumplir el plan que tiene para mí.

Por eso concluyo que eran ángeles: mensajeros divinos en una misión de Dios.

Nunca sabré todas las razones por las que Dios decidió interceder en mi favor ese día. Pero sí sé el resultado y estoy profundamente agradecida. El escritor del libro de los Hebreos hace una pregunta retórica reveladora: "¿No son todos ellos espíritus ministradores...?" (Heb 1,14).

Según mi experiencia, ¡la respuesta es sí!

En el capítulo anterior, revisamos la evidencia de lo milagroso en nuestro mundo. En ese sentido, lo que el cielo revela es claro y motivo de celebración: Dios está presente y activo en nuestro mundo a través de formas sobrenaturales, ¡y quiere que nos demos cuenta!

En este capítulo, veremos que Dios muchas veces hace milagros al pedirles a Sus poderosos emisarios —a los que conocemos como ángeles— que crucen hacia nuestro mundo físico.

MENSAJEROS EN UNA MISIÓN

¿Ha "tocado un ángel" tu vida? Casi seguro. La Biblia describe las multitudes de ángeles que esperan en todo momento para hacer la voluntad de Dios entre nosotros (ve, por ejemplo, Gn 28,12; Ex 23,20; Mt 26,53; Jn 1,51). En este capítulo, te contaré historias —muchas— que otros me han contado. El motivo es este: Despertar hacia lo invisible que habita a nuestro alrededor puede cambiar radicalmente cómo discurre nuestra vida cotidiana. En el cielo aprendí que tú y yo nunca estamos solos, nunca pasamos desapercibidos, nunca estamos lejos de alguno de los hermosos y magníficos "espíritus ministrantes" de Dios.

Las historias sobre ángeles salpican las páginas de la Biblia y se mencionan en los textos sagrados de la mayoría de las religiones principales. En el cielo, conforman el grupo de alabanza y adoración de Dios (Is 6,1-3; Lc 2,13-14; Ap 4.5,11.7,11.8). En la Tierra, hacen la obra divina como mensajeros, protectores y consoladores. Me encanta la frase del Salmo 103 (citada en el exergo de este capítulo) que los describe como seres "majestuosos que hacen Su voluntad".

A lo largo de la Biblia, los ángeles aparecen y desaparecen con rapidez. Se muestran en forma humana, animal o inanimada (Gn 18; Nm 22; Ex 23). Pueden adquirir la forma del relámpago, el fuego, el metal pulido o las piedras preciosas; pueden aparecer como hombres o mujeres; pueden ponerse de pie, sentarse y comer, y tienen aire en las alas.

Cuando aparecen, suelen tomar por sorpresa a los humanos. Ya sea por la sorpresa que supone o por la repentina experiencia de un ser con tanto poder, en las escrituras las visitas angelicales muchas veces comienzan con palabras de alivio. El visitante celestial dice, "No tengas miedo" o "No temas". Pero nunca hay incertidumbre sobre el motivo de la visita, al menos no luego de recibir lo que vinieron a decir o hacer. Claramente, cualquiera que sea el lenguaje que estos seres "poderosos" utilicen, nosotros lo podremos comprender, y tomarán la forma más pertinente para lograr su misión (Gn 18,1-19; Dn 10,5-6).

Karen, quien me escribió desde Saint Louis, Missouri, me contó de su oración desesperada a un Dios que creía lejano. Luego "vio" a los ángeles muy cerca:

Mi cuerpo, mente y espíritu estaban tan destrozados por el abuso físico y emocional a manos de mi nuevo esposo, que me arrodillé junto a mi cama, enterré mi rostro entre las manos y lloré desconsoladamente, pidiendo a quien creía un Dios lejano e inalcanzable que me ayudara.

De pronto, afuera de mi ventana escuché un canto hermoso que sonaba como una caída de agua, una suave cascada que caía en la perfección de tres voces masculinas, alabando la misericordia de Dios. Me levanté corriendo para verlas y las voces se movieron hacia la ventana de enfrente. Corrí hacia ella, queriendo verlas, pero no podía ver con mis ojos humanos. Sin embargo, podía escucharlas con toda claridad, mejor que cualquier sonido que escuchara con mis oídos. Los vi en espíritu;

no hay otra manera de explicarlo. Su presencia era in-
mensa, reconfortante, invitándome a beber de la gloria y
la paz de Dios.

—Karen, Saint Louis, Missouri

Hay muchas historias sobre la protección que los ángeles ofrecen a las personas vulnerables, a veces, aunque no
siempre, en respuesta a una oración:

Una mujer joven caminaba a casa de regreso del trabajo,
en Brooklyn, y debía pasar junto a un joven vagabundo
que estaba recostado contra un edificio. Tenía miedo,
pues había habido asaltos en la zona, y rezó pidiendo
protección. Cuando pasó por su lado, pudo sentir que el
hombre la miraba, pero no se movió.

Poco después de llegar a casa, escuchó sirenas y vio
luces de patrullas. Al día siguiente, su vecino le dijo que
habían violado a alguien en el lugar donde se encontraba
el joven vagabundo, justo después de que ella pasara por
allí. Si el violador era el mismo hombre con quien ella se
cruzó, pensó, podría ayudar a identificarlo. Llamó a la
policía y supo que tenían a un sospechoso en custodia. Lo
identificó entre varios sospechosos y le preguntó al policía,
"¿Por qué no me atacó? Yo era tan vulnerable como la
mujer que pasó después".

El policía tuvo curiosidad y le preguntó por ella al
sospechoso, describiendo su aspecto. Él dijo, "La recuerdo.
Pero ¿para qué la iba a molestar? Estaba caminando por
la calle con dos tipos grandes, uno a cada lado".[1]

*Cuando estaba en la universidad, un amigo y yo jugába-
mos a subir y bajar encima de un elevador (no adentro,
sino encima de él). Los elevadores de entonces tenían un
contrapeso muy grande (tal vez aún es así) que se mueve
en dirección opuesta.*

*Íbamos bajando y, no sé por qué, tenía la mitad de mi
pie sobre el elevador y la otra mitad sobre el vacío. No estaba prestando atención y, de pronto, escuché una voz
fuerte que dijo, "¡Quita el pie de la abertura! ¡Ahora!".*

*Quité el pie y, de inmediato, pasó el contrapeso. Si
hubiera golpeado mi pie, me lo hubiera cortado o aplastado. Creo que Dios sabía que cuando corriera como at-
leta podría hablar con Él y no quería quitarme esa
posibilidad antes de siquiera haber empezado (mi carrera
como corredor comenzó más o menos diez años después).*

—BARRY, GREEN BAY, WISCONSIN

Una de las descripciones más vívidas sobre un ángel
llegó a mis manos por Facebook, de parte de una mujer
llamada Kelly. Su visita angelical sucedió en la niñez, pero
su capacidad para recordar los detalles de la apariencia y
forma del ángel son increíbles:

*Soy enfermera registrada y durante casi veinticinco años
he trabajado en cuidados paliativos y críticos. Desde que
era una niña pequeña, siempre supe que Dios era real.
Cuando tenía diez años, sufrí abuso físico y verbal extremo por parte de mis padres adoptivos.*

*Una tarde estaba sola en mi habitación, sentada en
mi cama coloreando un libro. De pronto miré hacia arriba
y había un ángel en el umbral de la puerta. Era muy alto
(medía al menos siete pies) y tuvo que agacharse bajo el
arco de la puerta para mirarme. ¡Era tan hermoso! Tenía*

el cabello rubio y rizado y ojos azules intensos. Traía una túnica blanca con una faja dorada y sandalias en los pies. No tenía alas, pero supe que era un ángel. Estaba a cinco pies de mí y era tan real como cualquiera. Se veía sólido, no transparente como un fantasma. Su piel irradiaba luz y su belleza era arrebatadora. Miró en mis ojos con mucho amor y me sonrió.

Lo recuerdo tan vívidamente como si hubiera ocurrido ayer, y tengo cincuenta y tres años ahora.

—KELLY, NEWPORT, RHODE ISLAND

Desafortunadamente, también tenemos algunas ideas equivocadas sobre los ángeles.

En primer lugar, por fascinante que pueda ser imaginar que las personas buenas se vuelven ángeles después de morir, no hay un fundamento bíblico para ello. En el Salmo 8 (Sl 8,5) se aclara que los humanos no son ángeles. La Biblia también aclara que los ángeles trabajan para Dios, no para los humanos (Ap 19,10; Sl 103,20). Por último, como todo en la creación, los ángeles se encuentran bajo la autoridad de Dios y, aunque podemos sentir una afección especial hacia ellos, no debemos adorarlos (Ap 22,8-9).

COMPAÑÍA EN EL PASO DE ESTA VIDA A LA SIGUIENTE

Muchas personas que atienden a otros en sus últimos momentos cuentan historias de apariciones angelicales. A veces, los ángeles parecen esperar hasta que los moribundos estén listos, pero a veces llegan antes, como invitándolos al cielo. Ser testigo de esto puede ser confuso y aterrador para familiares y amigos, pero la mayoría de las veces la presencia de los ángeles trae consuelo y una profunda convicción del cuidado personalizado y el amor de Dios:

> *A mi mamá le habían diagnosticado enfisema y sus médicos creían que le quedaba poco tiempo de vida. Gracias a su profunda fe, mi madre experimentó una muerte muy santa. No tenía miedo a morir. De hecho, tenía muchas ganas de reunirse con mi papá y quienes se habían ido antes que ella.*
>
> *Muchas veces, mi amiga Sue tocó su arpa y nos reunimos alrededor de la cama de mi mamá para cantar alabanzas. En una ocasión, mi mamá se sentó rápidamente en la cama y dijo, "¿Ya estoy muerta? ¡Esto de morir no está tan mal!".*
>
> *Un día, el obispo Frank encabezaba una convención diocesana y quería darle la comunión a mi mamá antes de la junta. Cuando entró en la habitación, mi mamá me dijo, "Emmy, ¿viste ese ángel que voló sobre la cabeza de Frank cuando abrió la puerta?". Yo no lo había visto, pero ella sí, claramente.*
>
> *Frank le dio la comunión y rezó con ella. Unas horas después, mi mamá me llamó y dijo, "Emmy, ¿ves esos ángeles en la esquina del cuarto? Hay un camino de flores hermosas a cada lado y la calle está flanqueada por muchos, muchos ángeles". La imagen era muy vívida para ella. Cuando me senté en su cama sin decir nada, comentó, "Emmy, los ángeles... ¿Ahora los ves? Quieren que vaya con ellos. Creo que estoy lista para irme. Por favor, toma mi mano y ayúdame a reunirme con ellos. ¡Espera! Cariño, llama a tu hermano para que nos acompañe". Cuando estábamos ambos de pie a cada lado de su cama, dijo, "Ya estoy lista para acompañarlos...". Luego se fue tranquilamente con los ángeles.*

Su muerte llegó con tranquilidad y calma, en presencia de ángeles celestiales.

—EMMY, JACKSONVILLE, FLORIDA

EMBAJADORES DE CONFIANZA

Los ángeles no solo consuelan a los heridos y a los moribundos. También ofrecen confianza. El apóstol Pablo estaba agradecido por el mensaje de apoyo que le dio un ángel, quien le aseguró que todos los que navegaran a Roma con él llegarían a salvo (He 27).

Personalmente, he escuchado muchas historias de personas que recibieron apoyo y confianza de un ángel que apareció justo en el momento adecuado. De hecho, esta es el tipo de historias que más he escuchado. La gente siempre se queda con una sensación profunda y duradera de la paz y el amor de Dios:

Cuando tenía veinticuatro años, mi novia y yo empezamos accidentalmente una familia, así que tuve que dejar la universidad justo antes de mi último año. Estaba trabajando como cocinero y me sentía miserable por mis decisiones. En un pésimo día en particular, estaba cocinando en la línea de demostración —una línea abierta donde los clientes podían ver a los cocineros trabajar—, dándoles la espalda a las personas a propósito. Pensaba que mi vida había salido mal y había decepcionado a mi familia. No estaba seguro de poder continuar.

Entonces sentí una incontrolable necesidad de voltearme. Cuando lo hice, vi a un anciano sentado en la barra con un llamativo sombrero rojo, bebiendo café. Parecía un cliente normal, pero tenía una inmensa sonrisa y un brillo indescriptible. Empecé a hablar con él y, antes de darme cuenta, estábamos bromeando. ¡De pronto me sentí sensacional! Comencé a cocinar como siempre lo hacía, presumiendo y mirando hacia la parrilla, y cuando me volteé de nuevo el hombre se había ido.

El café no era un lugar grande y no hay manera de que se hubiera ido sin que lo viera partir. Estaba perplejo y un poco decepcionado de que se fuera sin despedirse, así que le pregunté a la mesera que trabajaba en mi sección adónde se había ido el anciano con el sombrero rojo que estaba bebiendo café. Dijo, "¿Qué anciano? He estado aquí desde que abrimos y nadie se ha sentado ahí en toda la mañana". Me miró extrañada y luego dijo, "Fíjate en el servicio. Está intacto".

No es posible, pensé, ¡estaba tomando café! Tomaba un sorbo mientras hablaba con él. Pero, cuando miré hacia la barra, la taza de café estaba limpia y al revés. El servicio estaba intacto.

Primero no le di importancia, pero no podía dejar de pensar en ello. Luego empecé a pensar en el sombrero del hombre. Su sombrero decía algo; algo importante. No sé de qué otra manera describirlo, ¡pero las palabras parecían escritas de arriba hacia abajo y de adentro hacia afuera! Sin embargo, me di cuenta de que podía leerlas y sentirlas. Decía, "Confía en Dios".

—DAVE, DENVER, COLORADO

MENSAJEROS CON ADVERTENCIAS Y CONSEJOS

Junto con el Espíritu Santo, los ángeles muchas veces proveen información y guía, como les sucedió a María, Zacarías, Pablo y muchos otros (Lc 1,11-23; He 27,23). A veces, los ángeles solo nos dicen qué hacer, como sucedió cuando encontraron una esposa para Isaac o cuando le dijeron a Felipe adónde ir (Gn 24,7; He 8,26-29). Otras, aparecen en persona o en un sueño en la noche, quizás porque a esa hora somos más receptivos a la realidad espiritual. Los sueños normales son confusos muchas veces, pero las visitas angelicales son claras, sin dejar duda alguna de su naturaleza o mensaje.

Cada navidad recordamos que los ángeles advirtieron a José que dejara Belén y huyera hacia Egipto para salvar la vida del bebé Jesús (Mt 2,13). No es de sorprender entonces que algunas historias sobre ángeles contengan alguna clase de advertencia.

En su libro, *A Rustle of Angels*, Marilyn Webber escribe:

Una noche tuve una visita angelical en un sueño. Había cuatro ángeles vestidos de negro. Incluso sus alas eran negras porque estaban de luto. No eran los ángeles gloriosos y bellos que quería ver, pero le pregunté al que estaba más cerca de mí, "¿Por qué están tristes?".

"Estamos tristes porque te estás muriendo", contestó el ángel. "Si no haces algo, vas a morir".

Entonces se fueron. De inmediato desperté a mi esposo y le conté el mensaje del ángel. "¿Qué crees que significa?", pregunté. Estaba sana y no había visto a un médico en cuatro años, pero mi esposo me hizo una cita para ver a uno de inmediato. El médico me ordenó una biopsia y una batería completa de pruebas.

Cuando volví por los resultados, me dijo, "Tienes cáncer y debemos operarte inmediatamente. Debes estar agradecida por la advertencia de los ángeles. El cáncer que tienes no manifiesta síntomas hasta que es demasiado tarde". Mi cirugía fue el 2 de septiembre de 1993 y todavía sigo libre de cáncer.[2]

UN EJÉRCITO DE GUARDIANES

Por indicación de Dios, los ángeles pueden interceder por nosotros y, a veces, tienen el encargo de cuidarnos (Sl 91,11; Za 1,12). Los ángeles que protegen parecen tener diversos medios para realizar la obra de Dios, y diversos grados de visibilidad, como cuando el siervo de Eliseo no pudo ver al ejército de carrozas y caballos de Dios en 2 Reyes 6. Un ángel guio a Pedro fuera de su celda, lejos del peligro, antes de dejarlo repentinamente (He 12,6-10). Dios envió a un ángel para proteger a Daniel de los leones hambrientos (Dn 6,1-28). Y existen muchas historias de intervenciones angelicales a favor nuestro en el mundo de hoy:

Una joven llamada Myra trabajaba en el ministerio de Teen Challenge, en uno de los barrios pobres de Philadelphia. A una de las pandillas del vecindario le gustaba aterrorizar a quienes intentaban entrar al edificio de Teen Challenge, entre ellos a Myra. Una noche, cuando estaba sola en el edificio y la pandilla golpeaba la puerta, sintió que debía dirigirse a ellos desde los evangelios de Jesús.

Cuando abrió la puerta, respiró una oración de protección. Los muchachos de pronto dejaron de gritar, se miraron unos a otros, se voltearon y se fueron tranquilamente. Myra no sabía por qué. Más adelante, cuando el personal del ministerio estableció relaciones con los miem-

bros de la pandilla, el director del ministerio les preguntó
por qué habían dejado de amenazar a Myra, dejándola
en paz esa noche.

Un joven dijo, "No nos atrevimos a tocarla después de
ver a su novio. Ese tipo debía medir siete pies de alto".

El director dijo, "No sabía que Myra tuviera novio.
Pero, en cualquier caso, estaba sola esa noche".

Otro miembro de la pandilla insistió, "No, lo vimos.
Estaba parado detrás de ella y era de carne y hueso, con
un elegante traje blanco".[3]

Un día, Jesús señaló hacia unos niños que había cerca
y se volteó hacia sus seguidores, diciéndoles: "Mirad que
no despreciéis a uno de estos pequeñitos, porque os digo
que sus ángeles en los cielos contemplan siempre el rostro
de mi Padre que está en los cielos" (Mt 18,10). Creo que
de esta historia surgió la noción del ángel de la guarda.
Después de la bomba en Cokeville, Wyoming, muchos de
los jóvenes sobrevivientes dijeron ver un ángel sobre la cabeza de cada uno de los niños.[4]

Muchas personas me han contado historias sobre ángeles guardianes. A veces son viñetas pequeñas con pocos
detalles, pero, largas o cortas, siempre me sorprende la
certeza casi física de lo sucedido:

Tenía trece años más o menos cuando estaba subiendo
hacia mi cuarto, apoyando todo mi cuerpo en el baran-
dal, cuando de pronto mi mano resbaló. Me caí hacia
atrás, de cabeza. En mitad de lo que hubiera sido una
terrible caída, sentí una mano fuerte en la espalda que
me enderezaba, solo que no había nadie ahí. Bueno,
¡nadie visible![5]

———

En una ocasión, cuando mi esposo y yo fuimos a Bermudas, intenté conducir mi propia motocicleta en lugar de ir en la suya. Confundí los controles y me dirigí a toda velocidad hacia una pared de piedra. Justo antes de que la motocicleta golpeara la pared, sentí que unos brazos me levantaban de la moto y me colocaban suave y gentilmente sobre el pasto. Aun cuando la motocicleta quedó destrozada, no recibí ni un rasguño.

—TERRI, PHILADELPHIA, PENNSYLVANIA

Hace un par de años, mi esposo y yo iniciamos una relación cercana con una hermosa niña de ocho años. Su familia se sentaba junto a nosotros en la iglesia cada domingo, y ella nos dibujaba durante el sermón. Un día se puso agresiva en la escuela, golpeando, gritando y escupiendo a los demás niños. Ese comportamiento era totalmente inusual en ella, pero en la escuela pidieron que sus padres se la llevaran a casa. Un psicólogo infantil le diagnosticó esquizofrenia y la ingresaron en un hospital psiquiátrico infantil.

Como miembro del grupo de oración sanadora de mi iglesia, me reunía con los demás semanalmente para orar por los necesitados. Una mañana, cuando estábamos rezando, tuve una visión relacionada con la niña. En mi mente vi una figura que "sabía" que era el arcángel Miguel. Estaba de pie en la puerta del cuarto de hospital de la niña, cuidándola. Era grande de estatura y había cruzado una espada de doble filo sobre el umbral de la habitación, para que nadie pudiera entrar. Su mirada era feroz. Estaba vestido como un soldado romano, con una túnica corta sostenida en la cintura por un cinturón de cuero. La "falda" de su atuendo estaba hecha de

tiras de cuero que caían hasta sus rodillas. Usaba sanda-
lias que se entrelazaban y envolvían sus fuertes piernas.
Compartí mi visión con mi grupo de oración mientras
seguíamos rezando.

Al día siguiente, un amigo me llamó y me dijo que
habían dado de alta a la niña. Estaba perfectamente
bien, de vuelta en la escuela, comportándose como la
dulce niña que todos amaban. Después, cuando la vi en
la iglesia, se inclinó hacia mí y dijo, "Tengo un nuevo
amigo. Se llama Miguel y me cuida".

—JENNIFER, BOSTON, MASSACHUSETTS

ÁNGELES DISFRAZADOS

A veces, la presencia de un ángel es clara y reconocible. La mayor parte del tiempo, sin embargo, los ángeles operan en secreto y no llaman la atención. Tal vez un extraño te ha dado un buen consejo o te ha ayudado en alguna situación estresante o peligrosa, solo para desaparecer después.

Muchas personas probablemente han interactuado con ángeles sin estar conscientes de ello, y otros tienen la sospecha de haber presenciado un encuentro sobrenatural. Como dice en Hebreos, "No os olvidéis de mostrar hospitalidad, porque por ella algunos, sin saberlo, hospedaron ángeles" (Heb 13,2).

A principios de los años setenta, algunos de mis amigos y
yo nos reunimos en un pueblo a cincuenta millas de
donde vivo para tomar café y refresco. Estábamos ha-
blando, en general, sobre las diferencias entre nuestras
iglesias. Un hombre entró usando lo que parecía el hábito
de un monje, con un cinto. Preguntó si se podía sentar
con nosotros en la mesa. Se unió a la discusión y dijo que

Jesús solo pedía tres cosas de nosotros: que honráramos a Dios, que creyéramos en Cristo y que nos amáramos los unos a los otros. Todo lo demás, se acomodaba solo.

Era de noche y estaba lloviendo cuando nos fuimos, así que le ofrecí llevarlo. Le expliqué que no estaba familiarizado con la zona, por lo que debía indicarme adónde ir. Después de unas cuantas vueltas, dijo que se bajaría y detuve el auto. Alrededor solo había estacionamientos vacíos, ninguna casa o edificio. La puerta del auto no se abrió, pero él se había ido. No se veía por ningún lado, solo desapareció. Hasta hoy me pregunto si conocimos a un ángel, pues nada más tiene sentido.

—PAUL, LEXINGTON, KENTUCKY

CAMINAN ENTRE NOSOTROS

Ni quienes me resucitaron ni yo dudamos de que ese día Dios estuvo presente en el río. Creemos que, por razones que solo Él conoce, Dios eligió cruzar el velo e intervenir. Aún hoy me siento impresionada y profundamente honrada de que los ángeles me hubieran ayudado. Sé que soy solo una entre los muchos otros que han presenciado la aparición de ángeles o recibido su protección, sin saberlo.

Estoy agradecida de que Dios estuviera cerca, amoroso e intercediendo en nuestro favor ese día, pero ahora vivo de una manera diferente, sabiendo que los ángeles caminan entre nosotros. Tú también puedes hacerlo.

A Dios le importa. Dios está aquí. Y Sus poderosos emisarios también están aquí, listos para realizar, en cualquier momento, la obra del amor divino entre nosotros.

Capítulo 10
◇◇
DIOS TIENE UN PLAN

Nunca tengas miedo de confiarle un futuro
desconocido a un Dios conocido.
CORRIE TEN BOOM

Si te pidieran que nombraras el versículo más popular en la Biblia, ¿cuál te vendría a la mente primero?

Adelante. Haz la prueba.

Si tu respuesta es Juan 3,16, el favorito de todos los catecismos, estarás en lo correcto... solo a medias. Los reportes anuales de las búsquedas en internet muestran que otro versículo mucho menos conocido también alcanza el primer lugar muchas veces: Jeremías: "'Porque yo sé los planes que tengo para vosotros' declara el Señor 'planes de bienestar y no de calamidad, para daros un futuro y una esperanza'" (Jr 29,11).

Creo que eso es revelador, porque muestra lo que la gente más quiere saber y recordar de las intenciones de Dios. En el evangelio de Juan aprendí que *Dios me ama*. En Jeremías, que *Dios tiene un plan para mí*. Ambas son noticias excepcionalmente buenas.

Que Dios tenga un plan para ti y para mí —uno lleno de esperanza, bienestar y belleza— lo cambia todo. ¿Sabes por qué? Nos da la medida de nuestro valor. Calma la ansiedad en nuestra mente. Nos invita a creer y a actuar a partir del conocimiento de que somos importantes —infinitamente— para nuestro Creador. Nos asegura que no importa el dolor de cabeza que podamos estar sintiendo hoy, ¡nuestro futuro está en buenas manos!

Especialmente después de mi accidente de kayak y de la experiencia espiritual que le siguió, me apoyé mucho en Jeremías 29,11. En los meses y años siguientes, luché por encontrar valor para seguir el plan de Dios relacionado con mi ECM. Sabía que lo que había pasado trascendía mi propia historia; era mi historia *para que la compartiera*. Esa fue la parte más difícil en mi caso. Ahí entró en juego Jeremías 9,11. Me trajo la certeza de que el plan de Dios hacia mí era personal, para mi bien y lleno de esperanza... y eso hizo una gran diferencia.

No es difícil comprender por qué el mensaje de Jeremías sigue resonando con tanta fuerza. Todos intentamos encontrar nuestro camino en un mundo caótico de guerra, depravación, enfermedad e injusticia. En nuestra vida personal, casi todos enfrentamos pérdidas dolorosas que simplemente carecen de sentido. ¡Ah, nuestro corazón anhela tanto el consuelo, la pureza, la seguridad de que Dios *sí* nos ama y está a cargo!

Te conté en capítulos anteriores cómo mi ECM me abrió los ojos hacia el plan de Dios relacionado con la muerte, el acto de morir, los ángeles y los milagros. El resto del libro responderá a la pregunta, "pero ¿y qué?". ¿Qué podría cambiar en *tu* vida el conocer mi historia sobre las realidades de lo sobrenatural a nuestro alrededor?

En este capítulo, retomaremos una pregunta que enfrentamos muchas veces en nuestras vidas: *Si Dios tiene un plan para mí dentro todo este caos, ¿cuál es y cómo puedo encontrarlo?*

HACER QUE LAS PROMESAS DE DIOS SEAN PERSONALES

Lo que más me gusta de Jeremías 29,11 es que no solo retrata el corazón de Dios con relación a la humanidad, sino que lo retrata con relación a mí, como persona. Sus planes para *mí*. Su deseo para *mi* vida. Y, por supuesto, también para *ti*. Dios desea que todos vivamos con esperanza y alegría.

¿No es algo demasiado bueno para ser cierto? En un principio, me pregunté si podría estarme robando la promesa de otro. Me explico: por mucho que los amantes de la Biblia adoren las palabras de Dios que encuentran en ella, algunos teólogos advierten que no se debe considerar que se dirigen a nuestras propias vidas. Señalan que la conversación que Dios tiene con el profeta Jeremías es específicamente sobre y para el pueblo exilado de Judea. Otros advierten que no debemos creer que Dios tiene un plan personal para cada uno de nosotros.

Yo te invito a analizar cuidadosamente esta objeción conmigo. Si lo haces, creo que verás, como yo, que esas opiniones no son coherentes.

Los versículos de la Biblia son nuestra fuente más confiable para comprender la naturaleza de Dios, Sus deseos y Sus expectativas hacia nosotros. Habitualmente personalizamos las palabras, los actos, las parábolas y las historias de la Biblia conforme buscamos guía y dirección para nuestros pensamientos y actos. ¿Por qué? Porque si las promesas bíblicas hablan de la naturaleza de Dios, entonces no están limitadas a un tiempo, lugar o persona en específico. Si somos los hijos amados de Dios y las promesas bíblicas reflejan la naturaleza de Dios, tiene sentido aplicarlas a nuestra vida. Cuando Dios se revela y revela

Su naturaleza a una persona, lo hace para todos y para siempre. Los tiempos cambian, pero Dios no. Por eso creo que podemos llevar nuestros propios temores, experiencias y esperanzas a las escrituras para encontrar en ellas, nosotros también, a Dios. Eso ha hecho a las escrituras relevantes, aplicables y significativas para cada nueva generación.

Me vienen a la mente tantos ejemplos. Toma el Salmo 23, otro de los pasajes favoritos de las escrituras. Estaremos de acuerdo en que David habla sobre sí mismo en esos pasajes, porque usa la primera persona cuando escribe:

> *El Señor es mi pastor. Nada me faltará.*
> *En lugares de verdes pastos me hace descansar; junto a aguas de reposo me conduce...*
> *Ciertamente el bien y la misericordia me seguirán todos los días de mi vida, y en la casa del Señor moraré por largos días.*

¿Las verdades reveladas en el hermoso poema de David deberían quedarse en el pasado? Por supuesto que no. Él nunca me mencionó a mí, a ti o a alguien más, pero a lo largo de veinticinco siglos, desde que David escribió esas palabras, esas verdades han estado disponibles para quienes enfrentan persecución, abandono, guerra y enfermedad. Han ofrecido consuelo a quienes atraviesan una relación difícil, un mal día en la oficina o cualquier otro problema. Generaciones de creyentes han aceptado que las declaraciones de David no se limitan a una persona o lugar, sino que reflejan la naturaleza de nuestro Dios inmutable. Con profunda gratitud, tomo esas palabras para mí y para mi vida, y tú también puedes hacerlo.

Considera las cartas del Nuevo Testamento, escritas

para ciertas personas en específico. Por ejemplo, el apoyo de Pablo a una iglesia griega: "Por nada estéis afanosos; sino sean notorias vuestras peticiones delante de Dios en toda oración y ruego, con hacimiento de gracias. Y la paz de Dios, que sobrepasa todo entendimiento, guardará vuestros corazones y vuestras mentes en Cristo Jesús" (Flp 4,6-7). O las que escribió a los creyentes de la actual Turquía: "Porque por gracia habéis sido salvados por medio de la fe, y esto no de vosotros, sino que es don de Dios" (Ef 2,8). ¡Piensa cómo las verdades transformadoras capturadas en estos versículos han dado luz y esperanza a personas en todo el mundo y a lo largo de todos los siglos, desde que se escribieron!

Otro de los versículos más populares de la Biblia es Josué (1,9): "¿No te lo he ordenado yo? ¡Sé fuerte y valiente! No temas ni te acobardes, porque el Señor tu Dios estará contigo dondequiera que vayas". Aunque esas palabras fueron comunicadas a Josué justo después de la muerte de Moisés, cada uno de sus detalles continúa siendo cierto. ¿Por qué no deberíamos tomar hoy en día la promesa de la presencia de Dios?

Incluso los Diez Mandamientos a Moisés empiezan con el pronombre personal "tú". En Deuteronomio 5, Moisés dice claramente que la alianza con el Señor no se refiere a los ancestros de Israel, sino a quienes estaban vivos y presentes ante él.

Ninguno de nosotros estuvo presente ese día para escuchar las palabras de Moisés, y la mayoría de los cristianos no es de origen filipense, efesio o israelí. Pero el Espíritu nos invita en cada momento, como lo ha hecho durante milenios, a abrir las páginas de las escrituras y escuchar la verdad por nosotros mismos. Las enseñanzas, historias y parábolas, y el amor de Dios que encontramos en ellas son para todos. Más que circunstanciales, son universales y atemporales.

Por eso puedo afirmar con confianza que las palabras de Dios cuando declara, "yo sé los planes que tengo para vosotros, planes de bienestar y no de calamidad, para daros un futuro y una esperanza", son válidas para *todo* Su pueblo, en cualquier época.

CÓMO DISCERNIR EL PLAN DIVINO

Pero, si Dios tiene un gran plan para nosotros, ¿cómo podemos saber cuál es? Muchos me han dicho que no saben cómo pueden conocer si Dios los está llamando o hacia dónde los lleva. Lo entiendo. Después de todo, nadie recibe instrucciones completas y personalizadas por correo.

Por fortuna, tanto en las enseñanzas de las escrituras como en la ley natural que vemos desarrollarse en toda la creación, podemos descubrir cómo es una vida de fe centrada en Dios. Tenemos la bendición de contar con ejemplos inspiradores sobre la clase de vida que se nos llama a vivir en la propia vida de Jesús y de muchos de los santos.

Aun así, muchas veces nos sentimos confundidos cuando llegamos a encrucijadas y tenemos que tomar decisiones, grandes o pequeñas. Especialmente en esos momentos, deseamos saber cuál es la voluntad de Dios para nosotros y anhelamos que tome nuestra mano y nos lleve en la dirección correcta. Los cantantes y compositores cristianos Regi Stone y Christy Sutherland capturaron perfectamente ese sentimiento en la canción "Be Everything":

> *Yo te seguiré adonde quiera que vayas.*
> *Si pierdo el sendero,*
> *sé el camino que me traiga de vuelta.*

Sin embargo, tal vez te preguntes cómo se manifiesta en la vida cotidiana esa guía. Aunque, por supuesto, puede ser distinto para muchas personas, te contaré cómo ese proceso tiene lugar en mi vida.

En mi caso, lo primero que hago para discernir el plan de Dios es escuchar constantemente con el corazón abierto. Incluso cuando pienso que voy hacia la dirección correcta y hago lo que Dios desea, intento sentir que el Espíritu Santo me guía. Presto atención a la intuición y a los impulsos o revelaciones. Algunas veces, esos impulsos se manifiestan como un susurro tranquilo en el interior. Otras, surgen en un sueño o una visión, como le ha sucedido a tantas personas durante generaciones. Considero que esta es una etapa de espera activa, que comienza pidiéndole instrucciones a Dios, escuchando Su guía y evaluando continuamente mis circunstancias. Cuando una puerta se cierra, busco las ventanas que se abren, recordando que las indicaciones de Dios siempre serán consistentes con las enseñanzas de la Biblia y casi siempre conllevan servicio.

Intento darme cuenta de las oportunidades que surgen, sobre todo las que despiertan mi interés inesperadamente o lo hacen en ocasiones repetidas, sobre todo en distintos escenarios. Cuando una oportunidad llama mi atención, me pregunto si mi interés en ella se debe a mi curiosidad o si pudiera ser un estímulo de Dios. Si solo es curiosidad, la oportunidad tiende a olvidarse rápidamente. Si una oportunidad continúa brincando en mi mente, le presto más atención. Busco si los detalles de una oportunidad comienzan a acomodarse fácilmente, como si pavimentaran el camino frente a mí. Al igual que otros, me he dado cuenta de que, cuando voy en la dirección correcta, Dios endereza el camino. Cuando vamos en nuestra dirección, es más probable que el camino se presente complicado y plagado de conflictos.

También me pregunto si una oportunidad podría afectar mi *statu quo* dado que los planes de Dios muchas veces retan nuestros sentimientos de confort y contento. Al retar nuestra zona de confort, el viaje casi siempre conlleva crecimiento personal, mucho amor, servir a los otros y un futuro que se presenta mejor de lo que podríamos haber imaginado.

Busco impulsos o estímulos internos. Para mayor contexto, revisa otra vez las secciones del capítulo 8 donde vimos cómo Dios usa los estímulos espirituales o los encuentros con ángeles para orientarnos. Dios tiene muchas formas de movernos a lo largo de su camino.

La mayor parte del tiempo, la sensación del estímulo interno desaparece, pero a veces se vuelve obvio y el plan de Dios se aclara —no todo el plan, pero sí la dirección que debemos tomar. Entonces doy un salto de fe, siempre buscando la confirmación que sé que vendrá en algún punto del camino. Sé que, si camino voluntariamente por el camino que Dios tiene para mí, es probable que encuentre la evidencia de que Él está conmigo, haciendo que las cosas sucedan y señalando el camino.

Un pastor me dijo hace poco que le habían ofrecido una posición en un pueblo muy lejos en el que siempre había querido vivir. Sintió que era el momento y pensó que podía ser un estímulo del Espíritu Santo, pero buscó una confirmación. Se detuvo a buscar las señales de Dios. Varios días después, su esposa dijo que estaría dispuesta a mudarse. De hecho, dijo que no se opondría a mudarse justamente a la ciudad donde le habían ofrecido el trabajo, sin que supiera nada. En su disposición, él vio una señal de confirmación. Tentativamente pusieron su casa en venta, y la próxima confirmación llegó en forma de una oferta por el precio completo, el primer día, por parte del primer comprador.

Si la confirmación no es directa, tal vez sea necesario cambiar la dirección. Es como jugar "Caliente o frío": La persona que hace el regalo lo esconde, y la que lo recibirá comienza a caminar en cualquier dirección. Quien ha escondido el regalo la va guiando, diciéndole caliente, frío, más caliente, más frío, según se acerque o se aleje del regalo.

A veces, la confirmación puede ocurrir después del hecho. Este año, cuando estuve remando en Chile, sentí el impulso de remar de nuevo en el río Fuy. Inmediatamente quise olvidar el impulso, como había hecho muchos años atrás. Era el río donde me había ahogado y, aunque la experiencia resultó ser uno de los más grandes regalos que Dios me ha dado, no planeaba repetirlo. Remaríamos más abajo de donde lo había hecho años atrás, pero aun así era el mismo río. Nunca había querido regresar a él y, sin embargo, mientras rezaba sentí una paz y una confianza crecientes que me indicaron que era el momento de volver.

Llegó el día designado y estaba extremadamente concentrada y alerta mientras remaba por los rápidos. A pesar de creer que estaba en el lugar correcto, fue una experiencia emocional muy intensa para mí. Pero con cada golpe de remo experimentaba una abrumadora sensación de gratitud por el regalo que era. Incluso escuché a Chad, quien remaba cerca, tararear "Amazing Grace". Para cuando llegué al final de los rápidos, todo lo que pude hacer fue llorar.

Cuando regresé a la casa, le conté a mi amiga mi experiencia y ella me contó la suya. En lugar de ir al río con nosotros esa mañana, fue a misa. Consciente del significado de mis planes ese día, decidió rezar por mí, y cuando estaba rezando escuchó una voz que dijo claramente, "Estaba con ella entonces y estoy con ella ahora".

Una vez que una oportunidad, dirección, acción o sensación captura mi atención, me pregunto si es reflejo de mis deseos o si podría ser un estímulo del Espíritu Santo. Medito si en realidad es una señal de los deseos de Dios y Su plan para mí, o si solo se trata de algo que quiero hacer. Me detengo a preguntar si el estímulo es para mí o si es para alguien más.

Sobre este punto, no te preocupes por lo que algunas personas idealistas te puedan decir. La reflexión consciente no es un indicio de falta de fe o voluntad para seguir a Dios. Es simple prudencia. Eres tú haciendo tu parte mientras Dios hace la Suya.

Jesús nos invitó a evaluar con cuidado las situaciones y los planes cuando dijo, "Cuidaos de los falsos profetas, que vienen a vosotros con vestidos de ovejas, pero por dentro son lobos rapaces. Por sus frutos los conoceréis. ¿Acaso se recogen uvas de los espinos o higos de los abrojos? Así, todo árbol bueno da frutos buenos; pero el árbol malo da frutos malos... Así que, por sus frutos los conoceréis" (Mt 7,15-20). Y Pablo les recomendó a los creyentes que comprobáramos nuestros pensamientos para discernir la voluntad de Dios y reconocer lo que es bueno y aceptable (Ro 12,2).

Como en un análisis de calidad, siempre me hago las siguientes preguntas antes de embarcarme en algo nuevo o distinto que considero un estímulo del Espíritu Santo:

- ¿Lleva hacia una mayor concentración en Dios?

- ¿Glorifica a Dios o al hombre?

- ¿Inspira y beneficia a otros? (Incluso los planes más individualizados de Dios casi siempre involucran nuestro servicio y reflejan Su amor hacia los otros).

- ¿La experiencia produce más amor?

- ¿Estimula, reta y desarrolla mi vida espiritual o la de otros?

- ¿Desarrolla aún más los frutos del Espíritu en mí o en otros?

Por cierto, esta lista también es útil cuando intentas evaluar las palabras, los motivos y los actos de otras personas. Por ejemplo, cuando escucho historias de encuentros o experiencias espirituales, siempre hago estas preguntas. Busco el fruto de la historia y veo si conduce a Dios. Aunque la mayoría de las personas son honestas y directas, soy escéptica por naturaleza y no tan inocente como para creer todo lo que la gente dice o escribe.

ABRAZAR EL CORAZÓN DE DIOS CON NUESTRO "SÍ"

Por fortuna, nunca necesitamos preocuparnos por lo que no conocemos. Solo se nos pide que permanezcamos despiertos y actuemos sobre lo que sabemos. Después de todo, cada idea conlleva una decisión: ¿Debo actuar sobre lo que sé que es cierto ahora, o no? Creer que el plan que Dios tiene para mí es bueno y está lleno de esperanza no cambia mucho en mi vida ¡si yo no lo acepto!

LA SEXTA LECCIÓN QUE REVELA EL CIELO

Dios tiene un plan para cada uno —lleno de esperanza, propósito y belleza— y quiere que lo descubramos.

Después de mi ECM, descubrí que era más fácil decir que sí a la presencia de Dios, a Su amor y a Sus bendiciones. Estoy segura de que, llegados a este punto, puedes ver por qué. Descubrí por mí misma que, poniendo a Dios en el centro, la vida podía ser una gran aventura llena de alegría. Podía vivir ahora, totalmente en el momento presente, pero también tener la confianza de que, sin importar lo que cada momento me deparara, me esperaba un maravilloso futuro. Aun así, como he dicho, actuar a partir de esa seguridad requiere valor. Confiar en el plan de Dios y decir "sí" a cualquier dirección hacia la que me llevara implicaba decir que sí también a los retos que vendrían, incluyendo la muerte de mi hermoso hijo y la abrumadora posibilidad de compartir mi experiencia con otros.

Pero seamos honestos sobre la condición humana. Incluso cuando percibimos la guía de Dios y notamos las señales de confirmación, solemos resistirnos. Lo cierto es que la mayor parte de nosotros somos, desde que nacemos, extremadamente habilidosos encontrando razones para descartar la dirección divina. Sabes a qué me refiero. Decimos que no tenemos tiempo. Estamos seguros de que no tenemos suficiente experiencia, habilidad o aptitud. Podríamos señalar a un mejor candidato. Quizás, simplemente, no tenemos energía.

Pero Dios no llama necesariamente a quien está calificado; Él califica a quien llama. (Si no me crees, revisa cómo se sentían los principales personajes bíblicos cuando sintieron el llamado de Dios —por ejemplo, Moisés, Gedeón, David, Jeremías y casi todos los discípulos de Jesús).

Aprecio mucho la sabiduría práctica que expresa la historia del misionero holandés Andrew van der Bijl, quien fuera luego conocido simplemente como hermano Andrew, cuando puso en duda la importancia de aprender a manejar. Un día, recibió la visita de un hombre llamado Karl de Graaf, miembro de un grupo de oración donde la gente solía pasar horas rezando en silencio. En su libro *El contrabandista de Dios*, el hermano Andrew relata su conversación:[1]

> Fui hacia los escalones de la entrada y ahí estaba Karl de Graaf.
>
> —¡Hola! —dije sorprendido.
> —¿Sabe manejar? —me preguntó.
> —¿Manejar?
> —Un automóvil.
> —No, no sé —dije, consternado.
> —Anoche, en nuestras oraciones, el Señor habló de usted. Es importante que aprenda a manejar —dijo el señor De Graaf.
> —Pero ¿para qué? —pregunté—. Nunca voy a tener un auto, estoy seguro.
> —Andrew —dijo pacientemente el señor De Graaf, como si hablara con un estudiante un poco lento—, no estoy discutiendo la lógica de la situación. Solo transmito el mensaje.

A pesar de su reticencia inicial, el hermano Andrew concluyó que era algo que Dios quería que hiciera, así que aprendió a manejar. Poco después de recibir su licencia de conducción, surgió una oportunidad que lo llevaría a repartir biblias y llevar el evangelio a miles de personas en países comunistas durante la Guerra Fría.

Nuestro reto es siempre confiar en el camino de Dios, incluso cuando es imposible ver más allá de la siguiente esquina. El hermano Andrew escribió luego, "Esa es la emoción de la obediencia, descubrir después lo que Dios tenía en mente".

¿QUÉ NOS IMPIDE DECIR SÍ?

En los años posteriores a mi accidente de kayak, muchas veces he considerado por qué nos es tan difícil a la mayoría de las personas decir que sí a Dios. Cuando la vida es cómoda y satisfactoria, es más difícil decir sí. Pero he concluido que gran parte de nuestra duda tiene sus raíces en el miedo: el miedo a perder el control, a las consecuencias y, sobre todo, a que Dios cambie nuestra vida. Nos preocupa que el plan de Dios no sea lo que queremos y nos da miedo no querer ir adonde nos lleve. Tenemos miedo al fracaso, a "exponernos" y a lo que otros puedan pensar. La lista es interminable.

A veces solo intentamos meter la cabeza en la arena, pensando que, si no hacemos caso del llamado de Dios, no nos sentiremos obligados a responder. Y nuestro mejor futuro muchas veces se encuentra en esa dirección que rechazamos firmemente, al menos al principio. Conoces la historia de Jonás: cuando supo claramente cuál era el plan de Dios para él se dirigió inmediatamente en la dirección *opuesta*.

En lo personal, tuve una vida magnífica antes de mi accidente de kayak. Tenía un gran trabajo, un marido maravilloso, cuatro hijos sanos y vivía en un lugar hermoso. Era muy feliz con mi vida y no tenía "problemas". Cuando viajé a Chile, no hubiera recibido muy bien la idea de cambiar. No andaba tras un nuevo reto en mi vida, mucho menos tener una ECM, escribir al respecto o encarar al mundo públicamente como testigo fiel de lo que había visto y aprendido.

Muchos de nosotros queremos saber cómo el plan de Dios nos cambiará a nosotros o a nuestra vida antes de decir que sí. Queremos analizar su valor en lugar de confiar en su guía. El creer ciegamente que el plan que Dios tiene para nuestra vida tal vez pueda ser incómodo o pueda ponernos en situaciones donde es posible que fracasemos, no es parte de nuestra naturaleza.

No es de extrañar que tantos esperemos a tocar fondo y a sentirnos destrozados para "encontrar a Dios" y aceptar los retos. En los momentos de conflicto personal, vemos nuestra verdadera necesidad con más claridad y optamos por el cambio. Ya sea que estemos en el fondo o en la cima, siempre requiere valor seguir la dirección de Dios —por esa razón, estoy agradecida de que Dios nos prometa ayuda y fortaleza en el camino (Is 41,10).

El miedo puede paralizarnos, evita que exploremos nuevas actividades, comencemos nuevas relaciones y alcancemos nuestro potencial. Todos tendemos a enfocarnos en nuestras debilidades en lugar de nuestras fortalezas, así que tal vez no pensemos que sí tenemos la capacidad o las habilidades necesarias para lo que se nos pide. Parece que Dios rara vez nos pide hacer algo con lo que nos sentimos cómodos. Como resultado, es posible que dejemos que nuestros fracasos definan nuestro futuro.

O se nos olvida que Dios se deleita usando a personas comunes para lograr cosas extraordinarias. José era un esclavo cuando interpretó sueños y salvó a Egipto de la hambruna. Esther era esclava antes de salvar a su pueblo de la masacre, Gedeón era granjero y Pedro, pescador.

El creernos demasiado comunes para que Dios nos utilice es un sentimiento que muchas veces coexiste con el deseo de ser llamados a la grandeza. Asumimos que el plan de Dios para nosotros debe ser espectacular. Queremos ser como Nelson Mandela, Billy Graham, la Madre Teresa u otros grandes líderes. Pocas personas quieren escuchar un llamado para limpiar platos en la cocina de un albergue local, llevar a otros en su auto o sacar la basura en un campamento de indigentes. Tendemos a pensar en los resultados finales en lugar de concentrarnos en el esfuerzo presente y permitir que Dios trabaje a través de él. Imaginamos la alegría de estar en la cima de una montaña, en lugar de considerar el esfuerzo de escalarla. Olvidamos que, como dijo el filósofo chino Lao Tse hace varios siglos, "Un viaje de miles de millas empieza con un solo paso".

Dudo que Billy Graham, quien creó uno de los ministerios cristianos más grandes de la historia, estuviera pensando en su impacto en la humanidad cuando, atraído por la controversia, decidió asistir a una reunión religiosa cuando estaba en el bachillerato. Y dudo que la Madre Teresa estuviera consciente de los indios pobres cuando estaba estudiando en Albania. Como también dudo que Jorge Bergoglio soñara con ser el papa número 266 (el papa Francisco) de la Iglesia Católica Romana cuando de joven trabajaba como cadenero en Buenos Aires o cuando barría pisos siendo conserje.

En cambio, cada uno de estos líderes eligió responder al llamado de Dios poniendo un pie enfrente del otro mientras Dios los guiaba de una oportunidad a la siguiente. Al hacerlo, recorrieron caminos sinuosos de servicio en su viaje hacia la cima de la montaña. La mayor parte de nosotros nunca recibiremos un llamado de esa grandeza, y tal vez nunca conquistemos la montaña, pero continuamente se nos llama a dar el primer paso. Sin saber hacia dónde nos llevará ni por qué, se nos invita a seguir el camino que tenemos frente a nosotros, con la totalidad de los dones que nos han sido dados.

A veces podemos querer dones distintos o intentar ocultar los que tenemos, pero todos tenemos algo único que ofrecer. Así como cada uno de los miles de millones de seres humanos en este planeta tiene una huella digital y un código genético únicos, todos tenemos una combinación única de talentos y dones que podemos usar para la gloria de Dios. No debemos temer a quienes puedan lastimar nuestro cuerpo, sino a quienes pudieran lastimar nuestra alma, y debemos ignorar las mentiras del mundo a nuestro alrededor que nos incapacitan. Quien está dentro de nosotros siempre es más grande que la persona que está en el mundo (1 Jn 4,4). Conforme empezamos a caminar hacia donde Dios nos guía, muchas veces descubrimos talentos y habilidades escondidos. Podemos inspirarnos en las palabras del escritor y teólogo Henry van Dyke: "Usa los talentos que posees: Los bosques estarían muy silenciosos si solo se escucharan las aves que cantan mejor".

EMPIEZA A ANDAR CON FE

Cuando escuchar con el corazón abierto no me permite distinguir el camino, empiezo a andar con fe y me pongo a trabajar. Porque esperar a Dios no es lo mismo que no hacer nada. Como dijo el folklorista Doug Boyd, "Si algo he aprendido en esta vida es que Dios no me atará las agujetas". Rara vez se nos ofrece un trabajo que queremos sin que hayamos llenado antes la solicitud o mostrado interés. Es imposible ver un atardecer hermoso sin abrir los ojos. Si mis amigos no hubieran ofrecido sus manos para realizar físicamente la resucitación, yo no habría regresado a la vida.

Realmente creo que es posible que cada uno de nosotros aceptemos a Dios, confiemos en Sus promesas de estar presente y tener un plan esperanzador para nuestras vidas, y sigamos Su guía y aliento a lo largo del viaje.

Hay que saber que el plan de Dios no siempre implica movimiento, cambio o retos. A veces nos lleva por verdes prados y aguas claras donde podemos confortar nuestra alma (Sl 23,2). A veces solo necesitamos permanecer involucrados en nuestras circunstancias presentes. Aun durante esos momentos de tranquilidad, podemos ofrecer una ventana por donde la luz de Dios ilumine al mundo. Nuestra vida y nuestro ejemplo pueden glorificar a Dios, incluso si estamos aburridos en el trabajo, resolviendo pendientes o cuidando a nuestros amigos y familiares. Incluso, si pensamos que nadie lo nota.

Hace algunos años recibí varios correos electrónicos de un hombre que se sentía amargado por la lenta agonía de su madre. Sentía que ella había sido una mujer de Dios que no merecía morir de esa manera. Me contó sobre la agonía en que estaba y cómo pasaba horas cuidándola todos los días. Él pensaba que el proceso no tenía sentido y se sintió aliviado cuando, después de muchos meses de sufrimiento, ella finalmente regresó a Dios. Sin que él lo supiera, sin embargo, una empleada de limpieza había estado observando el cuidado constante que él le daba a su madre. La madre de esa persona también estaba muriendo, pero se sentía asustada y sola, pues se había alejado de su hija. Al ver a este señor servir a su madre, la empleada se reconcilió amorosamente con su madre y la cuidó con ternura en sus últimos días.

Buscar la dirección de Dios y decir que sí a Su plan trae consigo un don brillante del cielo: una vida llena de alegría en el planeta Tierra. Lo sé por mi propia experiencia y te prometo que ese mismo don único espera por ti también. La seguridad que experimentas cuando confías plenamente en que Dios te guiará y enderezará tu camino reconstruirá casi milagrosamente tu vida emocional. La ansiedad y la preocupación quedarán de lado. Serás libre de una manera diferente, a través de la cual expresarás los talentos y pasiones que Dios te dio.

Así como yo, descubrirás el valor eterno de tu propia historia.

Capítulo 11

◇◇

LA BELLEZA SURGE DE TODAS LAS COSAS

La muerte... no es más que pasar de una habitación a otra. Pero
hay una diferencia para mí, sabrás. En la
otra habitación podré ver.

Hellen Keller

Un día de Halloween llevé a mis hijos a un laberinto de mazorcas en una granja en Idaho. Como probablemente conoces, en un laberinto de mazorcas se camina por senderos dentro de un maizal. Los senderos siguen diseños artísticos y complejos. Entras al laberinto y debes averiguar cómo salir. Por supuesto, perderse es parte de la emoción.

Mi familia, rebosante de seguridad y alarde, como siempre, estaba ansiosa por aceptar el reto. Entramos al maizal seguros de que saldríamos del otro lado en tiempo récord. Nuestro plan era simple: tomar un camino y seguirlo hasta que llegáramos a un callejón sin salida, entonces regresaríamos sobre nuestros pasos y volveríamos a intentarlo, incorporando lo que habíamos aprendido. Y, con ese plan, comenzamos a caminar.

Al principio era divertido, pero después de una hora sin encontrar la salida noté un cambio de ánimo. Para entonces, ya habíamos perdido todo el sentido de la dirección y ubicación. El hambre, el frío y el miedo empezaban a hacerse notar. Mis hijos querían saber si era una broma pesada de Halloween. ¿Y si no había salida? Las cosas no estaban saliendo como habíamos planeado.

Sin importar qué camino tomáramos, no podíamos encontrar uno que no nos llevara a un callejón sin salida, hasta que un empleado se ofreció a ayudarnos. Se subió a un puesto de vigilancia en medio del laberinto, desde donde podía ver todo el campo. Luego nos fue diciendo la dirección que debíamos tomar. "¡Caminen hasta la siguiente vuelta a la izquierda!", gritó. "Bien, ahora caminen unos veinte pies y notarán...".

Por fin, gracias a su perspectiva y guía, encontramos la salida.

Tal vez te sientas perdido en un laberinto, y no precisamente en medio de una aventura familiar. Empezaste con grandes esperanzas. Pero desde donde estás ahora ves confusión, dolor, pérdida y decepción en cada dirección. Todos enfrentamos dificultades en nuestra vida, pero me refiero a esa clase de sufrimientos que nos destrozan por completo. Cuando yo perdí a mi hermoso hijo Willie en un accidente sin sentido, sentí que la luz se había ido del mundo. Durante mucho tiempo, honestamente, sentí que ni siquiera el Jesús amoroso que había conocido en el cielo podía extraer algo bueno de una tragedia tan inútil.

Quizá sepas de qué hablo. Si es así, sabes que en momentos como ese podemos caer en una crisis de fe. "¿Dónde estás, Dios?", imploramos. "¿Cómo pudiste dejar que eso pasara?".

En este capítulo, abordaremos una de las preguntas más sobrecogedoras que cualquier persona de fe debe enfrentar: si Dios es benévolo, omnisciente y todopoderoso, ¿por qué permite el mal en el mundo? Los teólogos tienen un nombre elegante para ello: teodicea. Pero la mayoría de nosotros experimentamos la pregunta en una forma muy personal.

Cuando experimenté el cielo aprendí que, dentro de la totalidad del plan de Dios, la belleza surge de todas las cosas. En las siguientes páginas compartiré lo que he aprendido y experimentado, y lo que nos puede enseñar la perspectiva del cielo sobre el sufrimiento y la pérdida, que de otra manera no podríamos ver en nuestra lucha cotidiana aquí en la Tierra.

OBSERVA TU VIDA

Descubrir que Dios tiene un plan para nuestra vida (ve el capítulo 10) sirve de consuelo en cierto grado, pero conlleva preguntas difíciles desde otros puntos de vista:

- ¿Nuestro Padre celestial tiene un papel activo en permitir o siquiera orquestar las dificultades en nuestra vida? ¿O simplemente, cuando ocurren, saca lo mejor de ellas, preparando una limonada dulce con los limones más agrios?

- ¿Dios cambia Su plan alguna vez? ¿Podemos arruinar Su plan para nosotros con las decisiones que tomamos?

- Dada la voluntad divina de Dios, ¿nuestros deseos o actos importan siquiera?

Si estas preguntas te parecen académicas, me aventuraría a decir que nunca te ha aplastado la vida.

Cuando me estaba elevando sobre ese río en Chile, vi

mi cuerpo. Al mirar hacia abajo vi cómo mis amigos intentaban desesperadamente devolver mi cuerpo a la vida. Pero mi espíritu se estaba yendo; dejaba la Tierra por el cielo. En ese momento, ya veía la escena frenética desde una perspectiva espiritual. Ahí abajo vi miedo y dolor. Pero yo estaba en paz.

Hoy comprendo que la única manera útil en que tú y yo podemos comprender el sufrimiento es a través de un cambio similar de perspectiva. Ahí abajo, en el laberinto de mazorcas de nuestra vida terrenal, muchas veces no sucede lo que creemos que pasará. Algunas cosas difíciles simplemente nunca tendrán sentido durante nuestro viaje en la Tierra. En cambio, debemos preguntarnos qué lecciones enseña el cielo.

Si lo hacemos, y si le damos tiempo a Dios para que trabaje, la lógica celestial muchas veces se revelará a sí misma.

Creo que nuestro Dios todopoderoso permite y orquesta las dificultades, pero también las usa cuando ocurren naturalmente. Cuando le preguntaron a Jesús por los pecados de un hombre ciego de nacimiento, dijo que el hombre no había hecho nada, pero que estaba "ciego para que las obras de Dios se manifiesten en él" (Jn 9,3).

Lynn murió en un quirófano y tuvo una experiencia cercana a la muerte. Vio a sus padres llorando en una habitación cercana, pero una vez que se dio cuenta de que estarían bien, como lo platica ahora, entró en un túnel horizontal que llevaba hacia una luz brillante de donde salieron dos de sus perros que habían muerto. Brillaban desde dentro y ella no sintió nada más que gratitud cuando corrieron hacia ella y la llenaron de besos. La acompañaron mientras caminaba hacia la luz, que describió como algo cálido y viviente que contenía todos los colores. Vio a

muchas personas, incluidos sus abuelos y un tío. Todos brillaban con una luz interna. Antes de volver a su cuerpo físico, pudo preguntarle a Jesús si era cierto que, como le
había dicho su maestra de la escuela primaria, el motivo
de su condición cardiaca crónica era que cargara una cruz
como Él. Escuchó la voz de Cristo vibrar a través de ella
cuando dijo, "No, esa condición cardiaca es un reto para
ayudarte a crecer y ser compasiva".[1]

Otras circunstancias y eventos poco gratos pueden ser
resultado de nuestra necedad, errores o malas decisiones.
En el capítulo anterior te comenté lo que pienso sobre
Jeremías 29,11 cuando dice: " 'Porque yo sé los planes que
tengo para vosotros', declara el Señor, 'planes de bienestar y no de calamidad, para daros un futuro y una esperanza' ". ¿Cómo puede Dios prometernos esas cosas
cuando la vida está llena de lucha, pena y decepción?

Me parece que lo que Dios promete *realmente* en ese
versículo no difiere de lo que la mayoría de los padres
quieren para sus hijos.

Los padres en todo el mundo imaginan futuros llenos
de esperanza, amor, satisfacción y felicidad para sus hijos.
Queremos que florezcan y prosperen, que sean pacíficos y
honestos, que tengan integridad. Y, dado que vemos todo
el panorama, establecemos reglas para protegerlos. No les
damos dulces con cada comida ni les permitimos cruzar
solos una calle transitada. Les advertimos sobre las decisiones en la vida que llevan hacia la pena y el dolor. Y buscamos oportunidades que los reten a crecer, les enseñen
lecciones valiosas, los ayuden a superar el miedo y a desarrollar sus habilidades y la confianza en sí mismos.

Por supuesto, como todos los padres saben, a veces
nuestros hijos simplemente no abrazan nuestro plan para
su vida. A veces toman un atajo tras otro, creando dolor y

discordia en otros y en sí mismos. Aun así, nunca dejamos de amarlos, ¿o sí? Nunca dejamos de buscar maneras para impulsarlos de vuelta hacia caminos más sanos.

Creo que Dios es así con nosotros. Aunque el deseo del cielo es de prosperidad, seguridad y esperanza, Dios no *hace* que suceda sin tener en cuenta nuestras decisiones. Lo dejó muy claro en el Jardín del Edén: sin importar cuál es Su plan, una y otra vez nos deja colaborar con Él en lo que sucede en el mundo y en nuestra propia vida. Nos bendijo con el libre albedrío, y eso nos puede sacar de nuestro curso, así como a nuestros hijos.

Con ello quiero decir que tú y yo somos capaces de crear nuestros propios retos y dificultades lejos de la visión de Dios para nuestra vida. Sin embargo, Dios, en Su profunda sabiduría, interviene continuamente para señalarnos el camino de vuelta a casa. A veces su presencia es tan suave como una canción conocida.

No hace mucho, Henry me contó su historia. Había abusado del alcohol, las drogas y la gente y había pasado un tiempo en la cárcel. Poco después de salir, tomó un autobús hacia su pueblo, pues su madre había muerto. Era su único familiar y, creía él, la única persona que lo había amado. Cuando subió al autobús, deseó que nadie se sentara junto a él, pues estaba absorto en sus propios pensamientos sobre su madre y su niñez. Su madre había sido una mujer religiosa que lo arropaba cada noche con una oración y cantaba una versión de "Jesus Loves Me", sustituyendo el nombre por Henry. No le gustó que un hombre se sentara junto a él, y se volvió hacia la ventana. El hombre empezó a tararear suavemente una canción que hizo llorar a Henry: era la tonada de "Jesus Loves Me".

La vida de Henry cambió ese día por un extraño que,

cree él, le estaba señalando el camino de vuelta a Dios. Henry ha estado limpio y sobrio desde hace más de diez años. Hoy en día ayuda a otros a recuperarse del abuso de sustancias.

Mira la historia de Henry desde la perspectiva celestial y encontrarás una idea importante e invariable. Primero, el plan de Dios para Henry no falló; por la razón que fuera, Henry no pudo seguir la dirección correcta todo el tiempo. Segundo, incluso cuando las "cosas malas" que hacemos pudieran aplastarnos, nunca estamos tan perdidos como para que no nos alcance el amor de Dios. Y aquí es donde el hermoso poder de la redención suele aparecer. Con cada lucha o fracaso viene la preciada oportunidad de buscar a Dios, experimentar Su presencia y aumentar nuestra confianza, fe y seguridad.

Cuando fallan las palabras, yo uso imágenes mentales. Estas tres intentan capturar parte del misterio y la magnitud del amoroso plan de Dios para nuestra vida, incluso cuando les suceden cosas malas a las personas buenas.

1. EL PLAN DE DIOS ES COMO UN RÍO

Dado que amo los ríos, a veces comparo el plan que tiene Dios para nosotros con la experiencia de remar por un río largo y cambiante. Inevitablemente, habrá vueltas, olas y obstáculos. A veces nos arrastrarán corrientes violentas. Incluso es posible que nos estrellen contra las rocas o caigamos por cascadas. Sin embargo, durante etapas tan difíciles, nuestras habilidades físicas y mentales florecerán conforme aprendamos a navegar los retos.

En otros momentos, nos encontraremos navegando por aguas tranquilas. En estas etapas no enfrentaremos ningún problema. Simplemente podemos flotar, disfrutar del calor del sol, pasar el tiempo disfrutando el paisaje y contemplar las aves, los peces y otros animales.

En cada tramo del río, nuestras decisiones influirán directamente en el placer del viaje. La manera en que naveguemos un tramo difícil puede llevar a la satisfacción y la diversión, o a la miseria y la lesión. Nosotros elegimos. Afortunadamente, incluso cuando tomamos malas decisiones, la corriente nunca deja de impulsarnos hacia adelante, llevándonos hacia nuestro destino.

2. EL PLAN DE DIOS ES COMO UN LIBRO A CUATRO MANOS

Otra manera de comprender el plan de Dios en nuestra vida es compararlo con un libro emocionante, pero incompleto. Tiene un principio y un final. Tiene un título, una introducción y muchos epígrafes en sus capítulos, pero las páginas están vacías para que podamos escribir en ellas.

Todos los que nacen morirán algún día, así como un libro tiene un capítulo inicial y uno final. Pero no creo que los detalles de nuestro paso por la vida estén predeterminados por completo. Si así fuera, no tendría propósito el viaje de nuestra alma por la Tierra. No tendríamos responsabilidad por nuestras decisiones ni nuestros actos, y no tendríamos oportunidad de desarrollar amor, alegría, paz, paciencia, bondad, ternura, fidelidad, gentileza, autocontrol, compasión y humildad. Sin ser capaces de crecer espiritualmente o de ayudar a otros, ¿cuál sería la necesidad de un viaje terrenal?

El apóstol Pablo sugiere que tenemos un papel en los destinos más grandes planeados por Dios para nosotros: "Porque somos hechura suya, creados en Cristo Jesús para hacer buenas obras, las cuales Dios preparó de antemano para que anduviéramos en ellas" (Ef 2,10). Considera que dice *anduviéramos*, sin que sea un mandato. ¡No pierdas las "páginas en blanco" en la descripción de Pablo! Tú y yo debemos vivir por nosotros mismos lo que Dios ha preparado.

Conforme nuestras decisiones, acciones y respuestas ante las dificultades empiezan a llenar las páginas de nuestra biografía, cada capítulo cobra vida. Cuando experimentamos una pérdida, las palabras que escribimos en una etapa pueden ser de pena o amargura. Cuando experimentamos amor, es probable que nuestras palabras salten de las páginas con emoción y pasión.

El libro pertenece a Dios, pero lo que se escribe en sus páginas depende de nosotros.

3. EL PLAN DE DIOS ES COMO UN TAPETE HECHO A MANO

Una cosa es decir que tenemos participación en el plan que Dios tiene para nuestra vida, y otra pensar en lo que pasaría si nos equivocamos. ¿Nos perdemos por completo el plan A que Dios tenía para nuestra vida? ¿Estaremos condenados para siempre a vivir el plan B (o el C, o el D)?

Eso nos lleva a mi tercera imagen sobre el plan personal de Dios para nosotros. En el proceso tradicional de creación de un tapete persa, el tapete se coloca verticalmente en un marco y unos niños pequeños, sentados en tablones a varios niveles, trabajan en la parte de atrás. El artista trabaja en el lado hermoso que verá la gente, dándoles instrucciones a los niños que están del otro lado. Pero, a veces, algún niño comete un error en el tapete. A menudo, el artista no hace que el pequeño rectifique el color equivocado. Si es un buen artista, incluye el error en el patrón y enriquece el tapete terminado, de modo que el error se convierte en una parte integral del tapiz.[2]

Para mí, la escena del tejedor y los niños captura bellamente la capacidad de Dios de transformar los errores y las tragedias en una gran obra de arte. Describe cómo trabaja Dios, en las buenas y en las malas, y explica los errores, los fracasos e incluso las tragedias, ya sean creadas por ti o por fuerzas externas.

Un año después de que mi hijo muriera, estaba esquiando en el campo, me caí y me rompí el tobillo. Durante varias horas tuve que esquiar con mucho dolor de vuelta a nuestro auto. Mi tobillo necesitaba una estabilización quirúrgica y me mantuvo lejos del trabajo. Dios no me incitó a ir al campo o provocó que me rompiera el tobillo, pero pudo convertir mi accidente en un regalo maravilloso: romperme el tobillo llevó directamente a que conociera al padre Ubald, un sacerdote ruandés cuya presencia en nuestro hogar ayudó a disolver la profunda desesperanza que permeaba mi familia después de la muerte de nuestro hijo.

Nuestro Dios Creador siempre está trabajando en el tapete de nuestra vida, tejiendo los detalles —ya sean hermosos o desagradables, planeados con cuidado o producto de eventos indeseables— para formar una maravillosa creación cuyo resultado final es de una belleza que nunca hubiéramos imaginado.

CUANDO LAS "COSAS MALAS" SE VUELVEN "BUENAS"

La verdad fundamental es que la vida nos enfrenta a muchas situaciones desagradables, de las cuales luego se revelan bendiciones disfrazadas. Compartiré contigo algunas historias que considero inspiradoras.

Angie está agradecida por la bendición que fue el haberse preparado para una desgracia, aunque en su momento no le agradara. Ella me dijo:

Casi me ahogo en una excursión en balsa por los rápidos, cuando visité a mi hijo en Nueva Zelanda. Experimenté el estado más increíble de paz mientras estaba sentada con las piernas cruzadas en el lecho del río y me mantenía ahí por la fuerza de la cascada de la que acabábamos de caer. Ni siquiera tenía miedo. Para no hacer el cuento largo, mi hijo se ahogó en el mismo río aproximadamente una semana después. Aunque inicialmente estaba inundada con pensamientos agónicos sobre cómo debió sufrir, Dios me trajo el consuelo de recordarme la paz y la tranquilidad que yo había sentido en mi propia experiencia.

Mi amiga Jessica había tenido una vida encantadora. Tuvo una niñez hermosa, buenos momentos en la escuela y muchos amigos cercanos. Completó su licenciatura en tres años y la habían aceptado en un programa de posgrado cuando las cosas parecieron salirse de curso. En un mes le diagnosticaron cáncer a su querida abuela y otra persona obtuvo el trabajo de verano que le habían ofrecido. Jessica, quien solía planear cuidadosamente su futuro, no podía creer cómo su vida se iba de control.

Pero ese era solo el principio. El hijo de un amigo de la familia estaba de visita en casa de los padres de Jessica cuando se cayó y se rompió una pierna en varias partes. Dado que no podría viajar, la mamá de Jessica insistió en cuidarlo en casa. Como comprenderás, Jessica llegó a casa llena de resentimiento por la desintegración de sus planes, pero las cosas dieron un giro.

Durante las semanas siguientes, Jessica descubrió que el joven y ella compartían historias y tenían un sentido del humor y sueños similares. Se enamoraron y finalmente se casaron. Hoy tienen tres hijos pequeños y a Jessica le encanta contar la historia de todas las "cosas malas" que la llevaron de vuelta a casa.

El apóstol Pablo escribió, "Y sabemos que para los que aman a Dios, todas las cosas cooperan para bien, esto es, para los que son llamados conforme a su propósito" (Ro 8,28). Eso suena maravilloso, pero muchas veces no podemos ver cómo una situación mala nos hará bien, por ejemplo, cómo un accidente automovilístico fatal, perder un trabajo, una enfermedad terminal o un asesinato sin sentido podrían traer un resultado positivo. Pero ¿y si nuestro problema fuera la perspectiva? Estamos viendo las circunstancias desde donde estamos parados, improvisando en el laberinto de la vida en la Tierra.

Dennis había sido albañil desde antes de graduarse de la preparatoria. A los treinta y seis años sufrió una lesión en la espalda que le impidió volver a trabajar. Estaba devastado, asustado, no tenía otra habilidad y se sentía derrotado. No sabía cómo iba a mantener a su familia. Se sorprendió a sí mismo y a otros cuando intentó pintar con acuarelas durante su rehabilitación y descubrió que disfrutaba ese don, antes escondido, que ahora apreciaba mucho. Terminó convirtiéndose en un artista local reconocido, con su propia galería, bendiciendo a muchos con sus hermosos paisajes.

Con el tiempo y la distancia, es muy probable que veamos la belleza y la sabiduría de los planes de Dios, pero muchos de nosotros queremos saber "por qué" las cosas ocurren ahora y no después. Salomón escribió, "Él ha hecho todo apropiado a su tiempo. También ha puesto la eternidad en sus corazones, sin embargo el hombre no descubre la obra que Dios ha hecho desde el principio y hasta el fin" (Qo 3,11). Pese a ello no confiamos realmente en que Dios siempre sabe lo que es mejor. A veces, como sucedió con Angie, Jessica y Dennis, la belleza sí se llega a ver. Pero muchos de nosotros no somos capaces de comprender bien lo que nuestros problemas y tribulaciones pueden traer más allá de las miserias y pena que nos causan. Eso es porque nuestra perspectiva en el presente es limitada. Un día, sin embargo, veremos todo el panorama.

LIBERADOS POR EL FUEGO

La total devastación que causan los incendios forestales es una buena representación de cómo el sorprendente plan de Dios es para bien. Extrañamente, muchas veces la calamidad y la opresión pueden dar pie a las más grandes transformaciones.

En el mundo natural, los incendios forestales pueden ser muy destructivos, pero también son una oportunidad de crecimiento. Las majestuosas secuoyas pueden crecer hasta medir trecientos pies de alto y vivir por más de tres mil años. Sin embargo, para propagarse necesitan del fuego. El intenso calor del fuego encoje las escamas de las piñas de la secuoya, probablemente dormidas durante veinte años o más, liberando semillas del tamaño de la punta de un lápiz. El fuego que libera estas semillas también quema la capa de hojas sobre el suelo del bosque, creando un terreno rico e hidratado para recibirlas.

Estoy segura de que entiendes la analogía. Los eventos desastrosos en nuestras vidas pueden crear el contexto correcto para un crecimiento y una transformación importantes. Créeme, no me gusta esta imagen del plan de Dios. Como la mayoría de la gente, no disfruto el cambio y, por supuesto, no quiero que el cambio se dé por medio de calamidades. Sin embargo, he visto a menudo que los mejores cambios, los más curativos en mi vida, han ocurrido en respuesta a un sufrimiento, una frustración, una pérdida o un fracaso.

En 1963, cuando el apartheid dominaba Sudáfrica, se acusó falsamente a Nelson Mandela y se le sentenció a cadena perpetua en la isla Robben. Estuvo confinado a una pequeña celda, dormía en el piso, usaba una cubeta como inodoro y pasaba los días haciendo trabajos pesados en una mina. Se le permitía una visita durante treinta minutos cada año y podía escribir y recibir una sola carta cada seis meses. Por dura y brutal que fuera esa experiencia, tuvo tiempo para considerar profundamente los problemas que enfrentaba su país, incluyendo la necesidad de perdón.

Sin justificar de ninguna manera el sufrimiento que vivieron Mandela y millones de otros seres humanos en Sudáfrica como resultado de las políticas racistas impuestas por el gobierno del apartheid, podemos ver cómo Dios transformó ese mal en un bien. Las miserias que vivió el señor Mandela perfilaron y maduraron su carácter y su capacidad de comprensión en grado tal que terminaría siendo el líder que pondría fin a la opresión, haría que vencieran la gracia y el perdón entre los sudafricanos y ayudaría a instaurar la libertad y la justicia para millones de personas.

Por fortuna, el crecimiento emocional y el cambio no siempre requieren sufrimiento, pero sería difícil desarrollar compasión sin experimentar de alguna manera el dolor de otra persona. Me encanta la visión de C. S. Lewis de un ave y un huevo. "Puede ser difícil para un huevo convertirse en un ave: sería todavía más difícil que aprendiera a volar estando en el huevo. Debemos salir del cascarón o estropearnos".[3]

Para poder volar, primero debemos romper el cascarón para salir.

Abrazar la idea de que Dios tiene un plan para nosotros siempre implica que busquemos Sus huellas, incluso en nuestras circunstancias más terribles; estar dispuestos a cambiar nuestros planes para adaptarlos a lo que Él está haciendo en nuestra vida, desear Su voluntad más que la nuestra. Dios ha prometido un plan de prosperidad para tu vida, y la verdadera prosperidad que prometió es el poder experimentar paz, esperanza y alegría, incluso en medio de situaciones indeseables.

LA BELLEZA QUE SURGE DE TODAS LAS COSAS

Dios espera que confiemos en Sus promesas de que todas las cosas serán bellas llegado el momento, aunque no es la voluntad ni el deseo de Dios que nos aplasten nuestras circunstancias presentes.

Yo no creo que Dios quiera que nos quedemos estancados en nuestra pena, enfermedad, lesión o cualquier otra cosa que no exista en el cielo. A menudo nos invita simplemente a dejar ir las preguntas del ayer.

Pero confiar en Dios no equivale a la pasividad. Se nos llama a alcanzar la gratitud y la paz en cada situación, a actuar con fe según lo que creemos verdadero. Sin importar lo que estemos enfrentando hoy, sin importar que nos sintamos rotos, nuestra obligación es la misma: compartir el amor de Dios en todo momento y con todos los que conocemos en nuestro mundo fracturado. Así es como surge la belleza.

LA SÉPTIMA LECCIÓN QUE REVELA EL CIELO

En nuestros errores y fracasos, tragedias y pérdidas, Dios nunca nos abandona. Su bondad y Su amor nos rodean. A Su tiempo, la belleza surge de todas las cosas.

Mi ECM me mostró con claridad la verdad en la promesa de Dios de que la belleza surge de todas las cosas, y comprender esta verdad cambió la forma en que les hablo a mis hijos o pacientes sobre decepciones, retos, decisiones, etcétera. Soy capaz de impulsar a mis hijos para que escuchen hacia dónde los guía Dios, sabiendo que Su plan para sus vidas es de esperanza y belleza. Soy capaz de impulsar a mis pacientes para que vean una oportunidad de crecimiento y cambio en los momentos de discapacidad o lesión.

Aunque es imposible saber cómo seré dentro de quince años, estoy segura de que seré distinta a la mujer que soy ahora. Entre el hoy y el mañana seguiré enfrentando retos, y seguiré creciendo y cambiando como resultado de ellos. Esta es una de las razones por las que experimento una sincera gratitud, e incluso alegría, en medio de penas y contratiempos.

Tú y yo nunca estamos solos en esta tarea. Un poco como ese hombre que le dio indicaciones a mi familia desde el puesto de vigilancia en medio del maizal, Dios ve el diseño general donde nosotros solo vemos confusión y lucha. Él promete que conforme busquemos Su camino y escuchemos Su guía, encontraremos nuestro camino a casa. "Confía en el Señor con todo tu corazón", leemos en las escrituras, "y no te apoyes en tu propio crecimiento; reconócele en todos tus caminos, y El enderezará tus sendas" (Pr 3,5-6).

Gracias a mi propia vida, sé que, incluso en los malos momentos, el consuelo y la gracia del Espíritu de Dios nos permiten experimentar gratitud hacia la manera en que las dificultades nos moldean, dan forma y cambian. Por eso puedo decirte, con palabras suaves, pero con absoluta confianza, que podrás encarar con valentía el dolor y los retos que enfrentes hoy, sabiendo que cada nuevo encuentro es un regalo de tu amado Padre celestial que todavía no has abierto.

Capítulo 12

◇◇

HAY ESPERANZA EN MEDIO DE LA PÉRDIDA

¿Y debo pedirte que cambies Tu voluntad,
Padre mío, para hacer que concuerde con la mía?
Oh, no, Señor, no, eso nunca será, en cambio
Te pido que unas mi voluntad humana con la Tuya.
AMY CARMICHAEL

Una noche, cuando Willie era pequeño, estábamos conversando sobre cosas intrascendentes. Empecé un comentario diciendo, "Cuando tengas dieciocho...". No recuerdo lo que iba a decir, pero nunca olvidaré la respuesta de mi hijo.

Dijo, "Pero, mamá, nunca voy a tener dieciocho".

Pensé que estaba bromeando. Luego, con absoluta sinceridad y pureza de corazón, mezcladas con confusión, dijo, "Tú sabes que nunca voy a tener dieciocho. Ese es el plan. Tú lo sabes". Sus palabras atravesaron mi corazón, pero recuerdo que también me prepararon, de alguna manera, para la conversación que tendría en el cielo, cuando supe de su futura muerte.

Como he hablado públicamente sobre la pérdida de nuestro hijo, otros padres que también sufren la pérdida de un hijo y estuvieron antes expuestos a comentarios, actos o premoniciones que les dieron, a ellos o a sus hijos, una pista sobre lo que les depararía el futuro, me han compartido sus experiencias. La historia que Louise me contó una tarde es similar a muchas otras que he escuchado. Dijo:

> *Soy parte del personal médico como enfermera registrada. Yo también tuve una hija que me dijo desde pequeña que moriría joven. La llevé al psicólogo a los seis años porque, como enfermera pediátrica, sabía que no era normal. No estaba molesta, solo lo dio por hecho.*
>
> *En su adolescencia, me dijo que moriría en un accidente automovilístico que sucedería en una curva, y que esperaba que su cara no quedara arruinada.*
>
> *Sucedió en noviembre pasado. Su mejor amiga iba manejando. Jillian murió al instante, a los diecinueve años. Dos noches antes, nos había dejado notas en nuestros tocadores a mi esposo y a mí, agradeciéndonos por haber sido buenos padres y enseñarle sobre Dios.*
>
> —LOUISE, HARRISBURG, PENSILVANIA

Como podrás imaginar, lo que escuché en el cielo sobre Willie reverberó en mi corazón durante los años posteriores a mi regreso de Chile. Más allá de la magnificencia de saber sin duda alguna que Dios es real y está presente, que amaba a Willie profundamente y tenía un plan lleno de esperanza para nosotros, conocer de antemano sobre la muerte de mi hijo pesaba mucho para mí. No quería que fuera cierto y rezaba a Dios para que cambiara de opinión. Era una audacia, pero incluso Jesús le había pedido a Dios una vez que reconsiderara Sus planes (Lc 22,42).

Pero ¿cómo mi experiencia puede consolarte en *tu*

dolor o ayudarte a enfrentar tu propia muerte o la de un ser querido? Nada pone más a prueba nuestra confianza en las amorosas intenciones de Dios hacia nosotros que la tragedia y la pérdida, en el momento en que devastan nuestras vidas. ¿Observar nuestras vidas desde la perspectiva de lo que el cielo revela puede ayudar, de forma práctica, incluso si no puede eliminar el dolor completamente?

Exploraré eso en este capítulo.

En su mayor parte, solo me referiré a nuestra historia familiar. Por supuesto, mi ECM me preparó de manera extraordinaria para lidiar con nuestra pérdida, pero si has experimentado una pérdida profunda y sus consecuencias, comprenderás el poder de mi historia. Cuando nos sentimos necesitados, lo que necesitamos realmente, más que consejos, es escuchar a otros que han pasado por experiencias similares y pueden comprender lo que sentimos. Necesitamos saber que no estamos solos cuando enfrentamos la vulnerabilidad, el sufrimiento y la desesperanza, los valles de tinieblas descritos en el Salmo 23.

Así que compartiré contigo la experiencia de nuestra familia y un poco de la sabiduría que ganamos y seguimos absorbiendo. Pues lo que nos enseñó —y puede enseñarte a ti— nuestra experiencia es que, cuando tu dolor y tu pena son una carga demasiado pasada, la esperanza en las afirmaciones de Dios puede sacarte de la oscuridad y devolver el color a tu vida.

EL PESO DE UN SECRETO

En el cielo pude ver lo que vendría, pero no me dieron un itinerario de cuándo sucedería. Día tras día, me preguntaba al despertar si ese sería el de la muerte de mi hijo.

Me han preguntado muchas veces si alguna vez le dije

a mi hijo o a mi marido lo que sabía. Durante muchos años, no lo hice. Confiaba absolutamente en que todas las promesas de Dios son ciertas, pero esta era una carga demasiado pesada y me guardé el secreto durante mucho tiempo. Rezaba seguido a Dios para que hiciera su voluntad, sabiendo que, si el plan para la vida de mi hijo no cambiaba, surgiría una gran belleza de ello cuando Dios lo dispusiera. Pero en mi corazón de madre tenía la ferviente esperanza de que nunca sucediera.

Incluso cuando rezaba a diario para que perdonaran a nuestra familia, atesoré cada momento con las personas que amaba. Intenté estar verdaderamente presente en cada momento, y grabar cada experiencia en mi corazón y mi memoria. Intenté asegurarme de que todos mis hijos sabían cuánto los amaba, e hice el compromiso de nunca dejar algo sin decir o hacer. Traté de no coartar las actividades de Willie, pero no le permití que tomara riesgos. Sobre todo, intenté no sentir remordimiento en caso de que no cambiara el plan que tenía Dios para mi hijo.

El hecho es que a ninguno de nosotros se nos promete algo más que este preciso momento, así que nunca debemos asumir que habrá más tiempo "después" para completar algo.

ENFOCARTE EN EL FUTURO

Pasaron los años. Cuando se acercaba el cumpleaños dieciocho de mi hijo, me di cuenta de que debía contarle a mi esposo lo que me habían dicho. Merecía tener la posibilidad de decir o hacer lo que quisiera para que no quedaran cosas sin resolver tras la muerte de nuestro hijo.

Me sentí mejor después de contarle a Bill, aunque no estoy segura de que él se sintiera mejor. Acordamos, sin embargo, que era una carga muy pesada para un joven, así que no le dije nada a mi hijo hasta el día de su cumpleaños.

En las primeras horas del cumpleaños número dieciocho de Willie, en 2007, toqué a la puerta de su habitación. Ahí estaba, dormido, ¡pero vivo! Estaba tan contenta, que todo lo que pude hacer fue abrazarlo con fuerza y llorar. Al principio estaba confundido ante mi emoción. Luego le conté lo que me había pasado y lo que me habían dicho durante mi ECM.

Él me escuchó con atención. ¿Comprendió lo que le dije? No lo sé. Willie era un joven sensible, compasivo y espiritual, y no sé si me escuchó por interés y compasión o solo por curiosidad. Quizás pensó que su madre, típicamente cabal, estaba perdiendo la razón.

Más tarde, ese mismo día, Willie tuvo una breve conversación con su padre, en la que mencionó lo que yo le había dicho. Nunca volví a hablar sobre el tema.

Durante los días y semanas siguientes comencé a respirar con más calma, dejando ir poco a poco la pena que había estado acumulando con relación al futuro. Realmente pensé que el plan de Dios había cambiado. Por primera vez en muchos años, empecé a relajarme y enfocarme en disfrutar nuestra vida.

LA OBEDIENCIA EN EL SUFRIMIENTO

Sabía que escribir sobre mi viaje de ida y vuelta al cielo era parte del designio que había recibido de compartir mis experiencias con otros, pero por mucho tiempo combatí esa idea. Por fin, en la primavera de 2009 —diez años después del accidente— desperté temprano una mañana con la compulsión de poner mis experiencias en papel. Salí de la cama, esperando que la sensación se desvaneciera. Después de todo, mis razones para resistir no habían cambiado. Todavía no tengo el tiempo ni la capacidad para narrarlo con justicia. Aún siento que Dios se lo pidió a la "persona equivocada".

Después de debatirme toda esa mañana, mi reticencia finalmente se esfumó y dije "sí" al destino hacia donde Él me guiaba, y a todo lo que pedía de mí.

Dos decisiones en mi vida han sido trascendentales. La primera la tomé cuando quedé atrapada bajo el agua y rendí mi vida a Dios, dándome por vencida en mi afán por querer evitar un ahogamiento. Este "sí" fue la segunda, todavía más difícil.

Esa mañana di inicio a una nueva aventura con Dios. Conforme escribía, me emocioné al revivir mis experiencias, entregándome a ellas y sumergiéndome en mis sentimientos, en lo que comprendí y en lo que escuché. Era algo que no me había permitido hacer en años. Algunas personas se deleitan con su ECM y se resisten a volver a su vida común. Yo lo entiendo. La Tierra palidece en comparación con la intensidad del cielo. Pero yo sabía que me habían enviado de vuelta por una razón y descubrí que el haberme dedicado a pensar en la gloria del cielo evitó que me dedicara a realizar el trabajo que Dios tenía preparado para mí.

El 21 de junio de 2009 puse punto final a *Ida y vuelta al cielo*. Cuando presioné la tecla "Guardar" por última vez, pensaba entonces, mi espíritu se elevó. Después de diez largos años de sentir que no había hecho lo que Dios me había pedido, el peso se había ido. Me sentí más allá de la euforia.

No pude contener mi entusiasmo y, con una sensación de total ligereza de espíritu, ese mismo día me fui al pueblo con mi hijo más joven, Peter. Mientras manejábamos, llamamos a otro de mis hijos, Eliot, que estaba viviendo y entrenando esquí en Maine junto con Willie, mi hijo mayor.

El entrenador de ambos contestó el teléfono de Eliot y nos dijo que acababan de atropellar a Willie y que había muerto. En un instante me di cuenta de que el plan para la vida de mi hermoso hijo se había retrasado, pero no había cambiado.

Podrás imaginarte el shock.

"SI TAN SOLO..."

Me han preguntado muchas veces cómo sobreviví la muerte de mi hijo, si mis experiencias en el cielo me consolaron cuando Willie murió. No estoy segura de que *consuelo* sea la palabra correcta. Como cualquier madre, me sentí devastada por su pérdida física. Quería solo un día más con él. Anhelaba su sonrisa, sus carcajadas y llenarlo de besos una vez más. Sinceramente, había creído que el plan para su vida había cambiado. Una vez leí que, cuando amas con todo lo que tienes, sufres con todo lo que eres. Yo amaba a mi hijo mayor profundamente, teníamos una conexión muy fuerte y sufría profundamente.

La confianza en las promesas de Dios que traje conmigo del cielo influyeron decisivamente en la manera en que experimenté la muerte de Willie. Sentí sostén en la alegría y la confianza inquebrantable en la belleza que seguramente vendría. Pero nada de eso me protegió de la tristeza de su pérdida. La tristeza, como la felicidad, es una emoción provocada por circunstancias externas. Lloré, sollocé y me dejé llevar por los típicos juegos mentales con que intentamos reescribir la realidad. Si tan solo le hubiera hablado ese día, quizás se hubiera retrasado un par de minutos o segundos y el auto no lo hubiera golpeado, pensaba. Si tan solo hubiera decidido esquiar con su hermano en lugar de ir a casa de su amigo. Si tan solo lo hubiera visitado.

Si tan solo... Si tan solo...

Quien haya perdido a un ser querido en un accidente sabe exactamente lo que estoy describiendo. Me sentí vacía y sola, y se me desbordaba el deseo de abrazarlo una vez más. Mi esposo compartía esos sentimientos. Se sentía culpable de que nos hubiéramos mudado a Wyoming. Si no lo hubiéramos hecho, Willie no se habría convertido en esquiador, no habría sobresalido y no habría estado entrenando en Maine, pensaba.

Comprendí que, aun si se anticipa una muerte, la primera fase del duelo envuelve el manejo temporal del dolor, el shock, la incredulidad y la negación de la pérdida, intentando reescribir mentalmente la realidad.

Durante muchos días, solo quise quedarme acostada, esperando que me dejara de doler, incluso que yo misma dejara de existir. Pero sobreviví. Cuando no pude caminar, Dios me cargó. Confié en que Willie estaba en el cielo, rodeado del amor universal de Dios. En mis peores días, la alegría que encontré en las promesas de Dios nunca me abandonó.

En lo profundo de mi ser, sabía que había tocado fondo, que había alcanzado a ver las verdades esenciales que nunca cambiarían y que me ayudarían a recuperar mi vida. Escribí mi "Credo diario", lo pegué en el refrigerador y lo leí muchas veces todos los días. Dice así:

> *Creo que las promesas de Dios son ciertas*
> *Creo que el cielo es real*

Creo que nada puede separarme del amor de Dios
Creo que Dios tiene trabajo para mí
Creo que Dios me salvará y me cargará cuando no
pueda caminar

Esta fase inicial del duelo dio paso al largo proceso de enfrentar, sobrevivir y resolver nuestra pérdida.

Extrañaba enormemente la presencia de mi hijo en este mundo físico y lloré al menos una vez al día durante años, y todavía lloro con facilidad. No podía asistir a bautizos, funerales ni bodas porque me provocaban mucha tristeza. Evité ir al supermercado, cenar fuera y cualquier evento público por miedo a toparme con gente conocida y reconocer en ellos lástima. Aunque las personas lo intentan, nadie que no haya recorrido este camino puede comprender cómo uno se siente al perder a un hijo. El duelo involucra llorar la pérdida de tus esperanzas, expectativas y sueños para el futuro de tu hijo. De manera tangible, la muerte de un hijo también supone la muerte de toda la familia, porque su identidad colectiva queda alterada para siempre. Lloré eso también.

Pronto, mi vida retomó su curso, pero todavía sufría a diario mi pérdida.

RECOGIENDO LOS PEDAZOS

Willie era encantador, apasionado e inspirador, y nuestra familia compartía sus pasiones. En su ausencia, el patrón y la dinámica familiar cambiaron. Bill y yo habíamos perdido a nuestro primogénito, quien había ayudado a establecer el tono familiar. Eliot había perdido a su mejor amigo y compañero, Betsy había perdido a su protector y modelo a seguir, y Peter había perdido a su héroe. Cada uno enfrentó el reto de descubrir quién era ahora y cuál sería su futura identidad lejos de Willie. También teníamos que descubrir de nuevo quiénes éramos como familia. Cualquiera que haya sufrido una pérdida tremenda sabe que no es un proceso fácil ni rápido, y que el progreso llega en oleadas.

Habíamos planeado juntos los detalles del funeral y el entierro de Willie. Ahora trabajábamos juntos para establecer un premio de esquí, pues Willie era apasionado tanto del deporte como de la comunidad nórdica.

También era un apasionado defensor del medio ambiente, y nuestra familia se comprometió a continuar su labor creando el Fondo para la Conciencia Ambiental Willie Neal. Willie había iniciado una campaña llamada "No Idling", aparentemente dedicada a educar a los conductores de vehículos para que no dejaran sus autos encendidos innecesariamente, pero mi hijo menor descubrió su verdadero propósito. Willie creía que cada persona debía tomar decisiones conscientes, involucrarse en asuntos importantes y *actuar* para hacer del mundo un lugar mejor. Su inspiración era, en gran parte, la frase de Mahatma Gandhi: "Sé el cambio que quieras ver en el mundo". Peter nos ayudó a ver que la campaña de Willie no tenía tanto que ver con los automóviles como con la vida, que se trataba no solo de apagar el motor del auto siempre que fuera posible, sino sobre todo de no quedarse inmóvil en la vida, de abrazar y sacarle el máximo provecho al hermoso regalo que es vivir.

Esas actividades familiares tangibles, centradas en Willie, nos ayudaron a encontrar nuestro camino y se las recomiendo a quienes sufren una pérdida.

EL MITO DE SEGUIR ADELANTE

El primer aniversario de la muerte de Willie trajo un poco de alivio cuando pudimos apreciar que habíamos sobrevivido un año. Pero nos sorprendió descubrir que, en muchos aspectos, el segundo año nos traía pruebas todavía más grandes.

Para entonces, ya había pasado la "novedad" de nuestra pérdida y habíamos seguido adelante con casi todo nuestro mundo. Ello nos quedó claro cuando un maestro de la escuela de mi hijo respondió a su grito metafórico de ayuda diciéndole tajantemente, "¡Supéralo! [La muerte de Willie] ocurrió hace tiempo". Para nosotros, sin embargo, la pérdida era aún muy reciente y, de algún modo, más profunda, porque la realidad de nuestra situación se había hundido permanentemente.

Todos estábamos cansados de estar tristes, pero aprendimos que nadie "supera" el dolor de una pérdida como si superaras una enfermedad. Es posible continuar, pero nunca es posible "seguir adelante" y dejar el sufrimiento atrás. El dolor no funciona así. Cuando un ser querido muere, la vida cambia para siempre para quienes quedan atrás. Una pérdida de esa magnitud se vuelve parte de la esencia de tu ser. Aunque al final emergen una nueva vida y una nueva familia que pueden ser tan maravillosas como las anteriores, son diferentes. No pueden reemplazar lo que se perdió. Lo comparo con alguien que pierde una pierna en un accidente traumático. En el momento de la pérdida, la vida de esa persona cambia para siempre. Aprenderá a caminar y a correr otra vez, y aprenderá a tener una vida nueva, completa y satisfactoria. Pero nunca olvidará su pierna natural ni la sensación de utilizarla.

También aprendí que la forma en que cada quien enfrenta, sobrevive y resuelve el duelo es decididamente *individual* y requiere mucha gentileza y gracia, no solo de Dios, sino de cada uno. Cada persona responde de forma única y en un tiempo distinto. Las mujeres responden de manera diferente que los hombres, y la respuesta de los niños no es la misma que la de los adultos. Algunas veces, la culpa consume a por no haber protegido a su familia, así como el miedo de que la felicidad nunca regrese. En general, tienden a ser menos expresivos que las mujeres sobre su dolor, enfocándose más en retraerse y resolver que en confrontar y sobrevivir su pérdida. A veces los niños tienden a volver a experimentar la pérdida en cada nueva etapa de su desarrollo, conforme empiezan a comprenderla de distinta manera. Por ejemplo, recientemente aprendí que la pérdida de Willie afectó profundamente a cada uno de mis hijos cuando se acercaron a su cumpleaños diecinueve. Hasta ese momento, siempre habían podido usar el ejemplo de Willie como la estrella polar a partir de la cual establecían el curso de sus vidas. Pero, ya que Willie había muerto a los diecinueve años, al alcanzar esa edad dejaron de encontrar inspiración en él y quedaron a la deriva.

En nuestra familia, dado que todos teníamos relaciones distintas con Willie, quien significaba cosas diferentes para cada uno de nosotros, todos sentíamos su pérdida de un modo distinto. La complejidad del duelo se vuelve un reto mayor cuando es toda la familia la que sufre, porque aquellos en quienes usualmente buscarías apoyo están atorados en su propia lucha. A menudo, simplemente no tienen nada que ofrecerte.

En nuestro caso, podíamos hablar libremente sobre Willie, pero no podíamos hablar unos con otros sobre nuestro duelo. Si uno de nosotros estaba teniendo un "buen" día, nadie quería arruinarlo discutiendo su "mal" día. Con el tiempo, ese elefante en el cuarto se volvió más y más grande. Comprendí por qué la gente que sufre una gran pérdida se muda de ciudad, cambia de empleo o rompe su matrimonio. Piensan que el dolor que sienten en el interior cambiaría si lograran cambiar algo exterior. O quizás buscan escapar en las drogas o el alcohol. Desafortunadamente, no es tan fácil. El dolor de una pérdida continúa resurgiendo hasta que se experimenta en su totalidad, se abraza, se aprecia por el amor que representa y se incorpora al presente. Este proceso es duro, desde luego, pero necesario para poder seguir adelante. (No por gusto los psicólogos lo llaman "*proceso* de duelo").

También comprendí por qué los matrimonios se deshacen tras la pérdida de un hijo. Definitivamente, la culpa y el remordimiento que pueden sentir algunos padres al principio del proceso puede corroer un matrimonio. Otros solo se disuelven lentamente hacia la nada. Con el tiempo, una pérdida de esa magnitud cambia la visión del mundo de una persona, su futuro y sus prioridades. Pero, en lugar de hablar sobre estos cambios y moverse juntos en direcciones similares, es mucho más fácil y menos doloroso no hablar de nada.

Tras la muerte de Willie, Bill y yo nos hicimos el propósito de no convertirnos en una estadística. No queríamos perdernos uno al otro y no queríamos ocasionarles una nueva pérdida a nuestros otros hijos. Dos años después, seguíamos comprometidos con nuestro matrimonio, pero el contenido emocional de nuestra relación se estaba diluyendo. Ambos teníamos mucho dolor todavía y parecía imposible hablar de nuestros sentimientos. Para entonces, el elefante en el cuarto se había vuelto tan grande que desplazaba casi todo lo demás.

Consideré asistir a terapia, pero en un pueblo pequeño es difícil encontrar la terapia adecuada. Intenté encontrar a alguien que comprendiera la miríada de problemas relacionados con el duelo, con quien mis hijos quisieran hablar. Luego, cuando más lo necesitábamos, Dios me envió un pequeño milagro. Me "topé" con un antiguo colega que no había visto en mucho tiempo. Él conocía a un psicólogo especializado en el deporte, quien hacía visitas a domicilio y había experimentado el duelo después de la muerte de su hijo. Este psicólogo se reunió con mis hijos, con Bill y conmigo, en lo que resultó ser una experiencia magnífica. Bill y yo teníamos dificultades para hablar sobre la muerte de Willie cara a cara, pero frente al psicólogo el tapón de nuestra conversación se diluyó. Hablar con él en lugar de hacerlo directamente uno con otro parecía mejor y más seguro, y al fin pudimos hablar abiertamente sobre nuestro dolor. Solo nos reunimos con el psicólogo una vez, pero los efectos de su consulta han sido duraderos. Desde entonces, les recomiendo terapia a las familias que sufren algún duelo, incluso si es una terapia limitada. Tan solo una visita de un pastor de confianza, un amigo o un consejero puede cambiar el duelo.

LO QUE APRENDIMOS: DESCANSA EN LOS BRAZOS DE LA GRACIA

He notado que el remordimiento y el arrepentimiento muchas veces son la causa de que la gente se quede atorada emocionalmente después de la pérdida de un ser querido. Los amigos y familiares que sufren muchas veces sienten una profunda decepción y pena por las cosas que no dijeron o no hicieron antes de que muriera el ser querido, o experimentan remordimiento por las cosas que *sí* hicieron o dijeron. A todos nos acosan tres palabras: "Si tan solo...".

Muchas veces creemos, sin que nos percatemos, que el tiempo avanza solo para nosotros, que siempre habrá oportunidad para visitar a los demás, expresarnos y arreglar los problemas. Después de una vida en la que damos por sentado esas oportunidades, nos sorprende que se terminen para siempre y que ya no podamos hacer preguntas, discutir algo importante, conocer a alguien o resolver un problema. A algunas personas les preocupa que sus seres queridos no supieran cuánto los amaban. Otras se arrepienten por no haber expresado perdón o haberlo pedido.

Las palabras que Loretta me escribió son un retrato punzante de esta clase de remordimiento:

> *Perdí a mi hermano hace casi cinco años y mi dolor no cesa. Sufría esquizofrenia y tuvo que vivir conmigo durante diecisiete años después de que nuestros padres murieran. Los medicamentos le daban calidad de vida, pero no sabía que lo estaban dejando inválido. Insistí en que tomara terapia en una clínica y sucumbió a una infección después de catorce meses. Nunca imaginé que no volvería a casa.*
>
> *Paso cada día, casi cada minuto, pensando en él y en las decisiones que debí haber tomado. ¿Mi hermano sabe cuánto lo amo y lo extraño? Me culpo a mí y a mis decisiones estúpidas por su muerte.*

Si te encuentras aplastado por una pesada carga de remordimiento y arrepentimiento, lo entiendo. Cuando me atrapa ese tipo de angustias, pienso en la magnífica gracia que sentí en la presencia de Jesús durante mi revisión de vida y en la promesa que me mostró repetidamente de que los planes de Dios para cada uno y para el mundo son de esperanza. La oferta espiritual de Dios nos invita a dejar de pensar en lo que hicimos o no hicimos y, en su lugar, abrir los brazos para recibir Su gracia excesiva y Su inquebrantable amor. El perdón no solo es un cliché, la gracia de Dios lo cubre todo. He descubierto —en mi experiencia y en la de muchos otros que también sufren— que al abrazar el corazón de Dios encontramos lo que necesitamos para poder vivir con las cargas que llevamos a cuesta. Solo entonces podemos descubrir la fuerza para sacar el mayor provecho del tiempo que se nos ha dado.

Es un lugar vulnerable para vivir ese donde convergen el dolor, el consuelo divino y el don efímero del tiempo. Yo viví en ese delicado lugar durante muchos años, temiendo lo peor, esperando lo mejor.

Si esto describe tu viaje, te animo a hacer lo que yo hice.

Día tras día, descansa en el corazón de Dios. Sin importar lo que venga, no olvides que eres bienvenido en Él. Su gracia te abraza completamente. Estás acunado en el lugar donde todo comienza a sanar.

LO QUE APRENDIMOS: ALEGRÍA, NO IMPORTA LO QUE PASE

Muchos aspectos de mi duelo no diferían de los de cualquier otra madre que hubiera perdido a alguno de sus adorados bebés. Al mismo tiempo, mi experiencia era distinta. Nunca sentí culpa, ira ni desesperanza después de la muerte de Willie, pero decirlo no me hace especial ni extraordinaria de ninguna manera. Mi tiempo en el cielo cambió profundamente mi perspectiva sobre la vida y la muerte, y confirmó sobremanera mi confianza en las promesas de Dios. Te deseo esas mismas cosas, aunque sea en menor medida, a ti y a quienes experimentan cualquier tipo de pena.

Incluso en el peor momento, seguí llena de alegría. ¿Te parece imposible? Por supuesto que estaba extremadamente triste, pero la felicidad y la alegría son dos emociones muy distintas. La felicidad, el opuesto de la tristeza, es una emoción que surge de las circunstancias. Cuando las circunstancias cambian, también lo hacen nuestras emociones. Puedo sentirme feliz cuando brilla el sol, si he estado haciendo ejercicio, si mi familia está sana, si hablo con un amigo cercano o si no tengo problemas económicos. Y puedo sentirme infeliz cuando estoy preocupada por algo en el trabajo, cuando alguien hiere mis sentimientos, cuando se rompe mi computadora o cuando me multan por manejar rápido.

La alegría, en cambio, es un estado del ser que no se modifica por los problemas ni otras circunstancias. Está basada en la confianza de que Dios sostiene Su palabra y que Sus promesas son ciertas. Para las personas de fe, la alegría surge de una experiencia interna ante una realidad externa y mayor, hacia la que nos proyectamos. Por eso los primeros cristianos encarcelados por su fe podían tenerlo todo "por sumo gozo" (Sant 1,2-3). Por eso Jesús conocía la alegría incluso cuando caminaba hacia la cruz (Heb 12,2).

Hace poco presencié un partido de futbol americano profesional y observé que el jugador atrapó el balón al inicio de la mitad del terreno de su equipo. Cuando empezó a correr hacia la zona de anotación, tuvo que esquivar a muchos jugadores del equipo contrario que intentaban detenerlo. Se movió a la derecha, a la izquierda, saltó, giró e hizo toda clase de maniobras para evadirlos. En lugar de enfocarse en los obstáculos, mantuvo su atención en la meta. El punto que anotó era su prioridad —el "gran panorama"— y las diversas maniobras fueron sus circunstancias momentáneas.

Nada que hago u ocurre en mi vida cotidiana cambia la naturaleza eterna de Dios o Sus promesas para mí. A veces, las circunstancias de un día en particular me dan felicidad, diversión y emoción; otras, me dan ira, pena, soledad o confusión. Sin importar lo que experimente durante esos días, semanas o incluso años, sé que no reflejan el plan eterno que Dios tiene para mi vida. Esa confianza, esa absoluta seguridad en el plan eterno de Dios es lo que me permite trascender mis circunstancias diarias y experimentar alegría, sin importar mi situación.

Mi alegría se basa en la certeza de que hay un Dios real y presente en el mundo, que nos conoce a cada uno, nos ama profundamente y tiene un plan lleno de esperanza para nuestras vidas. Mi alegría está basada en el conocimiento de que toda situación y experiencia en la Tierra es temporal y nos prepara de alguna manera para el futuro. Como dijo el apóstol Pablo, "Pues esta aflicción leve y pasajera nos produce un eterno peso de gloria que sobrepasa toda comparación, al no poner nuestra vista en las cosas que se ven, sino en las que no se ven; porque las cosas que se ven son temporales, pero las que no se ven son eternas" (2 Cor 4,17-18).

CÓMO SE SIENTE AHORA

Sé que veré a Willie de nuevo cuando regrese al cielo. Aun así, extraño terriblemente la presencia física de mi hijo.

Recuerdo la belleza de sus ojos y su risa boba, y desearía que pudiera estar con nosotros cuando salimos de viaje y participamos de nuevas aventuras. Todos lo deseamos. Algunos días pensamos en el futuro que no tuvo, preguntándonos qué clase de esposo y padre hubiera sido, e imaginamos la manera en que hubiera cambiado al mundo.

Aunque el tiempo no ha borrado mi dolor, mi confianza en las promesas de Dios ha borrado su intensidad y me ha permitido tejer la muerte de Willie, como todas las otras experiencias, en el tapete de mi vida. De hecho, creo que el tener continuamente puesta mi atención en las promesas de Dios y no en mi tristeza personal no solo me ha ayudado a "sobrevivir" la muerte de mi hijo, sino que me ha impulsado también en dirección a los planes que Dios tiene para mi futuro.

La novelista Eva Ibbotson escribió, "No puedes impedir que las aves del dolor vuelen sobre tu cabeza, pero puedes impedir que hagan su nido en tu cabello".[1] Nunca quise un futuro sin Willie, pero he descubierto que apoyarme en las promesas de Dios durante mi pena ha evitado que las aves se queden.

La realidad es que todos tenemos trabajo que hacer todavía. Dios no ha terminado con ninguno de nosotros y, si nos concentramos de lleno en Sus promesas en lugar de en nosotros, los miedos que nos detienen inevitablemente se disolverán. No solo nos liberaremos del dolor, sino que abriremos nuestro corazón hacia la vida alegre que Dios pretende para cada uno de nosotros. Descubrí que durante mi pérdida me reconfortó mucho haber aprendido la lección de que la belleza surge de todas las cosas.

Cada mañana de Pascua, los cristianos del mundo se regocijan recordando que se derrotó a la muerte. "¡Cristo resucitó!", gritamos con los corazones contentos y las manos en alto. ¡Qué triunfo más impactante! ¡Qué celebración!

Pero ¿cómo podemos plantar las hermosas verdades de la resurrección, la realidad del cielo y la certeza del amor incondicional de Dios como semillas en el suelo rico de nuestra vida cotidiana?

Dale vuelta a la página. En la segunda parte de este libro te mostraré cómo.

SEGUNDA PARTE

◇◇◇◇◇◇◇◇

Capítulo 13

◇◇

CÓMO VIVIR CON UNA CONFIANZA ABSOLUTA

Confía en el Señor con todo tu corazón, y no te apoyes en tu propio entendimiento. Reconócele en todos tus caminos, y Él enderezará tus sendas.

Pr 3,5-6

Si examinas cuidadosamente los recuentos de las visitas al cielo o cualquier historia honesta sobre experiencias con lo sobrenatural, descubrirás una oportunidad secreta muy personal en cada una. Puedes llamarla "la promesa instantánea del cielo", y se pudiera formular de esta manera:

> *Si el cielo y lo sobrenatural están tan cerca ahora, y si Dios es tan real, tan bueno y tan amoroso conmigo ahora, entonces, puedo vivir más plenamente y con más alegría... ahora.*

¿Sientes curiosidad?

Si la promesa del "ahora" te parece exagerada, debes saber que no lo es. Pero sí es una propuesta que debes tomar o dejar en su totalidad. Es decir, debes asumirla con ambos pies adentro del agua. Podemos ver tu vida y la mía

223

de manera radicalmente distinta hoy gracias a la realidad del cielo. O puedes decidir que solo estás medianamente interesado... y alejarte y continuar siendo el mismo. Si te alejas, estarás decidiendo que todos los recuentos de experiencias con Dios, incluyendo el mío, caen en la categoría de historias conmovedoras y dulces que podrías releer en el futuro, pero sin transformar tu forma de pensar, tu corazón o tu alma.

En este capítulo y los siguientes, quiero mostrarte cómo tu vida puede cambiar a partir del descubrimiento de esa promesa. Quiero que vivas algo más que un mero cuento para adultos o una historia feliz, pero sin importancia.

No lo dudes, este es un asunto serio. Hoy sé que, sin dudas, este mundo está separado del siguiente por un velo muy delgado, y que ambos pertenecen a Dios. Sé que tú y yo vivimos junto a la eternidad, e incluso dentro de ella, y que un día el velo entre la eternidad y el tiempo desaparecerá —así como también todas sus agendas, relojes, tragedias y los eones de la historia. Ese día, Dios mismo convertirá en bueno, recto y hermoso todo lo que sucedió en el tiempo.

Eso es lo que el cielo deja muy claro: el amor excesivo de Dios permea todo y abraza a todos y a todos los pueblos, incluyéndote a ti y a mí, ¡y el amor definitivamente ganará al final!

En cada capítulo anterior he intentado exponer mi experiencia en ese sentido. Quiero mostrarte ahora que las impresionantes, pero verdaderas, lecciones del cielo están dirigidas a cambiar la forma en que comprendemos nuestro mundo, ahora y después de la muerte, y la forma en que nos relacionamos con lo divino todos los días. Estas lecciones podrían resumirse en:

- Las circunstancias lucen distintas a través de los ojos del cielo.

- La muerte no es el final.

- Dios es amor y el perdón nos libera.

- El cielo es real y la gracia abunda.

- Dios quiere ser visto y mostrar Su presencia en nuestro mundo a través de los milagros.

- Dios tiene un plan de esperanza, propósito y belleza para nosotros.

- A Su tiempo, la belleza surge de todas las cosas.

Cada una de las siete lecciones transformadoras que discutimos en la primera parte de este libro es parte de la promesa de Dios de que el cielo es real y la muerte no es el final, que Él nos conoce y nos ama, que está presente en nuestro mundo y que tiene un plan universal para todos, lleno de esperanza. Todas se dirigen a cambiar tu forma de vida.

A la nueva forma de vida yo le llamo vivir con confianza absoluta. Ni tú ni yo estamos aquí en la Tierra solo para vivir con la *esperanza* de que Dios existe, o con la *creencia* de que Dios existe. Se nos invita a confiar absolutamente —con *toda seguridad*— en las promesas incondicionales de Dios.

Cambiar las bases de nuestra vida —que significa, en lugar de albergar esperanzas y creencias, mostrar una confianza inquebrantable en la verdad de las promesas de

Dios— trasforma toda nuestra cotidianidad. Sin embargo, la mayoría de las personas evita hacerlo. No obstante, es bueno saber que *cada* persona puede realizar ese cambio transformacional y, por fortuna, ¡no tiene que pasar por una experiencia traumática como la mía!

La buena noticia es que las promesas del cielo son para todos. Pretenden transformar, de manera práctica, cómo vivimos en el ahora: cómo escuchamos a Dios a lo largo del día; cómo recibimos el éxito y superamos la derrota; cómo tomamos decisiones; cómo enfrentamos retos como la muerte de un ser querido; cómo encaramos nuestro trabajo, criamos a nuestros hijos, interactuamos con la gente alrededor nuestro y perseguimos nuestros sueños, entre otras cosas.

¿Puedes realizar esa transformación sin haber vivido una experiencia extracorporal? Por supuesto que sí. Puedes despertar a la realidad de que Dios está vivo y activo en tu día, desde ahora.

LAS TRES ETAPAS DE LA LIBERTAD

El punto de partida universal para este viaje hacia la reconexión con las verdades del cielo se encuentra en esa pequeña chispa de anticipación que sentimos cuando nos preguntamos en un primer momento si las promesas de Dios podrían ser ciertas. Ese anhelo interno indica que tu corazón se ha abierto lo suficiente como para considerar la posibilidad de que Dios sea lo que el cielo revela, y que Su corazón albergue amor eterno e incondicional hacia ti.

No me refiero a "entender la religión", por cierto, ni a abrazar otra espiritualidad. Cuando consideras cuántas personas en la Tierra profesan creer en las ideas adecuadas, o fijan sus esperanzas a alguna práctica, credo o ritual espiritual, *sin que con ello sus vidas cambien mucho*, debes admitir que falta algo. ¿Por qué se encuentran estancadas tantas personas espiritualmente bienintencionadas?

He encontrado la respuesta al repensar tres palabras comunes que usamos para describir cómo nos relacionamos con Dios: esperanza, fe y confianza. Ellas se encuentran en los textos sagrados de la mayoría de las tradiciones religiosas. Los cristianos adoran cada una, y con razón. Las predicamos. Las cantamos en la iglesia. Pero ¿qué significan?

Quizás has notado que las usamos de manera intercambiable. Para confundir las cosas todavía más, pueden interpretarse de formas tan distintas que terminamos sin saber realmente *qué* significan. He ahí el *por qué* no podemos sacar del bache nuestra experiencia espiritual.

Al nombrar cuidadosamente —o renombrar— cómo nos relacionamos con Dios, busco ayudarte a reevaluar tu experiencia actual y mostrarte de la manera más sencilla cómo acceder a la nueva forma de vida que siempre has querido. Estoy hablando de esperanza, fe y confianza, no como términos teológicos, sino como *niveles de una convicción personal.*

Sígueme. Si miras dentro de esas palabras conmigo, te mostraré de forma práctica cómo desbloquear la realidad y el poder del cielo en tu vida actual.

Déjame hablar de cada nivel por separado. Para la mayor parte de nosotros, describen una secuencia.

EMPEZAMOS CON LA ESPERANZA

Afortunadamente, la mayoría de las personas en la Tierra tiene esperanza. La esperanza describe el sentimiento de que, con solo seguir adelante, las cosas buenas llegarán a nosotros. La esperanza es como el oxígeno: lo necesitamos para seguir adelante. Expresamos esperanza cuando decimos, "Espero que tengamos buen clima este fin de semana", o "Espero que te vaya bien en el examen", o "Tengo grandes esperanzas para el próximo año". Con estas frases, describimos algo que anticipamos.

Pero, en realidad, no estamos seguros de que sucederá. Cuando murmuramos una oración antes de dormir, vamos a la iglesia "porque eso es lo que hace la familia" o vivimos creyendo que, si hay un cielo o un Dios, probablemente estaremos bien porque siempre podemos señalar a alguien que esté más abajo que uno en nuestra escala de comportamiento ético... Eso es esperanza. La esperanza no es específica, y funciona igual de bien para escépticos que para creyentes.

Al final, se traduce en "Quizás sí, quizás no".

Pero cuando la esperanza es todo lo que sentimos con relación a Dios o la forma en que respondemos a Sus promesas, no es suficiente. Se vuelve más una ilusión que una convicción transformadora. Tal vez nos tranquilice a veces, pero ¿qué pasa con las ocasiones en que la esperanza desaparece, cuando *no* nos sentimos tranquilos?

¿Ves a lo que me refiero? Si la esperanza es todo lo que sentimos con relación a Dios, la realidad de los milagros y la promesa del cielo, lo más probable es que no cambiemos nuestra forma de pensar o de vivir, incluso si queremos hacerlo.

Por ello, como palabra que describe una convicción espiritual, yo pienso en la esperanza como el comienzo, pero no el final. Los sentimientos positivos, el deseo y el anhelo están bien, pero rara vez son lo suficientemente sólidos como para ser transformadores. Un deseo o un anhelo no tienden a resistir las tormentas de la vida.

NOS GRADUAMOS HACIA LA FE

En mi experiencia, para apoyarse completamente en la bondad de Dios se necesita, además, lo que solemos llamar fe. De nuevo, para dejarlo claro, no estoy usando esta palabra en el sentido teológico tan importante para el cristianismo, al que Pablo se refirió cuando escribió, "Por gracia te ha salvado la fe", o al que aparece en Hebreos cuando se dice que "Sin fe es imposible complacer a Dios".

Me refiero, por el contrario, a la forma en que tendemos a decir y aludir a esa palabra en la cotidianidad. A veces, la fe es una luz y una brisa cuando la publicidad y las campañas políticas declaran que solo "Debemos tener fe". Un hombre o una mujer que vota de cierta manera, va a la iglesia y recita el Credo apostólico el domingo, o simplemente responde que "sí" en la encuesta que pregunta si cree en Dios, se considera "una persona de fe", aun cuando ello no indique la fuerza de sus creencias o cómo las incorpora a su vida. ¿Ves la diferencia? Por amada que sea la palabra *fe* por la mayoría de los cristianos, judíos y musulmanes, lo que implicamos con ella puede confundirse fácilmente.

¿Eso es cierto para ti? Tal vez dices lo correcto en la iglesia, lees la Biblia, rezas, cumples con una lista de afirmaciones religiosas, asistes a pequeños grupos de estudio y crees que hay un Dios amoroso en alguna parte "ahí afuera". Pero, a pesar de tu sinceridad, vives con duda. Tal vez te reconozcas en la siguiente respuesta, que he escuchado tantas veces, sobre la fe en Dios: "¿Qué puedo perder? Si tengo razón, iré al cielo; si no, no pierdo nada".

Vivir con ese tipo de fe es como zarpar en un bote al que solo una parte de nosotros se sube. Tenemos una pierna adentro y otra afuera. En parte estamos donde queremos estar... ¡pero también nos mojamos!

Honestamente, a veces me parece que la mayoría de la "gente de fe" solo está parcialmente "en el bote". El resultado es obvio en todos lados. Muchas personas que profesan una convicción sincera no viven realmente la vida plena de alegría que Dios tiene para ellos, no reflejan el amor de Dios ni ofrecen la gracia a los otros. A pesar de sus mejores intenciones y deseos, viven vidas que no han sido transformadas por el amor de Dios.

Esas personas, cuando enfrentan un sufrimiento real, no disfrutan de los beneficios de la verdad, la presencia y el amor de Dios. Su fe se tambalea. ¿Cómo pudo pasar eso?, se preguntan.

Creo que la respuesta está en que muchos igualan la fe a la creencia muy, muy, muy fuerte en que las promesas de Dios son verdaderas. Otra cosa es traducir la fe en confianza, que es lo que verdaderamente impulsa a una persona hacia el plano de la alegría trascendental. Para muchos, verse a sí mismos como "una persona de fe" es todo lo que pueden hacer. Quizás han sido erróneamente informados sobre quién es Dios y cómo Él se siente respecto a ellos. Como resultado, no pueden dar el paso de la transformación y subirse completamente "al bote", que es donde se da la confianza absoluta.

CAMBIAMOS CON LA CONFIANZA ABSOLUTA

La esperanza y la fe se convierten en confianza absoluta cuando vemos personalmente la evidencia convincente de la presencia de Dios en nuestra vida y actuamos acorde a ello. El cambio en nuestra forma de pensar puede ocurrir mediante experiencias personales o al conmovernos con la historia de alguna persona, como la que comparto en este libro. La evidencia demuestra que vivir con tanto menos que una confianza absoluta en la bondad de Dios simplemente no tiene sentido. *Actuar* con fe sobre lo que sabemos ahora que es verdad crea un cambio en nuestra forma de sentir, pensar y vivir.

Vivir con una confianza absoluta en Dios no depende de nuestras emociones, circunstancias momentáneas, conveniencia ni comportamiento religioso. Nace de la aceptación de que, sin importar qué suceda, las promesas de Dios son eternas e inmutables, y son para cada uno de nosotros. Esa fe auténtica y transformadora —que yo llamo confianza absoluta— empieza con una decisión consciente, casi siempre basada en un encuentro personal, de arriesgar todo por el amor ilimitado y la bondad de Dios.

Probablemente recordarás a los héroes bíblicos que hicieron ese descubrimiento y permitieron que sus vidas cambiaran de maneras extraordinarias. Imagina cuánta confianza debió haber tenido Noé cuando se embarcó en la construcción del arca. Probablemente lo ridiculizaron mientras la construía, se burlaron de él mientras la cargaba y lo abuchearon mientras se subía a ella. Una vez en el arca, esperó la promesa del diluvio. Y esperó. Y esperó más. Esperó y confió durante siete largos días antes de que empezara la lluvia. Sin una confianza inquebrantable en la palabra de Dios, Noé probablemente hubiera abandonado el proyecto mucho antes de que llegara el agua.

O imagina la confianza de Daniel. Era alegre, honesto y trabajador, pero sus compañeros envidiaban su éxito y lo sabotearon y lograron que lo condenaran a muerte. ¡Y luego trajeron a los leones! Pero en lugar de llenarse de ira y miedo, Daniel enfrentó y superó sus circunstancias con una confianza inamovible.

Muchas personas esperan que las promesas de Dios sean ciertas, y muchas más dicen tener fe. Pero ¿cuántas personas tienen la confianza de Noé o de Daniel?

Solo cuando abrimos nuestro corazón con absoluta confianza, las verdades hermosas de la bondad de Dios nos cambian de verdad. Y la confianza absoluta está disponible para todos, no solo para los muy religiosos, para los santos de la antigüedad o ¡para los pocos que han tenido una experiencia cercana a la muerte!

LA VERDADERA CONFIANZA SIEMPRE ES PERSONAL

Llámame pragmática, con los pies y las manos en la tierra, pero me he dado cuenta de que muchas de las grandes verdades de nuestra vida con Dios pueden volverse meras abstracciones con facilidad. Eso es lo que, creo, sucede con la creencia y la fe. Por supuesto, como ideas no son poco importantes o se deben apreciar menos. Pero lo que me encanta de la confianza absoluta es que se vincula directa, inmediata y prediciblemente con algo práctico. La confianza real casi no existe como idea. Si no hay un acto que conduzca hacia un resultado distinto, entonces no hay confianza. Así como la gracia es amor en acción, la confianza es fe en acción.

Imagina que estás caminando conmigo por un sendero angosto, en lo profundo de una selva tropical en América Central. Llegamos a un barranco atravesado por un puente colgante, la única forma de cruzar. Abajo vemos y escuchamos un fuerte torrente. Mientras inspeccionamos con nerviosismo el puente, notamos que se mueve con el aire. El movimiento y el extraño ensamblado de las sogas y tablas hace que el puente parezca, digamos, inseguro.

Pero ¿lo es?

Antes de dar el primer paso, *esperamos* que el puente nos sostenga. Incluso tenemos *fe* en que el puente nos sostenga —tanta, que creemos que no ocurrirá nada malo si por fin decidimos cruzar el abismo. Pero aún no hemos dado un paso y no hemos cruzado el barranco.

¿Confianza? Eso es distinto. No podremos decir que tenemos *confianza* hasta que no hayamos comenzado a cruzar el puente. La confianza empieza cuando tomamos una decisión y actuamos. Nos impulsa a dar un paso, y luego otro, y otro, y a cruzar el puente flojo que se sacude, hasta llegar al otro lado.

Por eso digo que la verdadera confianza siempre es personal. Empieza con un poderoso compromiso que nos impulsa en una dirección que no habríamos tomado sin ella. Tú y yo podemos hablar con gran discernimiento sobre la esperanza y la fe, pero tenemos que *vivir* la confianza.

¡No es ninguna sorpresa que vivir con absoluta confianza en las promesas de Dios te cambia la vida!

Los beneficios emocionales y de comportamiento que he experimentado al confiar enteramente en las promesas de Dios siguen alterando profundamente cómo experimento mi vida diaria. Por ejemplo, ahora me doy cuenta de que la promesa de Dios de que me ama profundamente aplica de igual manera a las personas que no me caen bien. Él ama a la gente que no luce como yo ni está de acuerdo conmigo. Por supuesto, no siempre quiero que Dios ame a otros tanto como creo que me ama a mí, pero eso no cambia nada. Él los ama, de una manera profunda, incondicional, apasionada y eterna. Él ama a la gente a quien no le agrado, a las personas que me han hecho daño, a las que me parecen poco éticas, inmorales o, simplemente, patanes.

De hecho, no solo los ama, sino que son parte integral de Su plan para el mundo (como también lo somos tú y yo).

Confiar en las promesas de Dios nos lleva a vivir en la libertad de descansar enteramente en *Dios como Él se describe a Sí mismo,* no como lo hemos construido. Nos aleja de los cómodos lugares comunes y de las canciones apasionadas que confundimos con una relación verdadera con lo divino. Nos permite trascender las circunstancias momentáneas y vivir completamente la vida que Jesús modeló y Dios quiere para cada uno de nosotros.

Tengo un cariño profundo por las creencias cristianas más arraigadas y lo que nos enseñan sobre la vida, y he estudiado las escrituras, pero no escribo como una teóloga entrenada, sino como un testigo fiel, experta solo en algunas cosas, entre ellas mi propia experiencia. En ese sentido, me considero enviada, humilde por lo que me sucedió y apasionada por lo que tengo que decir al respecto.

Mi experiencia en el río me cambió, no hacia la perfección, sino hacia algo parecido a la libertad en el Espíritu. Al confiar en que todos somos importantes y profundamente amados, me siento libre para arriesgarme y para sentir compasión hacia todas las personas. Libre de la ansiedad de mi propia muerte o de la de mis seres queridos, he cambiado radicalmente mi respuesta ante ella. Cuando muere alguien que amo, me siento triste por la pérdida, pero también siento un poco de envidia al saber que esa persona regresa a nuestro verdadero hogar. Al reconocer que todos tienen una historia detrás, así como una historia continua que Dios redime constantemente, soy libre para ofrecer gracia en lugar de juicio. Al saber que todos existimos en los amorosos brazos de Dios, soy libre para buscar la belleza de Jesús en cada rostro.

Eso no significa que me agraden o disfrute la compañía de todas las personas que conozco; enfocarse en Dios no nos vuelve perfectos, sino seres a quienes han perdonado. Sin embargo, me siento obligada a buscar la belleza dentro de cada persona. Cuando mi respuesta inicial es criticar, reconozco silenciosamente mi tontería y la perdono, mostrándome la misma gracia que Dios me muestra. Entonces enfoco mis pensamientos en el amor irresistible e innegable de Dios por esa persona. Confío en que es parte del hermoso plan de Dios para el mundo. Busco algo que me guste sobre ese individuo, sin importar lo pequeño que sea, y suavizo conscientemente mi corazón buscando la belleza de Dios en su interior. Esa pequeña semilla de conexión suele crecer, floreciendo en amor, sin importar el sentimiento inicial.

Aun cuando pasen cosas terribles —como la muerte de un hijo amado—, sé por experiencia que no hay oscuridad capaz de ocultar la luz durante mucho tiempo. Eso es confianza absoluta, de la mejor manera en que la entiendo y la vivo, y las recompensas para mí y para todos son inmensas. "Sortearemos con seguridad cada tormenta", escribió Francisco de Sales, maestro espiritual del siglo XV, "mientras nuestro corazón sea bueno; nuestra intención, ferviente; nuestro valor, firme y nuestra confianza esté fija en Dios".[1]

CUATRO PASOS PARA PASAR DE ENDEBLE A INQUEBRANTABLE

La alegría inquebrantable se construye sobre los cimientos de las promesas de Dios. Refleja confianza en los planes de Dios y esperanza por Su pueblo. La mayoría de las personas *quiere* realmente confiar en Dios de esa manera, incluso si tienen el deseo oculto muy dentro de su corazón. Quizás, como resultado, muchos pasen años perdiéndose la alegría que puede darles una vida espiritual, mientras buscan la felicidad por su cuenta. Pero no tiene que ser así.

Aunque muchos caminos pueden llevar al cambio, compartiré el acercamiento sistemático que he visto funcionar bien, incluso sin necesidad de que ocurran eventos dramáticos. Como ahora ya sabes, soy una persona pragmática, de pensamiento firme, entrenado científicamente. No te sorprenderá entonces que el camino al descubrimiento de la confianza absoluta que describo aquí sea detallado, secuencial, acumulativo y basado en la evidencia. Si sigues con sinceridad sus pasos, podrás transformar tus creencias espirituales —posiblemente poco firmes en ocasiones— en una confianza sólida.

Exploraremos de forma práctica su progresión sencilla en los siguientes capítulos. Los pasos son:

- Ver más allá: Abre tu corazón a la veracidad de las promesas de Dios y formula una hipótesis comprobable.

- Mirar a tu alrededor: Reúne evidencia del mundo natural y de otras personas.

- Mirar hacia el interior: Reúnc información personal de tus propias experiencias.

- Formular una conclusión: Reevalúa tu hipótesis, toma una decisión y actúa en correspondencia con ella.

Al seguir estos pasos, sustentarás tus conclusiones con experiencia e información, y con la ayuda de Dios empezarás a vivir de forma distinta, con alegría y seguridad en Su bondad inalterable. Estoy absolutamente convencida de que cualquiera puede lograr esta transformación, pero para ello no basta esperar o desear. Cada persona debe dar el primer paso, y luego el siguiente, para hacer que suceda.

Te invito a dar tu primer paso.

Capítulo 14

❖

PASO 1: VER MÁS ALLÁ

FORMULA UNA HIPÓTESIS CON EL CORAZÓN ABIERTO

Me has hecho conocer los caminos de la vida;
me llenarás de gozo con tu presencia.
HE 2,28

Si estás listo y sinceramente dispuesto a despertar a la presencia y el propósito de Dios en tu vida, te invito a dar tu primer paso en esa dirección. Describo este paso como "Ver más allá".

Para comprender el significado de "ver más allá", imagínate que estás de pie en un campo y observas el horizonte. El horizonte es el futuro que quieres, en este caso, una vida construida sobre la confianza absoluta en las promesas de Dios. El campo a tu alrededor representa tu vida presente. Dado que llevas vivo algún tiempo, el campo está lleno de cosas. A tu alrededor ves obligaciones, viejos sueños, éxitos recientes, relaciones, rencores, decepciones, creencias, recuerdos. En otras palabras, toda la carga emocional e intelectual que conlleva una vida completa.

¿Cómo "ves más allá" de todo eso, hacia el horizonte

donde puedes encontrar y reclamar tu nueva vida? Muchas cosas pueden distraerte, detenerte o impedirte cambiar. Tu primer reto es comprender cómo llegaste aquí, y luego ponerte en marcha hacia el futuro que quieres.

Apliquemos lo que sugiere esta pequeña escena para ayudarte a emprender tu viaje hacia la absoluta confianza. Te propongo tomar tres acciones para liberarte de tu pasado y tu presente e impulsarte hacia la vida que quieres:

1. Empieza haciendo un autoinventario, identificando las cosas que te han detenido.

2. Establece los parámetros de tu búsqueda, preguntando "¿Cuánta evidencia necesito para cambiar mis creencias?".

3. Formula una hipótesis clara y comprobable que te oriente hacia adelante.

Como aprendiste en la escuela, una hipótesis es una afirmación que provee el punto de partida y el enfoque. Anticipadamente, y basado en lo que sabes hasta ahora, estableces en lenguaje sencillo lo que crees que debes comprobar con evidencias. Luego te dedicas a juntar la evidencia que lo sustentará o negará.

Imagina qué pasaría si en tu búsqueda encontraras esa evidencia persuasiva que te permitiría aceptar *verdaderamente* que Dios es real, está presente y labora en tu vida hoy; que te conoce personalmente y te ama como si fueras su único hijo. Imagina la liberación de preocupación y ansiedad que experimentarías si aceptaras realmente que las promesas y los planes de Dios para ti están llenos de belleza y esperanza.

Incluso si te acercas temeroso a esta experiencia de aprendizaje en cinco pasos, tengo confianza en el resultado. En tiempos pasados, Dios ponía la eternidad en el corazón humano (Qo 3,11). No hay dudas, mi amigo, de que la eternidad también está en el tuyo. (El hecho de que todavía estés leyendo este libro lo deja muy claro).

Y no estás solo en esa búsqueda; Dios te acompaña, a tu lado. Él te promete dejarte ver los caminos de la vida, sobre todo cuando los buscas con todo tu corazón (He 2,28; Dto 4,29; Mt 7,7). Por eso, te conmino a que pongas todo tu ser —mente, cuerpo y espíritu— en la búsqueda. Pide a Dios que te muestre el camino. Si lo haces, estoy segura de que Su Palabra, Su Espíritu, Sus ángeles y Su amorosa presencia te guiarán hacia tu verdadero hogar.

PREGUNTA QUÉ TE DETIENE

El primer paso para ver más allá es hacer un inventario personal. Te recomiendo empezar con preguntas como: ¿Qué tan abierto estás a ver la realidad de que un Dios amoroso y sobrenatural trabaja en tu vida? ¿Que actitudes o preferencias limitantes —"carga" personal— pueden bloquear tu camino o distorsionar el resultado de tu investigación?

Un análisis reflexivo de dónde estamos parados ayuda a descubrir cómo llegamos allí. Revisamos nuestro pasado, nuestra historia espiritual hasta el presente y cualquier conclusión previa que haya moldeado la forma en que entendemos a Dios y Sus maravillosas promesas. Por supuesto, casi no nos damos cuenta de esto, pero en los momentos en que más queremos confiar en Dios de forma absoluta solemos dudar, y esa carga bloquea nuestro avance.

Puedes hacer tu propia lista de lo que desordena tu paisaje espiritual (al final del capítulo, te pediré que lo hagas). Para muchos de nosotros, la lista es larga. Estos son algunos de los obstáculos que otros me han compartido, a menudo entre lágrimas de angustia y sufrimiento:

"Me ha lastimado la religión". Tristemente, es una historia conocida. Muchos se han desilusionado con la iglesia y la religión. En nombre de una tradición de fe en particular, algunas personas han hecho más mal que bien. Un líder religioso arrogante o hipócrita puede infligir una profunda lesión emocional. Algunos sufrimos terriblemente las reglas opresivas, las obsesiones ridículas, la mala ciencia o las políticas desinformadas y malintencionadas impuestas en nombre de Dios. Los perpetradores de este daño no tienen por qué haber sido malas personas. Incluso las personas de fe, bienintencionadas, pueden arruinar el mensaje de Cristo. Pero, en cualquier caso, la consecuencia es real.

"Ya no estoy seguro de la Biblia". Quizás las escrituras, en lugar de llevar las buenas nuevas de una mejor vida para todos, fueron un instrumento que fomentó en tu pasado división, exclusión, injusticia, ignorancia, prejuicio o miedo. Quizás las interpretaciones escuetas de los pasajes bíblicos te han mostrado una naturaleza de Dios y Sus promesas que no tiene sentido para ti.

"¿Por qué debería confiarle mi vida 'al señor de allá arriba'?". Muchos de nosotros llegamos a la edad

adulta con una idea y unas expectativas bastante infantiles sobre Dios. Lo que pudo haber sido útil o benigno en el pasado nos limita ahora con visiones de Dios pintorescas, literales y patriarcales que solemos rechazar. En la vida real, necesitamos un Dios para adultos.

"Pero, si confío en Dios completamente, nunca..., siempre...". Los obstáculos de este tipo rara vez se verbalizan, pero acechan con muchos disfraces. Asumimos que abrir de manera absoluta nuestro corazón a Dios significa seguir una larga lista de reglas, poner límites a la diversión o hacer cosas que no queremos. ¿Cómo completarías estas oraciones desde tu propia experiencia?

"Siento que he superado esto". Algunas veces, no podemos separar la cultura de una comunidad religiosa a la que pertenecimos en nuestro pasado de lo que sentimos y queremos en nuestro presente. Conforme maduramos, ya no nos identificamos con "esa gente" y estamos seguros de no querer volver al grupo. Incluso, los recuerdos minúsculos como el olor desagradable del aliento del pastor, la anciana jorobada que cuidaba el cementerio de la iglesia o una conversación incómoda sobre la fe que tuvimos en el preuniversitario o la universidad pueden interponerse en tu camino.

"Nunca podría ser lo suficientemente bueno". He hablado con muchas personas que quieren las experiencias espirituales, pero no la transformación que les sigue. Otros quieren ser transformados,

pero se resisten a los compromisos que puedan surgir de una experiencia espiritual profunda. De cualquier manera, creo que muchos de nosotros nos resistimos por miedo a que no podamos estar a la altura de las expectativas que Dios tiene sobre nosotros.

"No puedo superar mis reservas intelectuales". Las dudas intelectuales resaltan mucho en la publicidad y los medios, y por supuesto deben tomarse en serio. Pero algunas personas no pueden abrazar una vida espiritualmente profunda debido a su arrogancia intelectual. Permitimos que nuestras creencias "científicas" filtren lo que estamos dispuestos a creer o siquiera considerar. Decimos rechazar cualquier cosa que no podamos ver, tocar o demostrar científicamente, ignorando que constantemente aceptamos muchos hechos invisibles que solo inferimos a partir de sus efectos (gravedad, ondas electromagnéticas, el viento). No podemos ver ni demostrar la existencia del amor, la bondad o la compasión, pero ¿quién duda de que son reales?

"La religión es una muleta". Este argumento nos proyecta fuertes, autosuficientes, racionales y libres de la necesidad de Dios. Muchas veces queremos las bendiciones de Dios, pero no Su guía. Creemos que nos hemos ganado nuestros logros y no compartimos el crédito con Dios, aunque tal vez lo culpamos cuando las cosas salen mal. Dentro de nuestra cultura actual, valoramos el poder y el prestigio por sobre la humildad. Sería degradante

para nuestra idea sobre la posición social limpiar los pies de los inmigrantes, como hizo el papa Francisco, o viajar en burro, como hizo Jesús.

"Soy espiritual, pero no religioso". Otra visión común en nuestro tiempo asume que la espiritualidad y la religión pueden estar separadas, y que la espiritualidad, liberada de las limitaciones de la religión organizada, es de algún modo más pura. Un compañero de kayak me dijo una vez que era muy espiritual, pero no creía en "eso de Dios". Quedó claro por nuestra conversación que él, como tantos otros que dicen ser espirituales, pero no religiosos, simplemente quería diseñar una experiencia por sí mismo, una que no fuera imputable a una comunidad más grande ni a una revelación más elevada; una que pudiera tomar y dejar a voluntad. El asumirse como alguien espiritual puede ser otra manera de mantener el control, *no* de abrir nuestro corazón a un poder mayor que nosotros mismos.

"Pero no sabes lo que he hecho". He conocido a muchos que buscan a Dios, pero se encuentran bloqueados para abrir su corazón debido a sentimientos de culpa y autocondena. Sienten que han cometido un acto imperdonable y no son dignos de amor. Otros proyectan en Dios la relación tóxica que tenían con un padre terrenal. Si te ves retratado en este obstáculo, probablemente luches con sentimientos profundos que te llevan a sentirte indigno del amor de Dios o de que suceda algo bueno en tu vida.

¿Dirías que el paisaje espiritual de tu vida actual está desordenado por alguna de estas "cargas" u otro obstáculo que puedas añadir? Te invito a describir de la mejor manera posible lo que es cierto para ti. No se trata de encontrar una solución rápida; a muchos de nosotros, resolver esta clase de conflictos nos toma toda la vida.

Por ahora, sugiero que extiendas tu carga indeseable ante la presencia amorosa de Dios. Entrégala en Sus manos con una simple oración. Te recomiendo una, basada en los Salmos:

> *Bueno eres tú, y bienhechor;*
> *enséñame tus estatutos.*
> *Crea en mí, oh Dios, un corazón limpio,*
> *y renueva un espíritu firme dentro de mí.*

> (SL 119,68; 51,10)

U otra tan simple como:

> *Por favor, Dios, toma mis preocupaciones en tus hombros*
> *y dame descanso.*
> *Deja que tu Espíritu Santo me guíe y dame discerni-*
> *miento para que pueda conocer tu amor.*

Creo que descubrirás, como yo y muchos otros, que al examinar y nombrar tus obstáculos y devolvérselos a Dios como acto de fe se liberan fuerzas poderosas en tu vida. Minimizamos el poder que tienen las experiencias negativas para bloquear nuestro progreso y le damos espacio a Dios para traer la renovación que tanto anhelamos.

También nos preparamos para el siguiente paso en nuestro viaje hacia una nueva vida en Dios.

PREGUNTA CUÁNTA
EVIDENCIA NECESITAS

Para "ver más allá" de manera constructiva, debemos saber lo que necesitamos para ponernos en marcha. El acercamiento puede variar con cada uno de nosotros. Como alguien de pensamiento concreto y lineal, busco la integración de mi mente, mis palabras y mi comportamiento. Prefiero la información a las abstracciones, la acción a la ambivalencia. Soy un tanto intolerante a la hipocresía. Creo que, antes tomar una decisión, se deben evaluar intelectual y metódicamente, tanto como sea posible, las verdades religiosas y espirituales. La vida es demasiado corta para vacilar y debatir. Por otro lado, una vez que tomamos una decisión, debemos actuar según nuestras creencias.

¿Qué proceso prefieres? ¿Qué clase de evidencia es más importante para ti?

Va más allá del alcance de este libro o de mi propia experiencia presentar el argumento científico de un Francis Collins, el tratado filosófico de un C. S. Lewis o el caso teológico de un Timothy Keller. Además, por fundamentales que sean lecturas como esas, he descubierto que muchos de los que buscan a Dios encuentran el camino por vías diferentes, cada una adecuada, sin dudas, a las necesidades y naturaleza individuales. A uno le pudiera llevar años de investigación académica rigurosa. A otros tal vez les tome una oración, un encuentro con una presencia angelical, un sueño, una escritura o un momento en que el cielo parezca abrirse y decir sus nombres.

Solo asegúrate de estar genuinamente enfocado en probar tu hipótesis en lugar de comprometerte con la inmovilidad y la autoprotección disfrazadas de búsqueda diligente. Con facilidad solemos comportarnos como si estuviéramos en un juzgado y, en lugar de aceptar la evidencia convincente, buscamos pruebas innegables. Una es una postura creativa y proactiva; la otra es una postura defensiva. Esto es particularmente cierto cuando consideramos ser dueños de una verdad transformadora para nosotros.

Jesús ilustró este punto con la historia del mendigo llagado y hambriento llamado Lázaro, quien murió y fue al cielo, y de un hombre rico que murió y fue al Hades. En la historia de Jesús, el rico mira hacia arriba, "muy lejos", y ve a Lázaro cómodo junto a Abraham. El rico le pide a Abraham consuelo, pero este le recuerda gentilmente que es demasiado tarde para eso. Así que el rico intenta abordarlo de otra manera:

> *Entonces él dijo: "Te ruego, pues, padre, que lo envíes [a Lázaro, quien ha revivido] a la casa de mi padre, pues tengo cinco hermanos, de modo que él los prevenga, para que ellos no vengan también a este lugar de tormento".*
>
> *Pero Abraham dijo: "Ellos tienen a Moisés y a los profetas; que los oigan".*
>
> *Y él dijo: "No, padre Abraham, sino que, si alguno va a ellos de entre los muertos, se arrepentirán".*
>
> *Mas Abraham le contestó: "Si no escuchan a Moisés y a los profetas, tampoco se persuadirán si alguno se levanta de entre los muertos".*

(Lc 16,27-31)

De hecho, Jesús le pregunta a quienes lo escuchan, "¿Cuánta evidencia necesitan?". El hombre rico quiere que Abraham envíe a su familia algo que pruebe los propósitos de Dios del otro lado, pero Abraham le recuerda que existe suficiente evidencia en la Tierra.

¿Comprendes la petición del rico? Yo sí. De hecho, como el hombre rico, muchas veces me he preguntado por qué todas las personas no tienen una experiencia espiritual dramática como la mía que los convenza de la existencia de Dios. Pero ¿cuántas pruebas se necesitarían para persuadir a una persona que no quiere ser persuadida? Como alusión a lo que sucedería después con su propia resurrección, Jesús dijo, de hecho, "Sí, bueno, esa clase de evidencia no existe". No me sorprende que tantas personas tengan experiencias espirituales profundas y se acerquen a Dios solo cuando algo dramático ocurre en sus vidas, que expone la naturaleza ilusoria del control. Quizás desarrollan una enfermedad que no responde al tratamiento médico, una lesión traumática los manda a la unidad de cuidados intensivos o un ser querido muere inesperadamente.

Aunque todas son razones y excusas comunes para no formularse una hipótesis y persuadirse a vivir una vida espiritual, creer en Dios no suele ser un problema intelectual. Algunas personas simplemente no quieren creer. No quieren rendirse ante Dios ni cambiar su comportamiento. Ser una persona de fe casual se siente bien y es fácil. En lugar de la responsabilidad de vivir de la forma en que Dios quiere que vivamos, elegimos nuestros actos y olvidamos sin esfuerzo las veces en que le gritamos a alguien, hablamos mal de un amigo, coqueteamos con un compañero de trabajo o damos al traste con la ética en un asunto de negocios. Confiar a Dios nuestro futuro también requiere que dejemos nuestras propias expectativas, y la mayoría de nosotros preferiría comprender el plan de Dios antes de decidir hacer algo así.

Afortunadamente, como seres espirituales que tenemos una experiencia física (ve el capítulo 3), tú y yo podemos contar con el Espíritu dc la sabiduría y el consuelo para que nos acompañe en nuestra búsqueda. Te prometo que descubrirás, como han hecho millones antes que tú, que, si tu corazón está abierto a la guía de Dios y estás dispuesto a mirar con sinceridad, *encontrarás* suficiente evidencia para lograr un cambio espiritual personal. De hecho, en Jeremías 29,13 y Proverbios 8,17, Dios deja muy claro que *quiere* que lo encuentres.

AHORA FORMULA UNA HIPÓTESIS COMPROBABLE

Si formular una hipótesis personal que te guíe suena a ciencia avanzada, no permitas que el término te desmoralice. Una hipótesis simplemente es una herramienta de organización para ayudarte a hacer tu trabajo, la luz de un faro para ayudarte a navegar a través de un océano de información. Escribir una hipótesis y dedicarse a confirmarla o negarla es en sí mismo un acto de fe por parte del científico. Él o ella envía un globo de prueba para ver qué pasa. Es tiempo de examinar los hechos.

Te recomiendo que tu hipótesis sea simple y directa. Si deseas vivir con confianza absoluta, tu hipótesis debería ser algo como "Dios es real y está presente" o "Las promesas de Dios son ciertas".

Eso es todo. Ahora sabes lo que quieres demostrar. Estás listo para reunir la información en tu camino hacia el gran premio: una forma radicalmente nueva de ver y experimentar tu vida con Dios.

LOS PASOS Y LA REFLEXIÓN PARA AYUDARTE A "MIRAR MÁS ALLÁ"

Escribe tus respuestas a cada uno de estos pasos en un diario u otro documento. Te ayudará a ser meticuloso y te permitirá volver a ellas una y otra vez para meditar y rezar.

1. ¿Alguna vez has puesto a prueba tu fe de forma cabal y con el corazón abierto? Si es así, ¿cuál fue el resultado? ¿Qué resultado esperas obtener del proceso de "ver más allá"?

2. ¿Qué obstáculos emocionales, vinculados con tu propia historia, han impedido que confíes en Dios con todo tu corazón, alma, fuerza y pensamiento?

3. ¿Qué obstáculos intelectuales te han impedido experimentar una confianza absoluta?

4. ¿Qué clase de evidencia necesitas para confiar completamente tu vida a Dios?

5. ¿Cuál es la hipótesis funcional que quieres comparar con la información que reuniste? Escríbela.

Capítulo 15

PASO 2: MIRAR A TU ALREDEDOR

REÚNE EVIDENCIA DEL MUNDO NATURAL Y DE OTRAS PERSONAS

Entiendo que un hombre mire hacia la tierra y sea ateo, pero no puedo concebir que un hombre mire al cielo y diga que Dios no existe.

ABRAHAM LINCOLN

¿Qué significa reunir evidencia para la búsqueda espiritual? ¿Implica sentarse a escuchar sermones interminables, leer tomos pesados, retirarse a ayunar y rezar durante un mes en una ermita? Tal vez. Pero no es por donde yo empezaría.

En este capítulo, buscaremos en nuestro mundo físico y experiencias de vida las señales de que hay un Dios amoroso y sobrenatural escondido a simple vista. Después de todo, si Dios y lo sobrenatural están presentes en todas partes, ¿no deberíamos ver sus destellos brillando como diamantes en todas direcciones?

¿Qué ves cuando miras a tu alrededor? No en un día particularmente especial, sino en uno común. Permíteme responder esa pregunta a partir de mi propia vida.

Como vivo en un área rural en Wyoming, estoy en contacto todo el tiempo con la evidencia divina que se esconde en la naturaleza y sus misterios. Desde la ventana de mi recámara veo la silueta de un árbol solitario. A menudo, un águila se posa solemnemente en sus ramas y siempre me conmueve su majestuosidad. En esa misma dirección se encuentra la tumba de mi hijo y casi siempre pienso en él cuando miro hacia allá.

Cuando miro por la ventana de la cocina, veo álamos de Norteamérica, parcelas y montañas. Es posible que vea gallinas corriendo, y a menudo veo (y escucho) venados, alces, zorros y coyotes. Ocasionalmente veo armiños. Según la temporada, puede haber caballos o ganado pastando en el campo, más allá de nuestra barda.

Frente a nuestra casa hay un estanque que atrae garzas, patos y gansos. En las mañanas y las noches, veo truchas saliendo a la superficie a alimentarse de las larvas de insectos.

En el interior de nuestra casa, muchas veces contemplo las fotos familiares y de nuestras aventuras juntos. Cada una es un testamento de gracia, y estoy agradecida por ello.

Usualmente me voy en bicicleta al trabajo durante los meses más calurosos. Por el camino veo toda clase de aves en sus nidos, sobre todo jilgueros, tangaras y azulejos, y estoy presente cuando sus crías empiezan a volar. Noto cuando las flores comienzan a salir y huelo sus dulces fragancias. Disfruto el regalo de respirar y sentir el calor del sol. No importa lo que pase en el día, hacer ejercicio siempre me hace sentir muy bien.

En el otoño, veo a los álamos cambiar de color. Siempre me fascina recordar que una arboleda de álamos es genéticamente idéntica porque son un solo organismo vinculado bajo tierra por un solo sistema de raíces extendido. Por eso las hojas de una arboleda se vuelven amarillas con solo horas o días de diferencia. Ello me hace pensar en lo interconectados que estamos todos los seres.

Esas son algunas de las cosas que veo a diario. Puedo elegir no verlas y permitir que se pierdan en el trasfondo de mi vida, o puedo decidir que quiero ver la obra de Dios en sus detalles.

Este capítulo te invita a abrir los ojos y ver a Dios en tu día a día. No en el mejor día, el más milagroso, el más "espiritual", sino en los días comunes. ¿Qué ves en el mundo a tu alrededor, en la historia humana que se desarrolla a través del tiempo, en las experiencias de tus amigos? ¿Dónde notas las huellas de Dios? ¿Dónde pueden estarse mostrando las pruebas del cielo en tu vida?

¡Es tan fácil no verlo!

OBSERVA LA NATURALEZA

Creo que, si estudiamos el mundo con honestidad intelectual, podemos razonablemente concluir que *debe* haber un Dios. El universo es abrumadoramente complejo. Y es sorprendente que esa complejidad exista en un estado de perfecto equilibrio, nunca caótico. Para mí, ello demuestra que existe un diseño meticuloso e intrincado.

Si encuentras un viejo reloj que todavía da la hora puntualmente en un ático, ¿asumirías que el azar lo ensambló y le dio un propósito? De la misma forma, sabemos que las piedras en una pared antigua no se acomodaron solas con tal precisión. La visión y el diseño de un pintor son evidentes en cada lienzo, y seguimos las pisadas en el bosque sabiendo que nos llevarán hasta el venado. El salmista lo sabía cuando escribió, "Los cielos proclaman la gloria de Dios, y la expansión anuncia la obra de sus manos. Un día transmite el mensaje al otro día, y una noche a la otra noche revela sabiduría" (Sl 19,1-2).

Encontrar a Dios alrededor de ti puede ser tan simple como hacer el cálculo.

Douglas Ell, quien estudió matemáticas y física en el MIT y tiene una maestría en teoría de las matemáticas por la Universidad de Maryland y un título en leyes por la Universidad de Connecticut, es dueño de una mente muy analítica. Siempre se consideró ateo y trató a Dios como una broma, sintiendo desdén intelectual por el concepto mismo. Pero cuando evaluó matemáticamente las (im)-probabilidades de eventos en el mundo natural, su antiguo ateísmo dio paso a una fe audaz en el Creador Dios, y escribió:

> *En cierto momento, el amante de las matemáticas que había en mí no pudo evitar calcular, en la parte de atrás de un sobre mientras viajaba en un avión, la fantástica improbabilidad de que una sola proteína funcional se creara por accidente en toda la historia del universo. Quedé estupefacto; fue una revelación. Recuerdo mirar los cálculos con incredulidad. ¿Por qué los demás no hacían ese cálculo y veían lo que parecía obvio? No era difícil. En ese momento supe que la ciencia moderna apoyaba la fe en Dios.*[1]

Piensa en eso mientras recorres la creación, ya sea en un banco lleno de gente, en un pasillo ruidoso de la escuela o manejando hacia el trabajo. Mira a tu alrededor, a la lluvia, al viento en los árboles, a un copo de nieve, a las olas en la playa, a una catarina en una rosa.

MIRA EL CUERPO HUMANO

Tu cuerpo, ya sea que estés joven o viejo, está formado por cuarenta mil billones de células, es decir, cerca de quinientas células por cada estrella brillante que existe en la Vía Láctea, y ha sido descrito como la estructura más avanzada que ha habido en el universo conocido.[2] Para refrescar nuestra proximidad a los milagros de cada día, las maravillas de tu propio ser físico son un buen punto de partida.

A veces, cuando estoy en una cirugía de rutina, empiezo a pensar en la impresionante complejidad y perfección del cuerpo humano. En mi práctica como cirujana de columna vertebral, un día realizo una inyección de columna y al otro, un reemplazo de disco o una fusión de huesos. Pero ya sea que esté operando en el quirófano o tratando a los pacientes en mi consultorio, estoy consciente del hecho de que ni *yo* ni ningún otro médico curamos a nadie en realidad. Lo que hacemos es invitar a la cura, preparar el camino para que los huesos y los tendones lesionados hagan el trabajo de curarse. Nunca me deja de sorprender la capacidad del cuerpo de curarse a sí mismo e intentar volver a un estado más funcional.

Cuanto más aprendía en la escuela de medicina sobre lo intrincado del cuerpo humano, más claramente veía el patrón y la presencia de un orden divino. Y no estoy sola en mi interpretación. A pesar de la creencia ampliamente compartida de que los científicos son hostiles hacia la religión, o de que la ciencia y la religión son incompatibles, un estudio reciente demostró que cerca del 36 por ciento de los científicos no alberga dudas sobre la existencia de Dios.[3]

Como muchos científicos destacados, el Dr. Francis S. Collins no encontró ninguna razón para postular la existencia de cualquier verdad fuera de las matemáticas, la física y la química. Estaba cómodo con su ateísmo hasta que fue a la escuela de medicina y estudió genética. Cuanto más aprendía, más cambiaban sus creencias, confesó. Ahora el antiguo director del Proyecto del Genoma Humano y actual director de los Institutos Nacionales de Salud (NIH, National Institutes of Health) cree que "El ADN es el lenguaje de Dios, y la complejidad de nuestro cuerpo y del resto de la naturaleza reflejan el plan divino. El Dios de la Biblia también es el Dios del genoma. Podemos encontrar a Dios en la catedral o en el laboratorio. Al investigar la majestuosa e increíble creación divina, la ciencia puede ser un medio para la adoración".[4]

¿Qué ves en la inocencia y la belleza de un recién nacido? ¿Qué ves en el milagro de tus propias manos? Hay tantas formas de despertar a lo sobrenatural a nuestro alrededor.

CONSIDERA LOS TESOROS QUE ENCUENTRAS

Probablemente tengas una Biblia en algún lugar de tu casa, incluso varias. Pero cuando la abres, ¿recuerdas que, aun como documento histórico, es una de las grandes maravillas del mundo?

"Exploramos" nuestra experiencia física con un sentido histórico cuando intentamos corroborar los lugares, personas y eventos bíblicos leyendo literatura antigua y estudiando los informes de los descubrimientos arqueológicos. Las reliquias que se descubren durante las excavaciones muchas veces proveen evidencia histórica de detalles bíblicos específicos. En una expedición de 1906, por ejemplo, se descubrió evidencia que apoyaba la existencia de los hititas, un pueblo antes desconocido más allá de las páginas del Antiguo Testamento y que, por ende, se tenía por apócrifo. Los arqueólogos descubrieron las ruinas de Hattusa, la antigua capital hitita, en lo que ahora se llama Boğazköy, así como una vasta colección de documentos históricos hititas consistentes con los archivos bíblicos.

Hay evidencia histórica de una gran inundación durante el tiempo de Noé. Los mesopotámicos, egipcios y griegos dejaron registros donde se consigna que en tiempo de los hebreos tuvo lugar un gran diluvio. Incluso, la lista de reyes sumerios de 2100 a.C. está dividida en quienes gobernaron antes del gran diluvio y quienes gobernaron después. En 2012, los estudiantes de maestría del Departamento de Física y Astronomía de la Universidad de Leicester demostraron matemáticamente que con las instrucciones que recibió Noé en el libro del Génesis se podía construir un barco que fuera capaz no solo de flotar, sino también de soportar el peso de más especies animales de las que habitaban la tierra en ese entonces.[5]

Otros hallazgos han validado detalles geográficos de lugares bíblicos como Jericó, Haran, Jazor, Dan, Megiddo, Nablus, Samaria, Shiloh, Gezer, Guibea, Beit Shemesh, Beit She'an, Beerseba y Laquis. La especificidad geográfica del Antiguo Testamento indica que la Biblia no pretendía ser solo metafórica o alegórica.[6, 7]

FÍJATE EN UNA VIDA EXTRAORDINARIA

Tenemos evidencia abundante de que lo sobrenatural entró en la historia humana en forma física cuando Jesús llegó a la Tierra. Cualquiera que sea tu idea de la divinidad del rabino de Nazareth, el impactante poder para cambiar vidas y redirigir el curso de naciones enteras que hay en sus enseñanzas nunca ha sido igualado.

La historia de Jesús no es una ficción cristiana. Los textos antiguos del escritor romano Tácito confirman la existencia histórica de Jesús cuando comentan la decisión del emperador Nerón de culpar a los cristianos por el fuego que destruyó Roma en el año 64 d.C.:

> *Nerón ató la culpa... a un grupo odiado por sus abominaciones, los llamados cristianos por el pueblo. Cristo, de quien se originó el nombre, sufrió la última pena durante el reinado de Tiberio a manos de... Poncio Pilatos, y una superstición en extremo maliciosa, que en ese entonces se había podido controlar, floreció de nuevo no solo en Judea, la principal fuente del mal, sino también en Roma...* [8]

Este documento valida la existencia física tanto de Jesucristo como de Poncio Pilatos. Los expertos especulan, incluso, que la frase "una superstición en extremo maliciosa" hace referencia a la creencia cristiana de que Jesús se levantó de entre los muertos.

Plinio el Joven fue gobernador romano de Babilonia en Asia Menor durante el primer siglo después de la muerte de Jesús. En una de sus cartas al emperador Trajano, fechada el año 112 d.C., le pide consejo sobre la forma adecuada de iniciar procedimientos legales contra los acusados de cristianismo. Plinio relata parte de la información que posee sobre esas personas:

> *Tenían el hábito de reunirse en días específicos, antes de que amaneciera, y cantaban un himno a Cristo, como si fuera un dios, que alternaban con un juramento solemne que los comprometía, no a cometer hechos maliciosos, sino a nunca cometer fraude, robo o adulterio, a nunca falsear su palabra ni negarse a devolver lo confiado cuando se les pedía; después de lo cual era costumbre que se separaran y luego se volvieran a reunir para compartir la comida, pero con alimentos comunes e inocentes.*[9]

Josefo, un historiador judío que vivió en el siglo 1, también menciona a Jesús cuando describe la condena de un "Jacobo" por el sanedrín judío. Ese hombre, dice Josefo, era "el hermano de Jesús, a quien llamaban Cristo".[10]

REÚNE LA SABIDURÍA DE OTROS

Pero ¿qué hay de la evidencia actual de Dios entre nosotros? Estás leyendo este libro, al menos en parte, para obtener más información al respecto. Por la misma razón, te invito a compilar las historias de las personas de nuestro tiempo relacionadas con el cielo y los milagros.

Para comprender el significado de esta clase de evidencias, considera lo que pensarías sobre las hamburguesas de un restaurante local si dos o tres amigos te dijeran que son las más deliciosas del país. Sus palabras probablemente no tendrían mucho peso. Si fueran cincuenta personas las que te lo dijeran, en cambio, quizás considerarías probar una. Si cien personas tuvieran esa convicción, definitivamente probarías una por ti mismo. Y si un millón o dos alabaran las hamburguesas de ese restaurante, ni siquiera necesitarías probar una, estarías convencido de que lo que dicen es cierto.

Un estudio realizado en 2009 por el Centro de Investigación Pew demostró que más del 30 por ciento de los estadounidenses dicen que "se han sentido en contacto con algún fallecido", y casi la mitad de toda la población dice haber tenido una experiencia religiosa o mística (definida como "un momento religioso repentino o un despertar"), incluso el 18 por ciento de los ateos, agnósticos y no afiliados secularmente. Es más, el 13 por ciento dice haber visto o sentido en el último año la presencia de un ángel, y al menos el cinco por ciento dice haber tenido una experiencia cercana a la muerte.[11]

Según estos datos, más de 100 *millones* de personas han tenido una experiencia espiritual profunda y 15 millones han experimentado una ECM. Para continuar la analogía con el restaurante local, uno no debería siquiera necesitar una experiencia personal para aceptar la verdad de esa realidad espiritual.

Pregunta a tus amigos por las "coincidencias" o "sincronías" en sus vidas. Pregúntales sobre las respuestas a sus oraciones y las experiencias espirituales de cualquier clase que valoran. Pregúntales si han experimentado alguna vez un milagro o si han visto a un ángel. Tal vez te sorprenda saber cuántos de tus amigos más cercanos han tenido experiencias espirituales que no han compartido, como Justin y Cindy en las siguientes historias:

Yo trabajaba para la compañía de teléfonos cuando era joven y un día me electrocuté estando arriba en un poste. Lo primero que recuerdo fue mirar hacia abajo desde algún punto en el cielo y ver a uno de mis compañeros dándome los primeros auxilios. Sentí mucha paz y me rodeaba el amor de Dios. Cuando empecé a andar por un camino luminoso, reconocí a mi abuelo. Él me dijo "vuelve" y de pronto estaba en la ambulancia. Intenté contarle a mi esposa lo que había pasado, pero me dijo que me había pegado en la cabeza. Nunca se lo conté a otra persona hasta ahora, y eso fue hace treinta y dos años.

—Justin, Fort Worth, Texas

Cuando tenía tres años, me caí de un muelle cuando nadie estaba mirando. No sabía nadar e inmediatamente me hundí hasta el fondo del lago. Tuve el encuentro más hermoso con Jesús. Agarró mi mano mientras caminábamos, pero me dijo que no podía quedarme.

De pronto salí a la superficie, cerca de la orilla. Mi hermano se rio y dijo que mentía cuando le conté que me había caído y conocí a Jesús. Así que me lo guardé durante muchos, muchos años. Lo recuerdo como si hubiera sido ayer y nunca he olvidado cuánto amor sentí.

—Cindy, Midland, Michigan

Lee las otras historias que se han publicado sobre las ECM, los milagros, las visitas y los encuentros con ángeles. (No estoy sugiriendo que los aceptes ciegamente; algunos autores exageran la verdad —o mienten descaradamente—, pero puedes evaluarlas con el "análisis de calidad" que mencioné en el capítulo 10). Si las aíslas, la mayoría de las historias pueden despedazarse en la superficie. Y, si pones dos historias juntas, diferirán. Pero, si lees diez de ellas, encontrarás elementos comunes sorprendentes. Cuantos más recuentos de presencias o intervenciones espirituales leas o escuches, sobre todo de fuentes en las que confíes, más podrás confiar en la evidencia que recolectes. Cuanto más aumente el volumen de evidencia, más podrás confiar en tus propias conclusiones.

Conforme "mires a tu alrededor", al mundo y a las historias de los otros, estoy segura de que no solo encontrarás suficiente evidencia de que Dios es real y Sus promesas, verdaderas, sino también de que tu consciencia de la obra divina en el mundo cambiará fundamentalmente. En lugar de solo ver las notas musicales en una hoja de papel, empezarás a escuchar la música del cielo en la Tierra.

LOS PASOS Y LA REFLEXIÓN PARA AYUDARTE A "MIRAR A TU ALREDEDOR"

Escribe tus respuestas a cada uno de estos pasos en un diario u otro documento que te permita ser meticuloso y volver a ellas una y otra vez para meditar y rezar.

1. Asómate por cada una de las ventanas de tu casa, dormitorio o departamento. Sigue mirando hasta que encuentres evidencia de lo sobrenatural. ¿Cuál es?

2. ¿Qué es lo que más te ayuda a "abrir los ojos" a Dios y lo sobrenatural en tu día a día? ¿Es un evento aislado o una práctica recurrente?

3. Si pudieras aislar la verdad sobre Dios que con más claridad se refleje en una fotografía de la Vía Láctea, ¿cuál sería?

4. Cuando observas el cuerpo humano, ¿qué evidencia encuentras de que existe un Dios confiable?

5. Cuando estudias la literatura histórica, incluyendo la Biblia, ¿qué evidencia encuentras de que existe un Dios confiable? ¿Qué evidencia encuentras que argumente en contra de un Dios poco confiable?

6. ¿Qué evidencia has aprendido de las demás personas sobre la presencia del cielo y los milagros en sus vidas (incluyendo coincidencias, sincronías, visitas, sueños, ángeles y ECM)?

Capítulo 16

PASO 3: MIRAR A TU INTERIOR

ENCUENTRA SEÑALES DE LA PRESENCIA DE DIOS EN TU PROPIA HISTORIA

Las cosas mejores y más hermosas del mundo no se pueden ver o tocar, hay que sentirlas con el corazón.

HELEN KELLER

He notado que ciertos momentos y lugares parecen aumentar mi receptividad a la realidad celestial. ¿Te sucede también? Los viajes, la soledad, la inmersión en la naturaleza, los retiros espirituales pueden sacarnos de nuestra rutina y acercarnos más a lo divino. He descubierto que pasa lo mismo en momentos de pena y de celebración.

El 21 de junio de 2014 resalta en mi memoria porque algo sucedió ese día que me recuerda que nunca estoy sola y que la gracia de Dios siempre está presente y disponible.

Ese año, mi esposo y yo viajamos a Islas Turcas y Caicos. De regreso a nuestro pequeño cuarto de hotel, al final del día, estábamos exhaustos no solo por la actividad física que habíamos realizado, sino por el dolor y el desgaste emocional de nuestra pérdida. Era el quinto aniversario de la muerte de nuestro hijo mayor. Buscando distraernos mientras nos bañábamos y vestíamos para ir a cenar, encendimos la televisión. Conforme se encendía la pantalla, nos sorprendió lo que escuchamos: ¡mi voz!

Estaban transmitiendo una entrevista que le había dado a Randi Kaye para el programa "Anderson Cooper 360". Fue una sincronía increíble. En ese momento explicaba la alegría que Dios nos enseña a sentir, incluso en medio del dolor. Lo que pudo haber sido un día difícil se convirtió en una oportunidad para alegrarnos, al abrazar ese pequeño milagro y sentir el abrazo cálido del amor de Dios.

Creo que a todos nos crearon para sentir la presencia del cielo. Pero captar la "señal" en medio del ruido de la vida cotidiana requiere esfuerzo. Sócrates dijo que no vale la pena vivir la vida sin examinarla. Lo diré de esta manera: "La vida *examinada* es invaluable porque nuestras experiencias contienen el tesoro de la sabiduría revelada, si la buscamos". El verbo *examinar* es activo, implica una resolución y una intención enfocadas. Necesitamos tomarnos el tiempo para meditar, escuchar y observar.

Este capítulo te invita a descubrir la evidencia de Dios y su obra en tu historia de vida. Te pediré que anotes la línea de tiempo de tu vida y te enseñaré a buscar las señales de Dios en ella. Terminaré el ejercicio con una lista útil de consejos para saber dónde y cómo "mirar hacia el interior".

PRIMERO, ESCRIBE LA HISTORIA DE TU VIDA

Haz una cronología sencilla de tu vida con los eventos más significativos. No se trata de escribir literatura, sino de crear un registro útil y privado. Si tienes poco tiempo, intenta una línea del tiempo numerada, con los eventos clave, en una página o dos. Incluso si llenas todo un diario, lo que importa es que, cuando termines, puedas ver tu historia de principio a fin.

Debes escribir los eventos más importantes (e incluso los menos importantes) que cuenten la historia de tu vida. El objetivo es recabar toda la información que pueda ayudarte a estar más consciente de cómo un Dios amoroso, activo y presente ha tocado tu vida en formas que quizás no habías notado. Para eso, primero necesitas recabar los datos.

Las posibilidades son prácticamente infinitas, pero tu registro podría incluir: primeros recuerdos, amistades formativas, mudanzas, escuelas a las que asististe, decepciones memorables, logros brillantes, la primera vez que se te rompió el corazón, matrimonios, divorcios, muertes en la familia, tu primer trabajo, etcétera. Tendrás que concentrarte y tal vez no sea tan fácil plasmarlo todo, pero te darás cuenta de que vale la pena. El resultado final será un mapa que te mostrará dónde debes enfocar tu atención.

Una vez que termines la cronología, elige un evento o un periodo de tiempo en tu vida que tenga un significado particular para ti y escarba en él. ¿Qué hizo que ese momento o evento fuera importante? ¿Qué decisiones, circunstancias o coincidencias lo crearon? ¿Qué emociones experimentaste en ese entonces? ¿Qué gente fue fundamental en tu vida? ¿Qué obstáculos enfrentaste y superaste? ¿Cuáles permanecen? Sé específico. ¿Qué llamó tu atención? ¿Te encontraste con alguien que te ayudó inesperadamente o te animó cuando más lo necesitabas? ¿Experimentaste algún encuentro divino, estímulo o milagro pequeño? ¿Hubo ocasiones en que actuaste movido por la fe y prosperaste, o en las que te sorprendió que el camino se enderezara?

Registrar en papel las formas en que Dios aparece en nuestras vidas y demuestra que Sus promesas son ciertas es algo poderoso. Transferir recuerdos de tu cerebro al papel te permite excavar en los eventos olvidados y los cristaliza en tu conciencia.

AHORA, BUSCA SEÑALES DE DIOS EN TU HISTORIA

Una vez que hayas reunido los hechos, puedes empezar a "mirar hacia el interior" de tu vida en busca de significados, conexiones y rastros de un mundo espiritual más amplio.

Me he dado cuenta de que Dios aparece en los milagros pequeños (y grandes), en sincronías difíciles de explicar o en encuentros improbables con gente que me impulsó hacia un propósito más elevado. Para mí, la gracia constante de Dios a menudo es más aparente durante mis días más oscuros, cuando me he sentido más abandonada y sola. Otra certeza de las escrituras muestra a Dios como un águila que "revolotea sobre sus polluelos" (Qo 32,11) y extiende sus alas para tomarnos y cargarnos a cuestas. Por supuesto, tal vez estemos demasiado distraídos por nuestra propia pena en ese momento, por eso es importante mirar hacia atrás después.

Revisa tu historia una vez que la hayas escrito. Repasa cada evento en busca de señales de Dios. Mira más allá de los datos básicos y piensa en cómo te sentiste y qué aprendiste de cada evento o encuentro. Pide a quienes vivieron esos momentos contigo que te ayuden a recordar algunas de las formas en que Dios estuvo —o pudo haber estado— presente.

Presta atención a lo que los psicólogos y los guías espirituales llaman momentos liminales o de paso, tales como un cambio de etapas o de identidad. Las pérdidas significativas y los momentos de cambio o tristeza, por ejemplo, muchas veces nos hacen sentir la tensión de la liminalidad, colgando, como dice el franciscano Richard Rohr, en el "ni aquí ni allá" de nuestro espíritu. Los Hijos de Dios han sentido, a lo largo de la historia, que esos momentos acercan el mundo espiritual. Como afirmó el salmista, "Cercano está el Señor a los quebrantados de corazón..." (Sl 34,18).

Tómate el tiempo para meditar y rezar mientras procesas este paso, pidiéndole a Dios que abra tus ojos para que puedas ver el reino de los cielos planeando sobre tu vida.

¿Puedes ver los patrones?

¿Puedes darte cuenta de por qué no los viste en su momento?

¿Puedes ver resultados que después resultaron no serlo?

Me he dado cuenta de que mientras más desentierro evidencia de las huellas de Dios en mi pasado, más fácil me es identificarlas cuando ocurren en el presente. Eso fortalece mi compromiso de apoyarme en Dios para transformar mi vida.

Volveremos a la tarea de escribir y examinar tu historia

de vida, pero primero déjame contarte mediante tres ejemplos dónde y cómo puede surgir la presencia de Dios.

TRES EJEMPLOS

Ver a Dios en tu decepción o tu fracaso. Muchos hemos experimentado eventos de aparente decepción —o desastre— en el pasado, que luego resultaron ser una bendición. Desde nuestra perspectiva limitada, a veces solo vemos lo que no salió como habíamos planeado y solo ganamos claridad con el paso del tiempo. Miramos atrás meses, años o incluso décadas después y decimos, "No lo pude ver entonces, pero esa fue una de las mejores cosas que me sucedieron".

Lo que parece una pérdida de tiempo y esfuerzo a veces puede dar fruto años después. En otros momentos, el fracaso nos muestra que nos dirigimos hacia un callejón sin salida y nos vemos obligados a cambiar de dirección.

Tal vez recuerdes la historia de Charles Colson, quien se desplomó de las cimas del poder hasta las profundidades de la deshonra en los años setenta. O eso parecía. Ir a prisión varias veces puede parecer el fracaso más grande, pero también puede provocar transformación. Así fue para Colson, quien había sido el asesor especial del presidente Nixon y fue a prisión por obstrucción de la justicia con relación a los cargos del escándalo de Watergate. Conforme pasó el tiempo, dice, se encontró "cada vez más atraído hacia la idea de que Dios me había puesto en prisión con un propósito y que debía hacer algo por quienes dejaba atrás". Cuando fue excarcelado, fundó Prison Fellowship, un ministerio cristiano que se ha convertido en la organización más grande a nivel mundial dedicada a ayudar a quienes han estado o están presos y a sus familiares.[1]

Ver a Dios en las sincronías. ¿Sabías que ni siquiera existe la palabra *coincidencia* en hebreo? El único equivalente es la palabra *mikreh,* que significa "un suceso de Dios". Toda vez que desarrolles la confianza en la promesa de la presencia de Dios, creerás, como yo, que no existen las "coincidencias significativas", solo muchos sucesos de Dios.

¿Viste o sentiste algo cuando murió un ser querido? ¿Un visitante inesperado te dejó sintiéndote misteriosamente renovado? ¿Puedes identificar un periodo de tiempo en que empezaste a andar con fe solo para sorprenderte al ver cómo tu camino se enderezó y prosperaste en el proceso?

Así como les preguntaste a tus amigos sobre sus problemas, experiencias con milagros y ángeles, coincidencias y sincronías, como te indiqué en el capítulo anterior, hazlo ahora contigo. Todos experimentamos eventos sincrónicos —"sucesos de Dios"— que parecen estar relacionados significativamente.

Un día no podía dejar de pensar en mi amiga Cindy, con quien no había hablado en mucho tiempo. En lugar de ignorar el pensamiento persistente, tomé el teléfono y marqué. ¿Cómo iba a saber que la acababan de internar en el hospital y estaba pensando en mí en ese preciso momento? Para ella, la sincronía de mi llamada se convirtió en fuente de consuelo y ánimo. Para mí, fue un recordatorio más de la indiscutible presencia de la gracia de Dios. Si somos fieles en los detalles pequeños, por ellos llegará el cielo a nosotros y a los demás. Somos los guardianes.

Ver a Dios en las puertas que se cierran. La vida está llena de historias en que el destino que trazamos no se cumple,

¡gracias a Dios! Muchas de las cosas que deseamos y para las que trabajamos nunca llegan a darse, y en ese momento nos sentimos decepcionados, como si las puertas se cerraran en nuestras narices. Pero con el tiempo podemos ver que se abrió una puerta diferente, mucho mejor. Y, conforme se abrió esa nueva puerta, también lo hicieron oportunidades maravillosas para crecer y prosperar. Como está escrito en Proverbios, "Muchos son los planes en el corazón del hombre, mas el consejo del Señor prevalecerá" (Pr 19,21).

Willie Jolley, un cantante de jazz laureado, se sintió devastado cuando una noche, sin más, el dueño del club nocturno donde se presentaba regularmente lo despidió para instalar un karaoke. Con solo $200 en el bolsillo, Jolley consiguió trabajo en un programa de prevención de drogas para jóvenes en riesgo. Una de sus nuevas responsabilidades era darles a los chicos discursos inspiradores y motivacionales, algo para lo que no se sentía preparado. Conforme observó el impacto de sus palabras, sin embargo, descubrió un talento antes oculto. Al cabo de veinte años, Jolley se ha convertido en un orador y autor motivacional muy exitoso, quizá mejor conocido por su frase, "Toda caída nos prepara para una victoria aún mayor".[2, 3]

LA EVIDENCIA DE LO QUE NO SE VE

En este capítulo te pedí que crearás una cronología escrita de tu vida y luego buscaras en ella evidencia de lo divino. Las siguientes preguntas te ayudarán a indagar más en tu historia.

Considera revisar tu historia con regularidad. Por

ejemplo, cuando termines de excavar —de desenterrar pistas sobre la presencia permanente de Dios en tu vida—, deja tu diario durante algunos meses para que lo que aprendiste se consolide en tu consciencia. Luego, cuando estés listo, toma de nuevo pluma y papel y escarba un poco más.

Conforme te vuelvas un testigo experto en el testimonio de tu propia vida, verás clara evidencia de que Dios aparece de formas sorprendentes para demostrarnos que sus promesas son verdad.

LOS PASOS Y LAS PISTAS PARA AYUDARTE A "MIRAR A TU ALREDEDOR"

1. ¿Cómo aparecieron ante ti la presencia y las promesas de Dios en los momentos descritos a continuación? Incluye tus respuestas en la historia de vida que has comenzado a escribir.

   • Momentos de decepción o fracaso

   • Momentos en que notaste sincronías

   • Momentos en que una puerta se cerró para que se abrieran otras

   • Momentos en que celebraste algo especial como un bautizo, una graduación, una boda, el nacimiento de un niño, un funeral

   • Momentos de pena, dolor o pérdida

• Momentos de alegría absoluta

• Momentos en que te enfrentaste a la inmensa necesidad o al sufrimiento de otra persona

2. ¿Cómo resumirías lo que has descubierto al mirar
detalladamente tu historia de vida?

Capítulo 17

◇◇

PASO 4: FORMULAR UNA CONCLUSIÓN

REEVALÚA TU HIPÓTESIS Y TOMA UNA DECISIÓN

Debemos tomar decisiones que nos permitan desarrollar las habilidades más profundas de nuestro verdadero yo.
THOMAS MERTON

Winston Churchill dijo una vez, "Los hombres a veces se tropiezan con la verdad, pero la mayoría se levanta y corre como si nada hubiera sucedido". Alejarnos de nuestra búsqueda de la presencia del cielo en la Tierra sería un desperdicio. Incluso si lo que descubres no encaja con ninguna noción o creencia que tengas, si no sabes qué hacer con la evidencia, no huyas. Estás parado en el umbral de una nueva forma de vivir con Dios.

El cuarto paso de la búsqueda del cielo en nuestras vidas supone observar lo que has aprendido y aplicarlo a tu vida. Ya terminaste tu investigación personal. Ahora es tiempo de reunir tus hallazgos, formular una conclusión y, con una imagen clara de lo que sabes que es cierto, actuar.

Una vez que ha concluido tu búsqueda, llegar a una conclusión y tomar una decisión es fácil, incluso sencillo. Sin embargo, requiere que viertas todo tu ser en el papel.

Comprendo que pasar de recabar evidencia a tomar una decisión puede ser intimidante. En este punto, tu postura hacia la búsqueda cambia. Empezaste siendo, más que nada, objetivo. Incluso, mientras mirabas en las profundidades de tu propia vida. Pero ahora tu acercamiento debe ser enteramente subjetivo. Ya no eres un caso de estudio; has vuelto a ser alguien que vive en el presente.

¿Cómo harás para que lo que has aprendido cambie la forma en que vives?

Puedo decirte, a partir de mi historia, que permitir que lo aprendido de nuestras experiencias espirituales cambie cómo vivimos requiere mucho más que recabar información. Se necesita valor y compromiso. Debes confiar en la sacralidad de tu propia historia conforme Dios te entrega Su gracia, y dar el salto. Pon ambos pies en el bote.

REÚNE TUS HALLAZGOS

La verdad es que tienes mucho con qué trabajar. Tu viaje empezó cuando decidiste seguir mi historia: desde la concientización tan poderosa que tuve bajo el agua, cuando supe que estaba segura entre los brazos de Jesús, hasta mi regreso a la vida y la minuciosa exploración de lo que el cielo nos enseña sobre la muerte, los milagros, los ángeles y el amoroso plan de Dios para cada uno de nosotros.

También has mirado profundamente en tu propia vida. Has inspeccionado la carga emocional e intelectual que evita que abras tu corazón a la confianza absoluta. Has visto a tu alrededor —la naturaleza, la historia, la percepción de tus amigos— y has examinado dentro de ti para encontrar las huellas del cielo en tu vida desde el día que naciste.

Creo fielmente en que cualquier persona que realice este ejercicio de exploración de fe encontrará evidencia convincente de la presencia de Dios en el mundo y en su vida. La fe que nace de este proceso provee una forma lógica de dar sentido a lo que observamos en el mundo.

¿Qué te dicen tus hallazgos, no solo tus pensamientos y conclusiones, sino todo tu ser, desde lo más profundo? Espero que te veas cobrando vida frente al Espíritu, frente a la presencia insistente y amorosa de Dios a lo largo de toda tu vida y frente a la realidad del reino de Dios en la actualidad. Espero que veas el mundo de otra manera y que sepas, como escribió la poeta Elizabeth Barrett Browning, que

> *La Tierra está rebosante de cielo,*
> *y cada arbusto común arde con Dios...*

REVISA TU HIPÓTESIS

Para guiar tu búsqueda, te propuse que escribieras una afirmación sencilla y comprobable, que desearas que fuera cierta, sobre la naturaleza de Dios o Sus promesas. Esa hipótesis funcional estableció la dirección, los límites y el final de tu búsqueda. Los científicos utilizan este tipo de acercamiento, por supuesto, para responder preguntas grandes y pequeñas. Pero no puedo imaginar otra búsqueda en la que uno necesite más la ayuda de una hipótesis que en la tuya, ¡donde estamos intentando encontrar nuevas ideas sobre temas tan vastos y potencialmente elusivos como Dios, el cielo y la confianza absoluta!

Propuse algo tan sencillo como "Dios es real y está presente" o "Las promesas de Dios son ciertas". ¿Qué hipótesis formulaste tú y qué tan bien se sostuvo durante tu búsqueda?

Realmente no podemos seguir adelante aplicando lo que aprendimos hasta que tomemos la decisión consciente de aceptar, rechazar o revisar nuestra hipótesis original. Eso es precisamente lo que Josh McDowell hizo cuando empezó a escribir un libro que refutaría el cristianismo. En su clásico *Evidencia que exige un veredicto* escribe: "Después de más de 700 horas estudiando minuciosamente este tema y sus fundamentos, he llegado a la conclusión de que la resurrección de Jesucristo es uno de los trucos más malévolos, perversos y desalmados que se han impuesto a la mente humana, o el hecho histórico más fantástico que ha ocurrido jamás".[1]

¿Cómo revisarías o extenderías tu premisa original y por qué?

¿Cuál es tu nueva hipótesis?

FORMULA UNA CONCLUSIÓN

¿Recuerdas el encuentro que tuve con Jesús en ese hermoso campo? Intenté transmitir con todas mis fuerzas lo inmediata, tangible y convincente que fue esa conversación para mí.

Me senté en el suelo, a un costado de un gran campo que estaba cubierto de pasto que se movía con la suave brisa. Toda el área estaba bañada con la hermosa luz dorada del sol del atardecer. Mis brazos descansaban cómodamente sobre mis rodillas. El suelo debajo se sentía firme. El mundo a mi alrededor brillaba con… ¿qué? ¡Emoción! Sí, eso era lo que parecía llenar toda la creación.

En ese escenario encontré a Jesús en persona por segunda vez (mi primer encuentro fue bajo el agua, mientras la vida se me iba de las manos) y escribí que me fue completa e indiscutiblemente conocido.

No tuve duda alguna de que era Jesús y no necesité preguntarle su nombre. Hacerlo hubiera sido como ver a mi esposo en el supermercado y, antes de iniciar una conversación, preguntarle, "¿Eres Bill?".

Una certeza así cambia a una persona. ¡Uno sabe lo que sabe! ¿Comprendes lo que digo? Una y otra vez, es sobre una convicción así de profunda, casi física, sobre la que queremos construir nuestra vida.

Probablemente ya sepas adónde te ha llevado tu búsqueda y si estás listo o no para llegar a una conclusión. En la convicción de la presencia de Dios, ¿dónde te ubicas en el espectro entre "escéptico confirmado" y "verdadero creyente"?

Todos nos acercamos de forma distinta a este tipo de cuestionamiento. Por eso te pregunté antes cuánta evidencia, y de qué tipo, considerabas necesaria para elegir confiar en Dios. Yo describiría mis evidencias como una combinación de mi historia personal, recuentos fidedignos, textos confiables e información médica y científica.

¿Qué evidencia tiene más peso para ti?

Los materialistas lo explican todo mediante causas físicas, mientras que los racionalistas creen que las opiniones deben basarse en la razón y el conocimiento, no en una respuesta emocional o una creencia religiosa. Un racionalista científico —que es lo que yo solía ser— piensa que los estudios científicos y la certeza del conocimiento son la autoridad final. Creen que, con suficiente tiempo, esfuerzo y recursos, todo se puede explicar por medio de un pensamiento racional más que por medio de la experiencia. Y que lo que no pueda reducirse a una certeza científica probablemente no sea cierto y, por tanto, no deberíamos confiar en ello.

Aunque apoyo totalmente una exploración rigurosa de las cuestiones espirituales según el método científico, he conocido sus límites. Algunas verdades siempre existirán fuera del ámbito de la ciencia y el razonamiento. Podemos identificar la porción específica de nuestro cerebro cuya actividad aumenta cuando sentimos amor o compasión, pero nunca demostraremos *por qué* debemos amar o cómo se siente *ser* amado. De la misma manera, podemos identificar los neurotransmisores que evocan la experiencia de la espiritualidad, pero es poco probable que aprendamos a partir de esas neuronas por qué existimos.

He visto a buenas personas insistir en que, de alguna manera, la vida o Dios deben responder *todas* sus preguntas antes de abrir su corazón. Eso puede parecer integridad intelectual, pero mi experiencia me dice que se trata más bien de una conveniencia táctica ante el temor al cambio, en la que secuestra a Dios para una prueba que Él quizá nunca asuma. Todos los investigadores pasan de lo conocido a lo desconocido basándose en lo que saben o piensan que pueden saber. Cada búsqueda intelectual requiere pasos de fe.

A partir de la evidencia que reuniste y la hipótesis que demostraste y refinaste, ¿qué podrías concluir razonablemente sobre Dios en las áreas clave que hemos explorado? Por ejemplo, considerando las hipótesis que expuse al final del capítulo 14:

1. ¿Puedes concluir que Dios es real y está presente en tu vida y en el mundo?

2. ¿Puedes concluir que las promesas de Dios son ciertas?

Si te volcaste sinceramente a este proceso de descubrimiento, te debes a ti mismo el reflexionar paciente y profundamente sobre tus conclusiones. En realidad, casi todo lo que tiene una consecuencia perdurable está en juego. Como famosamente dijo el querido autor A. W. Tozer, "Lo que viene a nuestra mente cuando pensamos en Dios es lo más importante de nosotros".[2]

HAZ UN COMPROMISO

Creo firmemente que cualquier persona que complete el ejercicio de exploración de la fe que he descrito encontrará evidencia convincente de la presencia de Dios en el mundo y en su propia vida. La fe que nace de este proceso provee una forma lógica de comprender lo que observamos en el mundo y nos empodera para tomar una decisión trascendental.

A pesar de los detalles, *todos* profesamos algún tipo de creencias, reconozcámoslo o no. ¿Quién elegirá creer y qué voz elegiremos escuchar? Podemos aceptar las malas representaciones erróneas que predominan en nuestra cultura, o podemos creerle a nuestra experiencia personal con Dios.

El siguiente y último paso es solo tuyo. Cómo te comprometerás a vivir ahora con absoluta confianza de que Dios te ama y de que Sus promesas son ciertas, depende de ti. Puedes escribir tu decisión para tenerla siempre presente o para compartirla con amigos cercanos y pedirles apoyo con su oración. Tal vez empieces con una simple oración de entrega, como el ejemplo siguiente.

Recuerda tu vida con los ojos del cielo y toma tu decisión. ¡Nunca te arrepentirás!

Mi oración de entrega es:

Dios todopoderoso, amoroso y eterno,
gracias por abrir mis ojos hacia el cielo
y la verdad de que eres siempre bondadoso.
Abres mis ojos a tus milagros, grandes y pequeños.
Me enseñas que puedo confiar en ti completamente.
Me consuelas sabiendo que no debo temer a la muerte, y que
*   incluso de la pérdida y el sufrimiento surgirá belleza.*
Ahora, mantenme despierto a la realidad del cielo que me
*   rodea.*
Renueva mi espíritu para que pueda vivir con alegría,
servir a otros y mostrar tu gloria en la Tierra.
Llévame y guíame sobre el camino que has preparado.
Que se haga tu voluntad, hoy y siempre.
Amén.

Capítulo 18

◇◇

EL FRUTO MÁS DULCE
DE LA TIERRA

Hoy es tu día para bailar suavemente con la vida. Canta canciones de aventura. Invita a los arcoíris y a las mariposas a jugar. Eleva tu espíritu y despliega tu alegría.
Jonathan Lockwood Huie

¡Vaya! ¡Qué viaje hemos hecho! ¡Desde las profundidades del río hasta la gloria del cielo, y de regreso a la vida cotidiana en la Tierra! A lo largo del camino encontraste las razones por las que creo que el cielo y lo sobrenatural llenan literalmente nuestra vida cotidiana, incluso ahora. No somos solamente seres físicos para quienes "lo espiritual" es una mera esperanza, una historia bonita o una emoción religiosa. Estamos hechos para experimentar el cielo desde ahora. Desde que nacimos, fuimos creados para responder al Espíritu, para recibir el toque de un ángel, para anhelar profundamente la vida eterna con nuestro amado Dios, en compañía de nuestros seres queridos.

Mi esperanza es que hayas encontrado evidencias dentro de tu propia historia para apoyar este concepto colosal. Y, basado en tus hallazgos, sinceramente espero que hayas elegido vivir con una confianza inquebrantable. Aun si te encuentras al principio de tu transformación hacia esa confianza, te garantizo que ya estás experimentando un cambio impresionante en tu bienestar interno: te sorprendió la alegría.

La alegría no es algo que puedas perseguir. A diferencia de la felicidad, la alegría no se encuentra en el mundo. David expresa el vínculo entre la confianza y la alegría cuando afirma, en el Salmo 92,4-5: "Porque tú, oh Señor, me has alegrado con tus obras, cantaré con gozo ante las obras de tus manos. ¡Qué grandes son tus obras, oh Señor, cuán profundos tus pensamientos!". Incluso Salomón descubrió que la felicidad encontrada en los placeres mundanos está vacía, mientras que la alegría en la confianza de Dios es rica y abundante (Qo 2).

La alegría no es lo mismo que la felicidad personal; proviene de algo más grande. No es pasajera ni está basada en nuestras circunstancias momentáneas. Viene de tu yo, no de algo ajeno a ti.

La alegría es un estado del ser que florece a partir de la confianza en las promesas de Dios. Nos permite trascender nuestras circunstancias y encontrar la belleza, incluso en el sufrimiento y los apuros.

Elegir una vida de absoluta confianza es, de hecho, la puerta que conduce hacia una vida llena de alegría. Pero incluso la alegría necesita cuidados. Sus cimientos se debilitan si no mantenemos viva en nuestro pensamiento la realidad del cielo y de las magníficas promesas de Dios. En este último capítulo, quiero compartir contigo los estímulos de mi propia vida que podrían ayudarte a cuidar lo que está empezando a florecer en la tuya.

SIGUE MIRANDO HACIA ARRIBA

En mi familia somos esquiadores nórdicos. Este pasa-tiempo puede sonar exótico, dependiendo de dónde vivas, pero Bill y yo criamos a nuestros hijos bajo los imponentes picos de Grand Teton. Los esquiadores nórdicos esquían colina arriba en lugar de subirlas en una telesilla o esquiar alrededor de ellas. Eso lo convierte en un deporte exte-nuante que requiere una técnica perfecta. La cera pega-josa que se coloca debajo de los esquíes "clásicos" ayuda a que te muevas hacia adelante cuando distribuyes correcta-mente el peso sobre el esquí, pateas hacia atrás y te impul-sas. Cuanto más difíciles y empinadas son las condiciones, más importante es centrar tu peso sobre la parte encerada del esquí.

Hacia el final de una larga carrera, los esquiadores, ya cansados, suelen desmoronarse y mirar hacia abajo, pero eso solo trae problemas. Bajan los hombros, cambian la distribución de su peso y el esquí pierde tracción. El es-fuerzo extra que deben hacer entonces, y la frustración que lo acompaña, se pueden corregir con solo mirar hacia arriba. Ello reposiciona el peso del esquiador y le da la "patada" que necesita para impulsarse colina arriba.

Puedes ver hacia dónde voy con este cuento. Cuando enfrentamos retos, ¿no tendemos a mirar hacia abajo, sin-tiéndonos aplastados por el peso de nuestra preocupación, tristeza y ansiedad? Yo sí. Si no levantamos la vista, nos per-demos la belleza. No percibimos los milagros ni notamos el impulso de Dios en los momentos críticos. Nos pregun-tamos dónde está Dios y quizás no sintamos Su presencia cuando camina junto a nosotros o nos lleva en sus brazos.

Podemos olvidar que, cuando Dios está a nuestro favor, nadie puede estar en contra nuestra (Ro 8:31), o que Dios usa a la gente común para lograr grandes cosas. Podemos dejar de caminar con fe y de ignorar a quienes dicen que no somos lo suficientemente buenos, talentosos y listos para alcanzar nuestros sueños. Podemos olvidar que Dios no llama a las personas calificadas, sino califica a quienes llama.

Si no miramos hacia arriba, olvidamos que somos Sus amados hijos. Nos enfocamos en nuestros defectos, en lugar de celebrar nuestra mezcla única de atributos y dones. Al cuestionar los milagros de Dios, nos sentimos descorazonados en lugar de celebrar nuestra curiosidad intelectual y el deseo de aprender empíricamente.

Olvidamos que el amor de Dios es para todos, incluso para quien no nos agrada o nos ha hecho daño. Olvidamos que todos llevamos una carga pesada y necesitamos compasión en lugar de juicio, y olvidamos que estamos destinados a ser agentes del amor, la paz y la alegría de Dios.

Por supuesto, tendremos temporadas de felicidad, así como de sufrimiento, pero si no miramos hacia arriba nos podemos perder la oportunidad de reconocer que cada experiencia ayuda a convertirnos en quienes estamos destinados a ser. Incluso en medio de una enfermedad crónica, no debemos desanimarnos, pues como está escrito en el segundo libro de los Corintios, aunque nos consumamos en el exterior, nos renovamos internamente día a día (2 Cor 4,16). Podemos estar seguros de que "esta aflicción leve y pasajera nos produce un eterno peso de gloria que sobrepasa toda comparación" (2 Cor 4,17). Conforme creamos una confianza inquebrantable en Sus promesas, el camino ante nosotros se vuelve tranquilo y podemos superar nuestras circunstancias.

Si no miramos hacia arriba, no veremos el cielo cada día.

PRACTICA PARA RECORDAR

Para mantener frescas en tu mente la realidad del cielo y las maravillosas promesas de Dios, recomiendo crear marcadores de memoria a lo largo de tu día. Los considero como las piedras que el pueblo de Israel usó para recordar la fidelidad a Dios (Jos 4), que en tiempos del profeta Samuel se conocieron como Ebenezer (1 Sam 7,12). Los Ebenezer que incorporemos a nuestra vida diaria nos ayudan a recordar nuestro viaje de confianza.

Por supuesto, todos tenemos rutinas diferentes y respondemos a distintos Ebenezer, pero te muestro algunos que me han funcionado.

Rezar siempre devuelve mi atención hacia la confianza en Dios y Sus promesas. Para mí, la oración es principalmente un acto de alabanza, sumisión y gratitud, sabiendo que Dios provee lo que necesitamos, incluso si no es lo que queremos. En medio de los problemas, tal vez no sintamos mucha gratitud, pero aun en tiempos así debemos estar agradecidos por la manera en que esos problemas nos moldean y permiten que nos convirtamos en la persona que Dios quiere que seamos. Aunque tal vez solo veamos algunos pasos más adelante, Dios ve todo el camino de nuestra vida. Hacer una lista de agradecimientos cada día, aunque sea corta, te permite recordar el amor de Dios y mirar hacia arriba.

Rezar también ayuda a discernir y, quizás tan importante como eso, a vivir con la incertidumbre. Cuando rezamos por nuestras preocupaciones, alegrías, confusiones o decisiones, Dios nos consuela y el Espíritu Santo dirige nuestros sentimientos, pensamientos y actos.

¿Qué Ebenezer de oración te funciona mejor? Tal vez te guste rezar mientras haces ejercicio o te mueves de un lugar a otro. O, como yo, tal vez empiezas tu día con una oración. Antes de abrir los ojos cada mañana, recito en silencio el Padrenuestro, diciendo "sí" a Dios.

Padre nuestro, que estás en el cielo,
santificado sea tu nombre,
venga a nosotros tu reino,
hágase tu voluntad en la tierra como en el cielo.
Danos hoy nuestro pan de cada día,
perdona nuestras ofensas
como también nosotros perdonamos a los que nos ofenden.
No nos dejes caer en la tentación
y líbranos del mal,
pues tuyo es el reino, el poder
y la gloria por siempre.

Al decir sí a Dios, digo sí al poder del Espíritu Santo para que me muestre la voluntad de Dios y me dé sabiduría, conocimiento, fe, sanación y juicio.

PEQUEÑO Y PODEROSO

No estoy segura de qué tan grandes eran las piedras que levantaron Samuel y Josué en tiempos antiguos, pero he descubierto que las cosas "pequeñas" también funcionan bien. Esta es mi lista:

Tengo un *diario devocional* junto a mi cama, que leo cuando me lavo los dientes en la mañana para darle una dirección a mis pensamientos mientras realizo mi rutina matutina.

Cuando salgo de casa, *respiro profundo el aire de las montañas* y siento gratitud por poder hacerlo.

En mi *trayecto matutino,* por lo general observo cómo el sol empieza a salir entre las montañas, del otro lado del valle. Nunca deja de sorprenderme y nunca dejo de dar gracias por el lugar donde vivo. Mientras manejo, pienso en la presencia de Dios en mi vida y doy las gracias por ella, por Su gracia y Su amor. Siempre pido que Dios me ayude a ver hacia dónde me dirige y cómo puedo servir a Su reino.

A veces, escucho *música cristiana contemporánea.*

Busco las *sincronías,* los sucesos de Dios. Intento estar pendiente de los ángeles y los milagros. Trato de tener el corazón y el espíritu abiertos en toda ocasión, considerando si un evento o un encuentro pueden ser más significativos de lo que parecen en la superficie.

Intento estar consciente de los *estímulos internos,* esos pensamientos y sentimientos constantes que no se van incluso si no los comprendes. Si siento el impulso de hablarle a alguien, ir a algún lado o decir algo, hago lo posible por darle curso. Muchas veces no tengo idea de por qué existe el estímulo, pero intento responder de todas maneras.

Llevo un crucifijo colgando de *una cadena bajo mi blusa.* Cada vez que lo siento sobre mi piel, recuerdo quién soy, de quién soy y en quién confío. Recuerdo continuar mirando hacia arriba.

Tengo una *cruz decorativa* en la pared de mi oficina para recordarme cómo quiero tratar a otras personas. Junto a ella, un cuadro muestra las palabras del Salmo 19,14: "Sean gratas las palabras de mi boca y la meditación de mi corazón delante de ti, oh Señor, roca mía y redentor mío".

Tengo *cuadros y notas* con mis frases favoritas, citas y versículos que me recuerdan las promesas de Dios, en lugares visibles: junto a mi cama, junto al lavamanos del baño, en el horno de microondas y en la pared detrás de mi computadora, en el trabajo. En la tradición judía, esta función la cumplen las cajas mezuzá, que contienen un mensaje de la Tora y se colocan en los umbrales como recordatorio de la alianza con Dios.

Personaliza tus Ebenezer, incluso si el resultado se ve cómico. ¿Por qué no? Cada vez que encuentro *una moneda en el suelo,* la levanto, leo lo que dice —"In God We Trust" (en Dios confiamos)— y me pregunto: *En este preciso instante, ¿mi confianza se encuentra enteramente depositada en las promesas de Dios?* Cuando respondo afirmativamente, pongo la moneda en mi bolsillo y sigo con mi día.

Piensa en tu diario como tu *libro de recuerdos,* tu colección personal de piedras Ebenezer. Y, en el futuro, si alguna vez cuestionas la cercanía de Dios, revisa tus recuerdos para que en ellos encuentres recordatorios de Su amorosa presencia.

Por último, *únete a una comunidad de fe* que te recuerde con regularidad las realidades del cielo y te provea educación y crecimiento. Involúcrate para que te compartas con otros. Sé una ventana por donde entre la luz de Dios e ilumine el camino de los demás. Quizás sientas que tu esfuerzo es solo una gota en un océano, pero el océano sería menos sin tu gota.

EL FRUTO MÁS DULCE: UNA VIDA PLENA DE ALEGRÍA

Infalible. Inquebrantable. La confianza ofrece un atisbo del cielo cada día cuando abrimos nuestros ojos y nuestro corazón al abundante amor de Dios, a Su gracia y Su presencia milagrosa en nuestro mundo. Conforme mantenemos las promesas de Dios en nuestros pensamientos y elegimos confiar, la vida empieza a cambiar. Con este cambio, empezamos a experimentar los frutos de la transformación: más amor, paz, paciencia, bondad, gentileza, fidelidad, humildad y autocontrol.

Todos somos valiosos y loables, pero el fruto más dulce que obtendremos al vivir con una confianza absoluta en Dios es, a mi entender, la alegría: la alegría en el éxito y el fracaso; la alegría en la felicidad desmedida y el sufrimiento aplastante. Cuando hay alegría, Dios está presente. La alegría del cielo es el regalo eterno de Dios para cada uno de nosotros, sin importar nuestras circunstancias. Vivir una vida plena de alegría es el resultado natural de elegir una vida en la verdad de las promesas de Dios, es disfrutar un poco de lo que nuestro amado Dios tiene en mente para nuestro futuro... *en este momento*.

Que el fruto más dulce del cielo sea tuyo hoy y cada día de tu vida.

AGRADECIMIENTOS

Escribir un libro siempre involucra el apoyo y el estímulo de muchos, y estoy agradecida con todos los que formaron o forman parte de mi vida. Me gustaría agradecer particularmente a:

Bill Neal, por tu amor constante, tu sentido del humor y tu tenacidad. No podría andar este camino sin ti.

Willie, Eliot, Betsy y Peter Neal, sin quienes la vida sería muy aburrida.

David Kopp, por creer que yo tenía algo que decir y ayudarme a decirlo de una manera hermosa.

Elizabeth Gerdts, por ser siempre una fuente de luz y risas.

Keith Wall, por tu don de la palabra.

Betty Thum, por siempre mostrarme cómo amar incondicionalmente.

Ann Bayer, Julie Connors, Susan Farquhar, Kelly Kiburis, Becky Patrias y Linda Purdy, por más de cincuenta años de amistad incondicional.

Merle Long, por recordarme que las grandes ideas no necesitan ser complicadas.

Tom, Debbi, Jean, Kenneth, Anne, Rachel, Kayla, Isabel, Chad, Krista, Kyler, Bryson, Jenna, Linzie, Merle, Olivia e Issac Long, por su amor y por ser ejemplos tan hermosos de lo que significa vivir con fe.

Mel Berger, por ofrecer siempre animada motivación.

Marta Lozano, Robin Steinmann, Heidi Anderson y Alisha Keyworth, por hacer que todo funcione.

David Pfeifer, por ser tenaz en tu sentido del humor y tu amistad.

Padre Ubald Rugirangoga, reverendo Dr. Paul Hayden, reverendo Mike Atkins y Katsey Long, por la amistad y el cariño, y por ser grandes ejemplos de cómo vivir con alegría.

Joe, de California, y a quienes son como él, cuyas barreras autoimpuestas deben caer antes de que la luz de Dios pueda entrar.

GUÍA DE LECTURA GRUPAL

¡Te costará trabajo encontrar una conversación más fascinante y a la vez más amplia que la de la Dra. Mary Neal en este libro! Considera algunos de los temas: ¿Qué sucede cuando morimos? ¿Cómo es el cielo? ¿Hay un ángel cerca de mí ahora? ¿Los milagros ocurren? ¿Cómo influyen las respuestas a esas preguntas en nuestra vida de hoy? Por fortuna, su extensión e importancia es de la misma magnitud que la promesa que envuelven. Según Mary, las verdades que revela el cielo pretenden cambiar para bien la forma en que vivimos en la Tierra. Su meta en este libro, nos dice, es ayudar a otros a vivir cada día con la *absoluta confianza* en que Dios es bueno y Sus promesas son verdaderas, y en que ello no debe ser una virtud solo de quienes han ido al cielo, sino de todos, al transformar lo que sentimos, pensamos y creemos.

Hemos creado una guía de lectura grupal para ayudarte a aprovechar al máximo *7 lecciones del cielo*. Cuando participas de una experiencia de lectura con otras personas con intereses similares, aumentas enormemente tu capacidad de procesar y aplicar lo que leíste. Usa la guía como punto de partida y no como un examen. Los mejores grupos de discusión no se empeñan en llegar a un acuerdo, sino que invitan y respetan una gran variedad de pensamientos y reacciones a los materiales. Escucha con atención, comparte con honestidad, abre tu corazón a las nuevas ideas y, sobre todo, ¡disfruta!

Los editores

INTRODUCCIÓN: ESTO CAMBIA TODO

1. La Dra. Neal escribe que, como cirujana, había estado condicionada durante muchos años por su entrenamiento médico para ser escéptica a todo lo que estuviera más allá del plano científico. "No podía aceptar racionalmente lo que no podía medir, explorar, radiografiar y reproducir". ¿Cómo describirías la actitud o la predisposición que tenías al empezar a leer *7 lecciones del cielo*?

2. La Dra. Neal también admite que plasmar en palabras las experiencias espirituales personales es difícil. ¿Estás de acuerdo? ¿Crees que la experiencia espiritual de una persona puede disminuir cuando se envuelve en un lenguaje religioso? ¿Por qué, o por qué no?

3. ¿Has tenido una experiencia cercana a la muerte, o alguien cercano a ti ha tenido una? ¿Estás dispuesto a hablar de ello o al menos a intentarlo? Los demás te lo agradecerán.

4. Si tuvieras que identificar una necesidad personal o una pregunta cuya respuesta esperas que este libro te ayude a *encontrar*, ¿cuál sería? Escríbela o discútela.

CAPÍTULO 1: RÍO DE LA MUERTE, RÍO DE LA VIDA

1. Este capítulo empieza con un recuento del accidente que llevó a Mary a ahogarse y de las experiencias subsiguientes. ¿Pudiste vincularte con la descripción de Mary de sentirse en paz en el momento de crisis? Ella dice, por ejemplo, "No sentí que me faltara el aire, ni tuve miedo o pánico". Comparte tu reacción al recuento de Mary o a una experiencia similar en tu vida.

2. ¿Alguna vez has tenido la sensación física de que Jesús o Dios te sostiene y te consuela? Descríbela.

3. Conforme Mary describía lo que vio en el cielo, ¿qué pensamientos, sentimientos o preguntas se te ocurrieron?

4. En el cielo, Mary recibe la desgarradora noticia de la futura muerte de su hijo mayor. ¿Alguna vez has tenido una premonición o una visión del futuro que después resultó acertada? ¿Cómo ocurrió? ¿Cómo afectó tus pensamientos o tus actos?

CAPÍTULO 2: VER MI VIDA AFUERA DEL TIEMPO

1. La Biblia dice que, con Dios, un día es como mil años y mil años son como un día (2 Pe 3,8). ¿Has sentido que el reloj de Dios y el tuyo caminan a velocidades diferentes? Si es así, explícalo.

2. Cuando pierdes la noción del tiempo, ¿qué sueles estar haciendo?

3. La mayoría de la gente, incluso quienes han creído

toda la vida, sienten un poco de ansiedad con relación al juicio de Jesús sobre sus vidas. Si tú también la sientes, ¿dirías que es por lo que dicen las escrituras o porque eres tu peor juez?

4. Mary escribe que, cuando Dios no respondió a sus oraciones infantiles pidiendo la reconciliación de sus padres, se sintió traicionada y abandonada por Él y, "deseché mis nociones infantiles de un Padre celestial amoroso". Comenta al respecto argumentando con tu propia experiencia. ¿A veces piensas que rezar es exponer tu lista de deseos?

5. Discute tu perspectiva sobre lo que Mary llama la primera lección que revela el cielo: *Las circunstancias tienen sentido cuando se ven a través de los ojos del cielo, y la abundancia de gracia que recibimos de Dios es la misma que ofrecemos libremente a otros.* ¿Puedes ver cómo comprender la historia de otra persona cambia tu perspectiva sobre ellos? ¿Es fácil? ¿Tu concepto de gracia coincide con el de Mary? ¿Puedes pensar en algún momento en que tu perspectiva sobre alguien cambió después de comprender su historia personal?

CAPÍTULO 3: SOMOS SERES FÍSICOS Y ESPIRITUALES

1. Mary escribe, "cuando dejé de ser un 'ser físico', descubrí que mi capacidad de experimentar todo a mi alrededor —en especial, el profundo amor que Dios siente por mí— se expandía de manera radical. En realidad, nunca me sentí más viva que al abandonar mi cuerpo". ¿Qué pensaste o sentiste al leer eso?

2. "No somos seres humanos que tienen una experiencia espiritual", escribió el filósofo y sacerdote Pierre Teilhard de Chardin, "somos seres espirituales que tienen una experiencia humana". Sobre esta idea, Mary dice que somos espíritus vestidos con un "traje humano". ¿Estás de acuerdo con esta perspectiva? ¿Cómo podría esta idea afectar tus decisiones y tus emociones de hoy?

3. Mary escribe que, cuando dejan esta vida en la tierra, las personas "muchas veces ven la belleza del cielo, una madre o una figura materna, hermanos o personas que no sabían que habían muerto. Muchas otras veces hablan sobre prepararse para un viaje, preguntan por su equipaje o sus boletos, describen ángeles o mencionan el nombre de la persona que vendrá a buscarlos". ¿Alguno de tus familiares ha recibido la visita de un ser querido en su lecho de muerte? Cuenta tu historia.

4. ¿Cuál fue tu reacción personal a lo que Mary llama la segunda lección que revela el cielo? *No debes temer a la muerte porque la muerte no es el final. Es el umbral donde dejamos nuestro yo físico atrás y nos adentramos en la eternidad.*

CAPÍTULO 4: SENTADA JUNTO A JESÚS

1. Sin comunicaciones ni hospitales cerca, dos hombres "aparecieron" junto al río para ayudar a los amigos de Mary a encontrar la salida. Hubo otras coincidencias inexplicables. ¿Alguna vez has tenido algún encuentro que pareciera orquestado divinamente? Escríbelo o coméntalo.

2. ¿Le crees a Mary cuando dice que "la persona sentada en la roca junto a mí era de mi total conocimiento. Era Jesús"? ¿Por qué, o por qué no?

3. Mary admite que dudó antes de contar que su compañero en el hermoso campo era Jesús. "Quería merecerlo", escribe. ¿Qué opinas de eso?

4. Quizás la historia más conocida de entre las dichas por Jesús es el regreso del hijo pródigo (Lc 15,11-32). ¿Con qué hermano de la historia te identificas más, aquel que "merecía" el amor del padre o aquel que no lo merecía? ¿La experiencia de Mary con Jesús cambió algo en ti?

5. La tercera lección que revela el cielo es, según Mary: *Cuando elegimos perdonar, eliminamos nuestra carga y nos liberamos para vivir completa y alegremente en el inmenso amor de Dios.* ¿Crees que el amor de Dios tiene la capacidad de romper las cadenas de nuestras pasadas decepciones y heridas? ¿Vislumbras cómo esto puede liberarte para que disfrutes la vida plena y abundante que Dios pretende para ti?

CAPÍTULO 5: LA VIDA VA MÁS ALLÁ DE LA CIENCIA

Para algunos lectores, el contenido científico de este capítulo puede ser desalentador, incluso innecesario. Para otros, será el capítulo más importante del libro. Aquí Mary describe con detalle su búsqueda para intentar comprender en términos fisiológicos lo que le había ocurrido, preguntándose si solo fue su imaginación o si lo que tuvo fue una convulsión.

1. ¿Has experimentado algo que te dejó desconcertado, sin que lo pudieras explicar racionalmente, ya sea a ti mismo o a los otros? ¿Qué fue? ¿Cómo te dispusiste a buscar las respuestas?

2. Mary escribe que "debía ser metódica en mi búsqueda. Después de todas las lesiones que había recibido, ¿podía confiar en mi capacidad cognitiva para arribar a conclusiones confiables?". ¿Qué precauciones debe tomar una persona que se cuestiona y que duda de su propia fiabilidad para hacerse esas preguntas?

3. ¿Te pareció convincente el caso científico que Mary planteó? ¿Por qué, o por qué no?

4. Si eres cristiano o seguidor de otra tradición de fe, ¿otras personas han sugerido que tus experiencias y tus convicciones espirituales podrían ser fruto de tu propia imaginación? Si es así, ¿qué has contestado?

5. ¿Crees que la ciencia puede explicar —o que podrá hacerlo en un futuro— las realidades espirituales que las personas de fe llaman milagros? ¿O eres de la opinión de que la ciencia tiene un límite?

CAPÍTULO 6: CRUZAR AL OTRO LADO Y VOLVER

1. Este capítulo ofrece evidencias extraídas de las escrituras, la historia y los recuentos actuales de personas que han tenido experiencias cercanas a la muerte. Según Mary, los 10 fenómenos citados ocu-

rrieron. Aun así, ella dice que "estás leyendo este libro como un acto de valor". ¿Estás de acuerdo? Explica.

2. Explica con tus propias palabras qué es una ECM.

3. Al menos dos recuentos bíblicos parecen describir las ECM: la historia de Elías y el hijo de la viuda en el Antiguo Testamento (1 Re 17,17-21), y el viaje de Pablo a "el tercer cielo" (2 Cor 12,2-4). ¿Qué tan bien empatan estas dos experiencias con tu respuesta a la pregunta 2?

4. Mary escribe, "Los escépticos muchas veces mencionan esas diferencias para cuestionar la validez del fenómeno" de las ECM. ¿Qué crees tú de las variaciones en las experiencias contadas? ¿Las ves como algo positivo o negativo?

5. ¿Alguna vez has experimentado algo tan inusual o profundo que pareciera separarte de los otros, en parte porque te has sentido incapaz de hablar al respecto con facilidad?

CAPÍTULO 7: UN VIAJE GUIADO POR EL CIELO

1. ¿Cambiaron tus suposiciones sobre el cielo con lo que leíste en este capítulo?

2. Describe cómo imaginabas que sería el cielo. ¿Qué tanto ha cambiado esa imagen desde que eras niño? ¿Cómo hablas sobre el cielo con tus hijos, si tienes?

3. ¿Cómo te sientes con la idea de que compartirás el cielo con personas que no quieres que estén ahí?

4. Lee la descripción de la Biblia de "un cielo nuevo y una tierra nueva" (Ap 21,1-5). ¿Qué es lo que te parece más atractivo de esa descripción? ¿Cuánto te importa ahora el cielo —más, o menos— en comparación con diez años atrás? Explica.

5. Comparte tu reacción personal a lo que Mary llama la cuarta lección que revela el cielo: *El cielo es una realidad en la que estamos completos —sin dolor, sin penas, sin sufrimiento—, donde prevalece la comprensión, las relaciones se reconcilian y estamos con Dios y con nuestros seres queridos para siempre.*

CAPÍTULO 8: SIEMPRE HAY MILAGROS A PUNTO DE OCURRIR

1. ¿Cuál es tu postura sobre la realidad de los milagros en la actualidad? Elige una y explica:
   a. Creo que solían suceder, pero ya no suceden.
   b. Creo que podrían suceder, pero no suceden.
   c. Creo que hoy en día suceden pequeños milagros, pero no como en las escrituras.
   d. Creo que los milagros de cualquier nivel son tan reales y posibles hoy como antes.

2. Si un milagro tocó tu vida de una manera importante y memorable, ¿estarías dispuesto a hablar al respecto? Si experimentaste un "impulso" o un murmullo que parecía venir de Dios, ¿cuál fue tu respuesta? Si diste curso al impulso, ¿qué resultados has visto?

3. Mary escribe sobre el peral de Bradford y el florecimiento de rosas alpinas. ¿Tomas ciertas señales o recurrencias en tu vida como un impulso del cielo de que Dios está presente y obra en tu vida? Comenta sobre eso.

4. ¿Sientes que algunas personas atribuyen demasiados resultados felices en la vida cotidiana a lo milagroso? ¿Cuál podría ser la desventaja de ese punto de vista?

5. Comparte tus conclusiones personales sobre lo que Mary describe como la quinta lección que revela el cielo: *Los grandes milagros ocurren algunas veces; los milagros personales ocurren a menudo. Dios nos invita a que sintamos Su milagrosa presencia en todas partes*

CAPÍTULO 9: LOS ÁNGELES CAMINAN ENTRE NOSOTROS

1. ¿Tú o alguien cercano a ti han sido "tocados por un ángel"? ¿Qué sucedió?

2. Sentimiento versus fuerza. Me encanta la frase del Salmo 103 (al principio de este capítulo) donde los ángeles son descritos como seres "majestuosos que hacen Su voluntad".

3. Si los ángeles son enviados de Dios para hacer Su voluntad, ¿por qué crees que los encuentros con ángeles en la Biblia muchas veces atemorizan a las personas?

4. ¿Por qué crees que se menciona tan seguido la pre-

sencia de ángeles cuando una persona está a punto de dejar esta vida?

5. ¿Has llegado a creer, en el momento o después, que alguien de quien hayas recibido ayuda ha sido en realidad un ángel? ¿Cómo afectó tus emociones? ¿Cómo influyó en tu percepción de lo espiritual?

CAPÍTULO 10: DIOS TIENE UN PLAN

1. ¿Puedes recordar un momento de tu vida en que hayas necesitado intensamente sentir que un Dios amoroso está a cargo? ¿Qué era lo más abrumador de la situación? ¿Cómo se resolvió?

2. Jesús enseña que no debemos temer que Dios no nos conozca o no nos cuide (Mt 10,29-31). ¿Por qué crees que es natural que nos sintamos aislados de, e incluso abandonados por, nuestro Padre celestial?

3. Mary dice, "intento sentir que el Espíritu Santo me guía". ¿Dirías que eres una persona en busca de una guía constante, incluso para tomar decisiones pequeñas, o eres más bien alguien que tiende a pedir ayuda solo para tomar grandes decisiones? Explica. ¿Ves algún riesgo en una u otra tendencia?

4. ¿Te identificas con lo que Mary dice cuando habla de estímulos espirituales? Comparte tu experiencia.

5. En la página 174, Mary escribe su lista para un control de calidad con relación a las decisiones que tomamos. ¿Cómo luce la tuya, y qué tan bien te funciona?

6. ¿En qué área de tu vida necesitas más claridad ahora o estás luchando más para decirle sí a Dios? Desde la perspectiva celestial, ¿qué clase de consejo te darías a ti mismo?

7. Habla sobre tu reacción personal a lo que Mary llama la sexta lección que revela el cielo: *Dios tiene un plan para cada uno –lleno de esperanza, propósito y belleza– y quiere que lo descubramos.*

CAPÍTULO 11: LA BELLEZA SURGE DE TODAS LAS COSAS

1. La pregunta central de este capítulo es un reto universal: "Si Dios es benévolo, omnisciente y todopoderoso, ¿por qué permite el mal en el mundo?". ¿Dirías que tu respuesta tiende a alejarte o a acercarte a Dios? ¿Por qué? ¿Has notado algún cambio en tu respuesta con el paso del tiempo?

2. La pregunta de la bondad de Dios frente al mal a veces parece no tener respuesta. ¿La historia de Mary sobre el laberinto en el maizal sugiere una solución posible?

3. Mary propone tres imágenes para pensar el plan de Dios: un río, una coautoría y un tapete hecho a mano. ¿Qué imagen resuena más con tu experiencia actual?

4. Si alguna vez has estado en medio de una experiencia dolorosa o indeseable, es probable que alguien haya intentado animarte con frases como, "Estarás bien, por algo bueno Dios lo habrá hecho" o, "Algún día comprenderás por qué". ¿Por qué este tipo de respuestas puede resultar inútil e incluso hiriente?

5. ¿Puedes identificar una experiencia en tu pasado que te haya provocado sufrimiento o que hayas creído equivocada o cruel y que ahora veas de otra manera? ¿Cómo moldeó esa experiencia tu punto de vista actual?

CAPÍTULO 12: HAY ESPERANZA EN MEDIO DE LA PÉRDIDA

1. ¿Has tenido una premonición sobre algo que luego sucedió? ¿Crees que fue coincidencia o un mensaje del cielo? Discute.

2. Pensando en tus experiencias de pérdida, ¿qué gestos, actos o palabras consideras que te consolaron más? Explica.

3. Todos queremos vivir sin remordimiento. ¿Por qué hacerlo es tan difícil?

4. Sobre la pérdida de su hijo, Mary escribe: "Durante muchos días solo quise quedarme acostada, esperando que me dejara de doler, incluso que yo misma dejara de existir. Pero sobreviví... En mis peores días, la alegría que encontré en las promesas de Dios nunca me abandonó". ¿Crees que el

dolor y la alegría pueden coexistir de manera tan cercana? ¿Lo has experimentado? Comenta.

5. Si has sufrido un duelo, ¿cómo afectó tus relaciones más cercanas? ¿Qué aprendiste de la experiencia?

6. Comenta con tus palabras cuál es la promesa que nos hace el cielo cuando sufrimos.

CAPÍTULO 13: CÓMO VIVIR CON UNA CONFIANZA ABSOLUTA

1. Mary escribe que "se nos invita a confiar absolutamente —con *toda seguridad*— en las promesas incondicionales de Dios". En una escala del uno al cinco, ¿qué tanto o tan poco confías en las promesas de Dios (uno representa "poco o nada" y cinco, "mucho o todo el tiempo"). ¿Cómo te calificarías hoy?

2. "La esperanza es como el oxígeno", escribe Mary. ¿Puedes recordar un momento de desesperanza en tu vida? ¿Cómo te sentiste? ¿Cómo afectó tu nivel de energía? ¿Tu capacidad de tomar decisiones? ¿Tus sentimientos con relación al futuro?

3. Algunas personas ven la fe principalmente como un conjunto de creencias que se asumen, o como el asumir una conducta religiosa. No hay nada malo con ello, pero ¿por qué —según Mary— quienes así piensan tienen solo la mitad del cuerpo "dentro del bote"?

4. "La esperanza y la fe se convierten en confianza absoluta cuando vemos personalmente la eviden-

cia convincente de la presencia de Dios en nuestra vida y actuamos acorde a ello". ¿Recientemente has actuado con confianza debido a ese motivo? Comparte tu experiencia.

5. Mary usa la imagen de un puente colgante sobre un barranco para ilustrar la confianza en Dios o la falta de ella. ¿Dónde te colocarías en relación con ese puente hoy? ¿Por qué?

CAPÍTULO 14: PASO 1: VER MÁS ALLÁ

1. ¿Por qué es importante involucrar más que nuestro intelecto en la búsqueda de la evidencia de Dios en nuestra vida?

2. Mary propone una lista de razones por las que nuestro pasado puede bloquear nuestra capacidad para comprender a Dios y responder ante Él. Ella describe estas razones como una carga. Elige uno o dos obstáculos (carga) que te han bloqueado en el pasado. ¿Dirías que bloquearon el progreso de tu vida espiritual (a) completamente, (b) parcialmente o (c) muy poco o nada? Explica.

3. ¿Puedes identificar los obstáculos que te parecen particularmente limitantes o molestos en tu vida actual? ¿Qué necesitarías para superar esta "carga" y poder al fin ser libre?

4. A medida que "buscas más allá" de tu vida evidencias de la presencia amorosa de Dios, ¿qué ves? ¿Qué clase de evidencia te parece más importante?

5. ¿Qué hipótesis funcional formulaste mientras reco- lectabas evidencia de la presencia amorosa de Dios y Su propósito para con tu vida? Si estás dispuesto, por favor comparte.

CAPÍTULO 15: PASO 2: MIRAR A TU ALREDEDOR
También revisa las sugerencias que se ofrecen en este capí- tulo.

1. Mary describe lo que ve cuando mira por la ventana de su casa o cuando viaja. Mira a través de las venta- nas de tu casa o camino al trabajo. Tómate tiempo para escribir lo que ves. Sigue buscando hasta que encuentres evidencia de lo sobrenatural. ¿Cuál es? ¿Se trata de alguna percepción o sorpresa?

2. En el espectro de "muy consciente" a "no muy consciente", ¿cómo describirías la atención que le pones a las señales de Dios o lo sobrenatural en un día cualquiera? En tu vida cotidiana, ¿qué te ayuda a "despertar" a la presencia de Dios y lo sobrenatu- ral?

3. Si pudieras aislar la verdad sobre Dios que te parece más clara en una fotografía de la Vía Láctea, ¿cuál sería?

4. Cuando observas el cuerpo humano, ¿qué eviden- cia encuentras a favor o en contra de la existencia de Dios?

5. Cuando lees los documentos históricos, inclu-

yendo la Biblia, ¿qué evidencia encuentras a favor o en contra de la confianza en Dios?

CAPÍTULO 16: PASO 3: MIRAR HACIA EL INTERIOR

También revisa las sugerencias que se ofrecen en este capítulo.

1. ¿Cómo se mostraron la presencia y las promesas de Dios ante ti en los momentos descritos a continuación? Si quieres, elige uno o dos ejemplos para compartirlos con el grupo.

   • Momentos de decepción o fracaso

   • Momentos en que notaste sincronías

   • Momentos en que una puerta se cerró para abrir otras

   • Momentos en que celebraste un momento especial como un bautizo, una graduación, una boda, el nacimiento de un niño o un funeral

   • Momentos de pena, dolor o pérdida

   • Momentos de alegría absoluta

   • Momentos en que te enfrentaste a la inmensa necesidad o al sufrimiento de otra persona

2. Observa detalladamente tu historia de vida y comparte lo que encuentres y consideres: (a) evidencia

311

de la obra de Dios en tu vida, (b) evidencia de la cercanía del mundo sobrenatural (ángeles, impulsos y estímulos, milagros o las llamadas "visitas") y (c) evidencia de que Dios tiene un plan y un propósito para ti.

3. ¿El inventario de tus experiencias de vida sugiere que, con el tiempo, te estás volviendo más consciente y respondes mejor a la presencia de Dios, o todo lo contrario?

CAPÍTULO 17: PASO 4: FORMULAR UNA CONCLUSIÓN

1 En este capítulo, Mary guía al lector por una especia de resumen. Terminaste tu investigación personal. Ahora es tiempo de reunir tus hallazgos, formular una conclusión y aplicarla a tu vida teniendo una imagen clara de lo que ahora sabes que es cierto. ¿Qué podría cambiar para bien, de manera inmediata, si lo hicieras?

2. Relee la cita de Churchill que abre este capítulo. ¿Por qué es tan fácil —cuando encontramos ideas importantes o potencialmente transformadoras sobre cómo vivir bien— levantarse y salir corriendo "como si nada hubiera sucedido"?

3. En la sección "Reúne tus hallazgos", Mary describe su libro como un proceso de descubrimiento que comienza con lo que ella misma aprendió en su experiencia cercana a la muerte y otras fuentes, y termina con lo que nosotros también podemos aprender. ¿Cuánto ha sido *7 lecciones del cielo* un

proceso de descubrimiento para ti? Comparte tu respuesta y explica.

4. ¿Qué tan bien sustentó tu hipótesis esta lectura y reflexión? ¿Cómo revisarías o extenderías tu premisa original? ¿Por qué?

5. Basado en tu lectura y la evidencia que reuniste, ¿en qué parte del espectro que va de "escéptico confirmado" en un extremo a "verdadero creyente" en el otro ubicarías tu convicción? (Usa una escala del uno al cinco, donde el uno representa "escéptico confirmado" y el cinco representa "verdadero creyente"). ¿Cómo te sientes sobre tu respuesta?

6. A partir de la lectura y la evidencia que reuniste, ¿qué podrías concluir sobre Dios con relación a las áreas que hemos explorado? Por ejemplo:

   • ¿Puedes concluir que Dios es real y está presente en tu vida y en el mundo?

   • ¿Puedes concluir que las promesas de Dios son ciertas?

CAPÍTULO 18: EL FRUTO MÁS DULCE DE LA TIERRA

1 Mary escribe, "Estamos hechos para experimentar el cielo desde ahora. Desde que nacimos, fuimos creados para responder al Espíritu, para recibir el toque de un ángel, para anhelar profundamente la vida eterna con nuestro amado Dios, en compañía

de nuestros seres queridos". ¿Cuánto concuerdas o no con la autora? ¿Leer *7 lecciones del cielo* cambió tu forma de pensar? ¿Cómo?

2. Un Ebenezer es un recordatorio físico, a veces público, de la fidelidad a Dios. ¿Tienes algún Ebenezer en tu vida? ¿Qué es? ¿Con qué frecuencia lo utilizas?

3. ¿Cuál de los recordatorios prácticos que Mary menciona te parece más atractivo o útil?

4. ¿Dirías que la alegría caracteriza tu vida (a) un poco, (b) a menudo o (c) mucho? ¿Cómo te sientes sobre eso?

5. Mary concluye el libro con dos declaraciones audaces. Primero escribe que "Vivir una vida plena de alegría es el resultado natural de elegir una vida en la verdad de las promesas de Dios". Luego añade que la vida plena de alegría "ofrece un poco de lo que nuestro amado Dios tiene en mente para nuestro futuro... *en este momento*". ¿Cómo podría ayudarte la promesa de esas aseveraciones cuando tomes decisiones y enfrentes retos durante la semana que recién comienza?

NOTAS

CAPÍTULO 3

1. Pierre Teilhard de Chardin, citado en Robert J. Furey, *The Joy of Kindness* (1993), 138.
2. Carla Wills-Brandon, *One Last Hug Before I Go: The Mystery and Meaning of Deathbed Visions* (HCI, 2000).
3. Mona Simpson, "A Sister's Eulogy for Steve Jobs", *New York Times* 30 de octubre de 2011.
4. Peter y Elizabeth Fenwick, *El arte de morir* (Atalanta, 2015).
5. P. Fenwick, H. Lovelace y S. Brayne, "Comfort for the Dying: Five Year Retrospective and One Year Prospective Studies of End of Life Experiences", *Archives of Gerontology and Geriatrics* 51, 2 (2010): 173-79.
6. S. Brayne, *et al.*, "Deathbed Phenomena and Their Effect on a Palliative Care Team: A Pilot Study", *American Journal of Hospice and Palliative Care* 23, 1 (2006): 17-24.
7. William Barrett, *Visiones en el momento de la muerte* (Alcantara, 1999).
8. Cokeville Miracle Foundation, *Witness to Miracles: Remembering the Cokeville Elementary School Bombing* (Pronghorn Press, 2006).

CAPÍTULO 4

1. Lewis B. Smedes, *Perdonar y olvidar: cómo curar las heridas que no merecemos* (Planeta, reimpresión, 2015).

CAPÍTULO 5

1. Eisenberg, Mickey (ed.), *Resuscitate! How Your Community Can Improve Survival from Sudden Cardiac Arrest* (University of Washington Press, 2009).

2. Susan J. Diem, John D. Lantos y James A. Tulsky, "Cardiopulmonary Resuscitation on Television: Miracles and Misinformation", *New England Journal of Medicine* 334 (1996): 1578-1582.

3. Akihito Hagihara, *et al.*, "Prehospital Epinephrine Use and Survival Among Patients with Out-of-Hospital Cardiac Arrest", *JAMA* 307, 11 (2012): 1161-1168.

4. Wendy Russell, "A Nonbeliever's Near-Death Experience", blog de la autora, mayo de 2013 (http://www.wendythomasrussell .com/blog /a-nonbelievers-near-death-experience).

5. Ibid.

6. Jessie Davis, "Mystery of Death Solved: DMT Is the Key", *Wondergressive*, 1 de febrero de 2013 (http://wondergressive.com/death -solved-by-vestigial-gland/).

7. J. P. Orlowski, "Prognostic Factors in Pediatric Cases of Drowning and Near-Drowning", *Journal of the American College of Emergency Physicians* 8, 5 (1979): 176-179.

8. Suominen, *et al.*, "Impact of Age, Submersion Time, and Water Temperature on Outcome in Near-Drowning", *Resuscitation* 52, 3 (2002): 247-254.

9. L. Quan, *et al.*, "Association of Water Temperature and Submersion Duration and Drowning Outcome", *Resuscitation* 85, 6 (2014): 790-794.

10. P. van Lommel, *et al.*, "Near-Death Experience in Survivors of Cardiac Arrest: A Prospective Study in the Netherlands", *Lancet* 358 (2001): 2039-2045.

11. J. Allan Hobson, *El cerebro soñador* (Fondo de Cultura Económica, 1994).

12. P. M. H. Atwater, "Children and the Near-Death Phenomenon: Another Viewpoint", *Journal of Near-Death Studies* 15 (1996): 5-16.

13. Melvin Morse, *Más cerca de la luz: experiencias próximas a la muerte en niños* (Edaf, 1991).

14. Y. Miyashita, "Inferior Temporal Cortex: Where Visual Perception Meets Memory", *Annual Review Neuroscience* 16 (1993): 245-263.

15. I. Fried, "Auras and Experiential Responses Arising in the Temporal Lobe", *Journal of Neuropsychiatry and Clinical Neurosciences* 9 (1997): 420-428.

16. Pim van Lommel, *Conciencia más allá de la vida* (Atalanta, 2012).

17. Neal J. Cohen y Howard Eichenbaum, *Memory, Amnesia, and the Hippocampal System* (MIT Press, 1993).

18. Larry R. Squire, "Memory and the Hippocampus: A Synthesis from Findings with Rats, Monkeys, and Humans", *Psychological Review* 99, 2 (1992): 195-231.

19. Cohen y Eichenbaum, *Memory, Amnesia, and the Hippocampal System.*

20. T. Y. Kao, *et al.*, "Hypothalamic Dopamine Release and Local Cerebral Blood Flow During Onset of Heatstroke in Rats", *Stroke* 25 (1994): 2483-2486.

21. Lee A. Phebus, *et al.*, "Brain Anoxia Releases Striatal Dopamine in Rats", *Life Sciences* 38, 26 (1986): 2447-2453.

22. S. A. Barker, *et al.*, "LC/MS/MS Analysis of the Endogenous Dimethyltryptamine Hallucinogens, Their Precursors, and Major Metabolites in Rat Pineal Gland Microdialysate", *Biomedical Chromatography* 27, 12 (2013): 1690-1700.

23. Rick Strassman, *DMT: La molécula del espíritu. Las revolucionarias investigaciones de un médico sobre la biología de las experiencias místicas y cercanas a la muerte* (Inner Traditions, 2014).

24. "DMT, broken down and described", 23 de abril, 2012 (https://tmblr.co/Zq_O-wKB3IrL).

25. Pipp UK, "Amazing Airbulb Invention: An Experience with DMT (ID 62835)", 24 de mayo, 2007 (erowid.org).

26. James L. Kent, *Psychedelic Information Theory: Shamanism in the Age of Reason* (PIT Press, 2010).

27. Kevin Williams, *Nothing Better than Death* (Xlibris Corporation, 2002).

CAPÍTULO 6

1. George Gallup y William Proctor, *Adventures in Immortality: A Look Beyond the Threshold of Death* (McGraw Hill, 1982), 198-200.

2. Platón, *Diálogos. Obra completa en 9 volúmenes. Volumen IV: República* (Gredos, 2003).

3. *The Dialogues of Saint Gregory the Great,* traducción de 1608 (Evolution Publishing & Manufacturing, 2010), libro 4.

4. Platón, *La república* (Dover Publications, 2000).

5. "St. Gregory the Great", introducción de Edmund Gardner a *The Dialogues of Saint Gregory the Great,* traducción de 1608 (Evolution Publishing & Manufacturing, 2010), libro 4.

6. Comunicación personal y Kimberly C. Sharp, *After the Light: What I Discovered on the Other Side of Life That Can Change Your World* (William Morrow & Company, 1995).

7. Comunicación personal.

8. Laurelynn Martin, *Searching for Home: A Personal Journey of Transformation and Healing After a Near-Death Experience* (Cosmic Concepts Press, 1996).

9. Cohen y Eichenbaum, *Memory, Amnesia, and the Hippocampal System.*

10. Kenneth Ring y Sharon Cooper, *Mindsight* (iUniverse, 2da edición, 2008).

11. Anita Moorjani, *Morir para ser yo* (Gaia, 2013).

12. Victor y Wendy Zammit, *A Lawyer Presents the Evidence for the Afterlife* (White Crow Books, 2013).

13. Todd Burpo, *El cielo es real: La asombrosa historia de un niño pequeño de su viaje al cielo de ida y vuelta* (Grupo Nelson, 2011).

14. Comentarios en una reunión de IANDS (International Association for Near-Death Studies), agosto de 2014.

15. B. Greyson e I. Stevenson, "The Phenomenonology of Near-Death Experiences", *American Journal of Psychiatry* 137, 10 (1980): 1193–1196.

CAPÍTULO 7

1. Cherie Sutherland, *Within the Light* (Bantam Books, 1995).

2. P. M. H. Atwater, *The Big Book of Near-Death Experiences* (Hampton Roads Publishing, 2008).

3. P. M. H. Atwater, *Más allá de la luz: Los misterios y revelaciones de las experiencias cercanas a la muerte"* (Libros Avon, 1994).

4. Ann Price, *The Other Side of Death* (Ballantine Books, 1996).

CAPÍTULO 8

1. Susan Spencer, "Just a Coincidence, or a Sign?", *CBS News,* 12 de octubre de 2014.

2. Christy Beam, *Milagros del cielo: Una pequeña niña y su impresionante historia de sanidad* (Casa Creación, 2016).

CAPÍTULO 9

1. Betty Malz, *Ángeles a mi lado: Historias sobre estos ayudantes celestiales* (Casa Creación, 2014).

2. Marilynn y William Webber, *A Rustle of Angels* (Zondervan Press, 1994).

3. Joan Wester Anderson, *Por donde los ángeles caminan* (Ballantine Books, 1997), 60-62.

4. Elaine Jarvik, "Cokeville Recollects 'Miracle' of 1986", *Deseret News* 15 de mayo de 2006.

5. Sue Bohlin, *Angels, the Good, the Bad, and the Ugly–The Range of Angelic Activity* (Probe Ministries, 1995).

CAPÍTULO 10

1. Hermano Andrew, *et al.*, *El contrabandista de Dios* (Ballantine Books, 1989).

CAPÍTULO 11

1. P. M. H. Atwater, *Children of the New Millennium* (Three Rivers Press, 1999).
2. Leslie Weatherhead, *The Will of God* (Abingdon Press, 1987).
3. C. S. Lewis, *Mero cristianismo* (HarperOne, 2006).

CAPÍTULO 12

1. Eva Ibbotson, *The Dragonfly Pool* (Puffin Books, reimpresión, 2009).

CAPÍTULO 13

1. http://www.integratedcatholiclife.org/2015/09/daily-catholic-quote-from-st-francis-de-sales-11/.

CAPÍTULO 15

1. Douglas Ell, *Counting to God: A Personal Journey Through Science to Belief* (Attitude Media, 2014).
2. El Bianconi, *et al.*, "An estimation of the number of cells in the human body", *Ann Hum Biol* 6 (2013), 471.
3. Ecklund, "Religious Understandings of Science", presentación en la convención anual de la American Association for the Advancement of Science, 16 de febrero de 2014.
4. Francis Collins, *¿Cómo habla Dios? La evidencia científica de la fe* (Ariel, 2016).
5. "Hurrah! The Animals Could Have Floated Two by Two According to Physicists", University of Leicester Press Office, 3 de abril de 2014; Sarah Knapton, "Noah's Ark Would Have Floated... Even with 70,000 Animals", *The Telegraph*, 3 de abril de 2014.
6. *Christian Research Journal* 27, 2 (2004); Israel Finkelstein y Neil Asher Silberman, *La Biblia desenterrada: Una nueva visión arqueológica del antiguo Israel y de sus textos sagrados* (Siglo XXI, 2012).
7. Kathleen M. Kenyon, *Desenterrando a Jericó* Fondo de Cultura Económica, 1966); *Excavations at Jericho*, vol. 3 (British School of Archaeology in Jerusalem, 1981).

8. Tácito, *Anales*, 15.44, citado en Strobel, *El caso de Cristo* (Vida, 2000).

9. Plinio, *Letters*, traducción de William Melmoth, revisado por W. M. L. Hutchinson (Harvard University Press, 1935), vol. II, X: 96, citado en Gary Habermas, *The Historical Jesus*.

10. Josefo, *Antiquities*, 200, citado en F. F. Bruce, *Christian Origins*, 36.

11. Pew Research Center, "Many Americans Mix Multiple Faiths", 9 de diciembre de 2009.

CAPÍTULO 16

1. Charles W. Colson, *Born Again: What Really Happened to the White House Hatchet Man* (Conservative Press Incorporated, 1976).

2. Willie Jolley, *Toda caída nos prepara para una victoria aún mayor* (Taller del éxito, 2011).

3. Liz Davis, "Willie Jolley: The Comeback King", Success.com, 2 de enero de 2010.

CAPÍTULO 17

1. Josh McDowell, *Evidencia que exige un veredicto* (Vida, 1982).

2. A. W. Tozer, *El conocimiento del Dios Santo* (Vida, 1996).